하루 1%
부의 축적

일러두기

1. 외국 인명·독음 등은 외래어표기법을 따랐다.
2. 단행본은 『 』, 정기간행물은 《 》, 영화 및 영상 작품은 〈 〉, 그 외 작품은 「 」로 표기했다.
3. 책에서 소개되는 작품 중 국내 소개된 것은 번역명을 따랐고, 그렇지 않은 것은 우리말로 옮긴 뒤 원어를 병기했다.

하루 1% 부의 축적

부의 격차를 만드는 365가지 행동의 차이

필립 호프, 키아라쉬 호사인푸르 지음 | 이승희 옮김

21세기북스

성공적인 삶을 위한 이 책 사용법

팟캐스트 〈호스 앤 호프Hoss & Hopf〉를 시작했을 때, 우리가 얼마나 잘 맞는지 금방 알게 되었다. 처음부터 청취자들에게 다양한 이야기를 전한 것이 폭발적인 구독자 증가로 이어졌다. 몇몇 주제에서는 우리 의견이 같지만, 몇몇 주제에서는 다르다. 이런 공통점과 차이점이 시너지를 만들어낸다.

우리가 늘 삶의 길잡이로 삼았던 성공 전략들을 이 책에 모아 여러분과 공유하고자 한다. 이 전략들은 우리가 목표하는 바를 이루도록 도왔다. 이 책을 제대로 활용한다면 여러분 역시 동일한 성과를 거둘 수 있을 것이다.

만병통치약은 없다. 이 사실을 세상의 모든 성공한 사람들, 그리고 위대한 성취를 이룬 모든 이들이 증명해줄 것이다. 그렇기에 여러분이 고를 수 있는 폭넓은 선택지를 마련했다. 그러니까 이 책을 읽을 때 포스트잇을 활용하라. 책을 훑어보면서 마음에 드는 성공 비결마다 포스트잇으로 표시하라. 두 번째로 보면서 선택을 줄여나가라. 세 번째 볼 때 다시 한번 확실히 후보를 좁혀라. 최종 성공 전략은 최대 10개만 남기는 것이 좋다. 선택한 성공 전략에 맞추어 장기적이고 지속적인 삶의 방향을 설정하라. 그러면 성공이 당신의 삶에 들어올 것이다.

호스와 호프가 제공하는 이 책과 성공 전략을 즐겁게 활용하길 바란다!

키아라쉬 호사인푸르Kiarash Hossainpour

필립 호프Philip Hopf

추신 | 이 책을 읽다 보면 이미 다루었던 주제들이 여러 장에 걸쳐 반복적으로 등장하는 것을 만나게 될 것이다. 이러한 반복은 중요하고 포괄적인 핵심 내용을 다각도로 조명하기 위한 의도적인 배치이다. '마인드셋'이 그 대표적인 예이다.

또한 이 책에서 같은 주제를 바라보는 다양한 관점들을 접하게 될 것이다. 그럼 또 뭐 어떤가? 앞서 말했듯이, 우리 의견이 항상 일치하는 것은 아니며, 인생이 직선과 같지 않듯 우리의 관점도 그러하다.

직선이란 말이 나왔으니 말인데, 하루에 하나의 메시지만으로는 부족해 미리 읽고 싶거나, 오늘은 열 쪽, 내일은 두 쪽 등 원하는 순서대로 읽어도 무방하다. 중요한 것은 서문의 기본 개념을 바탕으로 매일 한 주제와 과제에 집중해 꾸준히 실천하는 것이다. 이 원칙만 지킨다면 더 바랄 것이 없다. '매일 한 계단씩' 올라갈 것.

서문

오늘날 정보의 홍수는 역설적 효과를 낳는다. 우리에게 힘을 주기는커녕 우리를 마비시킨다. 어디서나 쉽게 접할 수 있는 짧은 클립, 영감을 주는 인용문, 교육 영상 등의 콘텐츠는 지속 가능하고 진정한 변화가 아니라 일시적인 효과만을 줄 뿐이다. 우리는 배운 것을 행동으로 옮기지 않은 채 피상적으로 소비하면서 소중한 시간과 에너지를 낭비한다. 우리는 매일 수동성의 굴레에 갇혀 수많은 변화의 기회를 놓치고, 진정한 성장의 잠재력은 활용되지 못한 채 잠자고 있다.

이런 마비를 극복하는 열쇠는 생각보다 멀리 있지 않다. 대다수의 사람이 근본적인 삶의 변화에 실패하는 주된 원인은 꾸준한 훈련과 규칙적인 노력이 부족하기 때문이다. 우리가 이야기하는 것은 영웅적인 행동이나 거창한 결단이 아니다. 오히려 일상에서 내리는 소소한 결정들이 누적되어 형성하는 힘이야말로, 눈에 띄지 않더라도 꾸준히 이어져 진정한 변화의 기틀을 마련한다.

이 책은 여러분이 진실을 꾸밈없이 마주하도록 이끌 것이다. 단순히 책장을 장식하는 물건이 아니라, 매일 실천하는 구체적인 행동 계획이 될 것이다. 모든 페이지에는 명확한 진실과 함께, 여러분이 매일 즉시 실행할 수 있는 실천 과제가 담겨 있다. 이 구성이 이 책의 핵심이다. 이러한 구성은 독서를 수동적 행위에서 능동적이고 목표지향적인 활동으로 전환시킨다. 따라서 독자는 단순히 정보를 소비하는 데 그치지 않고, 배운 내용을 즉시 실행에 옮기라는 도전을 받게 된다. 더 이상 핑계는 통하지 않는다. 이제 매일 한 걸음씩 집중하며 나아가는 수밖에 없다.

이런 구조화된 접근법이 체계적인 발전 과정을 만들어낸다. 과제들을 매일 실천하면서 정보 과잉의 위험을 막고, 목표가 명확한 단계별 성장을 이끌어낸다. 성공적으로 완료한 모든 과제는 다음 단계의 발판이 되어 역동적인 발전 흐름을 만들어낸다.

이러한 루틴이 바로 '플라이휠(선순환) 효과'를 일으킨다. 즉 매번 과제를 수행하고 성찰할 때마다 자기 발전의 추진력이 더욱 강화되고, 여러분의 역량은 기하급수적으로 향상되며, 자기 성장이 지속될 것이다.

따라서 이 책은 단순한 지식 전달을 넘어, 실질적이고 일상적인 발전을 이끄는 로드맵 역할을 한다. 발전은 구체적인 과제 수행을 통해 강력한 추진력을 얻게 된다.

지금 당장 시작하라. 망설이지 말고 책을 펼쳐 오늘 날짜로 가라. 당신이 여정의 출발선에 있는지, 아니면 이미 꽤 멀리까지 갔는지는 중요하지 않다. 모든 페이지가 자신에게 도전하고 성장할 수 있는 기회다.

우리는 이렇게 제안한다. 이 책을 아침 루틴에 포함하라. 그러면 그 효과를 온전히 경험할 수 있을 것이다. 그날의 과제로 하루를 시작하고, 저녁에는 무엇을 성취했는지 되돌아보라. 이러한 매일의 루틴은 즉각적인 발전을 가져다줄 뿐 아니라, 해를 거듭할수록 여러분의 역량을 극대화하고 꾸준히 성장할 수 있는 기반을 다져줄 것이다.

나의 성공 전략

나는   (   )쪽을 마음에 새긴다. 왜냐하면

_____

_____

_____

나는   (   )쪽을 마음에 새긴다. 왜냐하면

_____

_____

_____

나는   (   )쪽을 마음에 새긴다. 왜냐하면

_____

_____

_____

나는   (   )쪽을 마음에 새긴다. 왜냐하면

_____

_____

_____

나는   (   )쪽을 마음에 새긴다. 왜냐하면

_____

_____

_____

나는 (**)쪽을 마음에 새긴다. 왜냐하면**

_____

_____

_____

나는 (**)쪽을 마음에 새긴다. 왜냐하면**

_____

_____

_____

나는 (**)쪽을 마음에 새긴다. 왜냐하면**

_____

_____

_____

나는 (**)쪽을 마음에 새긴다. 왜냐하면**

_____

_____

_____

나는 (**)쪽을 마음에 새긴다. 왜냐하면**

_____

_____

_____

상상력의 한계가 현실의 한계를 정한다

주변을 한번 둘러보라. 놀라운 건축물, 숨이 멎을 듯한 예술 작품, 시대를 바꾸는 혁신적 발명품이 곳곳에 있다. 모든 창조는 선각자들의 비전이 담긴 상상에서 출발했다. 그들은 우리와 마찬가지로 평범한 사람이었지만, 관습적인 경계를 넘어서는 생각을 과감히 받아들이고 실행했던 인물이다.

역사는 상상력이 지닌 변혁적 힘을 보여주는 무수한 사례로 가득하다. 라이트 형제를 생각해보라. 두 사람은 인간의 비행을 완전히 망상으로 여기던 시대에 하늘을 나는 꿈을 꾸었다. 스티브 잡스는 모든 사람이 컴퓨터를 직관적으로 사용할 수 있는 세상을 상상했다. 알베르트 아인슈타인과 막스 플랑크는 기존의 과학적 통념을 거부하고, 당시 실험으로는 검증할 수 없던 세계의 본질을 설명하는 개념들을 정립하고 발전시켰다. 이들 모두 현실이 정해놓은 한계에 얽매이지 않고, 각자의 비전을 통해 새로운 현실을 창조했다.

당신도 이런 힘을 내면에 지니고 있다. 당신이 마음속으로 받아들이는 한계만이 진정한 한계다. 담대하게 큰 꿈을 꾸고 과감하게 상상력을 펼치는 순간, 당신은 자신을 둘러싼 현실을 주체적으로 만들어가기 시작한다. 모든 대담한 비전과 불가능해 보이는 생각들은 삶이라는 캔버스 위에 그려지는 첫 획이다. 이 걸작이 어떻게 완성될지는 오직 자신에게 달려 있다.

15분 정도 시간을 내어 방해받지 않는 조용한 장소를 찾는다.

눈을 감고 모든 제약과 장애가 사라졌다고 상상하라. 내 상상력이 자유롭게 떠다니도록 허락한다. 그리고 나의 담대한 꿈과 목표를 생생하고 상세하게 시각화한다.

그 비전들을 글로 적어 매일의 나침반으로 삼는다.

완벽한 날을 기다릴 것인가, 지금 바로 만들어갈 것인가?

목표를 향해 출발할 최적의 순간을 기다리고 있는가? 당신은 모든 조건이 완벽하게 갖춰져 잠재력을 펼칠 마법 같은 날이 오기를 기대하고 있는 것이다. 그러나 그런 날은 절대 오지 않는다. 이것이 쓰디쓴 진실이다. 위대한 성취를 이루는 유일한 방법은 오늘을 붙잡아 완벽한 날로 만드는 것이다.

펑계는 그만 찾고, 모든 조건이 완벽하게 맞아떨어지기를 기다리지 마라. 그 흔한 '만약 그렇다면' 함정도 피하라. 이 함정에 빠지는 순간, 실행을 미루기 위한 펑계로 겉보기에만 합리적으로 포장된 시작 조건을 끊임없이 만들어내게 된다. 당신은 이렇게 다짐할 것이다. '만약' 내가 모든 정리를 끝낸다면, '그렇다면' 그때 프로젝트를 시작하겠다. 이런 다짐을 하면서도 당신은 이미 마음 깊은 곳에서는 알고 있다. 목표에 전념할 때, 진짜 목표를 방해하는 모든 것들이 비로소 해결된다는 것을. 그러므로 지금 이 순간 당신이 가진 힘을 주도적으로 활용하여 삶을 능동적으로 꾸려가라.

지금껏 경험한 삶의 가장 중요한 변곡점들을 되짚어보라. 그 변화들이 아무것도 하지 않고 적절한 때를 기다렸거나, 수많은 일에 매달려 시간을 보냈기 때문에 찾아왔는가? 아니면 모든 장애물과 불완전함을 무릅쓰고 용감하게 앞으로 나아갔기 때문에 가능했는가? 성공은 우연이 아니라 단호한 행동에서 나오는 결과다. 위대한 사상가 세네카는 이렇게 말했다. "어려운 일이라서 과감하게 시도하지 못하는 것이 아니다. 과감하게 시도하지 않았기 때문에 그 일이 어려운 것이다." 이 지혜의 격언을 마음에 새기면서 오늘을 당신 인생의 전환점으로 만들어라.

내가 오랫동안 미루고 있는 일을 생각해본다.	그 일을 위한 최적의 시간을 따지지 말고, 그냥 시작한다.	아무리 작더라도 우선 첫걸음을 내디뎌라. 오늘을 나의 출발점으로 삼아라.

여지가 있는 곳을 찾아라

아널드 슈워제네거는 나의 롤 모델이다. 그는 운동선수, 배우, 정치인이라는 다양한 분야에서 세계 정상에 올랐다. 끝없는 야망과 특별한 노력 이외에도 그의 성공 비결이자 보증수표인 좌우명이 하나 있다. "여지가 있는 곳을 찾아라."

　　이 좌우명에는 다음과 같은 의미가 담겨 있다. 모두가 하는 일을 따라 하지 말고, 당신의 일을 밀고 나가라. 모두가 몰려 있는 곳으로 가지 말고, 틈새를 찾아라. 소수만이 도달하는 거대한 목표를 세워라. 이 조언은 특히 내가 일하는 분야에서 도움이 된다. 증권 분석가는 많다. 그러나 엘리어트 파동 이론을 사용하는 증권 분석가는 적다. 엘리어트 파동 이론으로 증권 시장을 분석하면서, 추가로 독립적인 금융 기사도 제공하는 증권 분석가는? 우리밖에 없다. 우리는 기회가 있는 곳에 있다.

내가 노릴 수 있는 틈새는 무엇인가?

나는 기회가 있는 곳을 갈 수 있는 충분한 야망과 근면함을 갖고 있는가?

여지를 노리는 전략은 삶에 많은 기회를 가져다준다. 저녁에 예약이 꽉 차는 유명한 미슐랭 3스타 식당에 가고 싶은가? 그럼 점심에 예약하라. 점심에는 잔여석이 있다.

부정적인 사람과 거리를 둘 것

나는 '점화priming'라는 단어를 중요하게 생각한다. 점화란 주변 환경의 특정 요소가 뇌 속에서 연상 작용을 불러일으키는 현상을 말한다. 연상된 내용은 부정적일 수도 있고, 긍정적일 수도 있다. 신경과학자 조 디스펜자Joe Dispenza가 이 문제에 대해 깊이 연구했는데, 그의 조언은 이러하다. 점화는 늘 작동하고 있으므로 부정적 환경으로부터 자신을 보호하는 일이 중요하다. 마찬가지로 긍정적 환경을 만드는 일도 중요하다. 구체적으로 말하면 쓰레기 같은 언행만 일삼는 사람을 친구로 두어서는 안 된다.

사람들은 자신이 가장 자주 어울리는 다섯 사람의 평균만큼 돈을 번다는 사실이 밝혀졌다. 사람들은 이 평균만큼 생각하고 말한다. 위로 올라가고 싶다면, 점화를 활용하고, 더 높은 곳으로 도약하고 싶다면, 점화를 활용하여 사고방식을 바꾸고, 풍요롭고 지적이며 긍정적인 사고방식을 가진 사람들과 어울려라.

내가 가장 자주 어울리는 다섯 명은 어떤 사람들인가? | 그들이 일으키는 점화 작용은 부정적인가? 긍정적인가? | 긍정적 작용이라면 모든 것이 괜찮다. 부정적 작용이라면 환경을 바꿔라.

일시적 폭풍이 아니라 지속적 끈기가 변화를 만든다

수천 킬로미터에 달하는 중국의 거대한 만리장성을 떠올려보라. 인류가 남긴 이 위대한 건축물의 기틀은 2천 년보다도 훨씬 이전에 다져졌다. 과연 인류는 이 거대한 건축물을 단 한 번의 대규모 공사로 완성했을까? 아니다. 만리장성은 수많은 일꾼이 수백 년 동안 끈기 있게 돌 하나하나를 쌓아 올리면서 만들었고, 그렇게 시간을 초월하는 기념비적 건축물이 탄생했다.

이 원리는 삶에도 적용된다. 우리는 단 한 번의 집약된 노력이 모든 것을 바꿀 것이라는 희망을 너무 자주 품는다. 이러한 막연한 희망에 기대어 우리는 잠깐 스쳐 지나가는 '동기부여 폭풍'을 좇기 바쁘다. 그러나 꾸준히 지속되는 진정한 변화는 목표를 향한 지치지 않는 노력에서 생겨난다.

연마하고 싶은 능력이나 실현하려는 프로젝트를 떠올려보라. 시작부터 요란한 북소리를 울리며 거창하게 출발하고 싶을지도 모른다. 그러나 처음의 열정이 사라지면 어떤 일이 일어날까? 동기가 힘을 잃었을 때도 우리를 계속 데려가는 것은 작고 꾸준한 발걸음이다.

지혜의 스승 노자는 이렇게 말했다. "천 리 길도 한 걸음에서 시작된다." 비전이 너무 거대하게 느껴진다고 해서 결코 좌절하지 마라. 대신 매일 하는 활동에 집중하라. 그 활동이 당신을 한 걸음씩 목표에 다가가게 해줄 것이다. 극복하기 힘들어 보이는 장애를 넘어서고 불가능해 보이는 꿈을 실현하는 것은 바로 꾸준히 쌓아가는 끈기의 힘이기 때문이다.

마음에 두고 있는 장기 목표를 하나 선택한다. | 그 목표를 내가 매일 혹은 매주 완수할 수 있는 작고 구체적인 단계로 나누어라. | 실행 계획을 세우고, 계획한 단계를 꾸준히 밟아가겠다고 다짐하라.

인지를 넘어 스스로 통제하라

소비 심리를 조종하는 광고부터 세계관을 좌우하는 미디어에 이르기까지, 우리는 알지 못하는 사이에 곳곳에서 조종당하고 있다. 그러나 정말로 우리는 장기판의 말처럼 의지 없이 살아가기를 원하나? 아니면 통제권을 되찾아 스스로 게임의 주인이 되고 싶은가?

인식을 통제하는 자가 현실을 통제한다. 이것이 냉혹한 현실이다. 그리고 우리 대부분은 오래전에 이 통제권을 넘겨주었다. 회의에서는 화려한 달변가에게 설득당하고, 사회에서는 대중에 휩쓸리며, 내면과의 대화에서는 두려움과 의심에 얼어붙는다. 우리는 행동하는 대신 반응하고, 주도하는 대신 추종한다.

그러나 방향을 바꾸기에 아직 늦지 않았다. 물론 방향 전환은 불편할 수 있고, 안전지대를 벗어나야 할 수도 있다. 안팎에서 저항을 불러올 수도 있다. 심지어 친구나 친척이나 가족들로부터 역풍이 불어올 수도 있다. 그들은 이렇게 말할 것이다. "너답지 않아." 나답지 않다는 것이 꼭 두각시가 되기를 거부하고, 독자적인 정보와 결론을 선택하며, 스스로 생각한다는 뜻이라면, 지인들의 반발을 칭찬으로 받아들여라. 이것이야말로 타인의 통제에서 벗어나 자기 삶의 지배력을 되찾는 유일한 길이다. 우리가 어디에 초점을 맞출지, 어떤 질문을 던질지, 어떤 주제를 다룰지 의식적으로 결정할 때, 우리는 게임의 도구가 아니라 주체가 된다.

다양한 상황에서 인식을 통제하고 조종하는 사람이 누구인지 의식적으로 주의를 기울여라.

이런 주의 깊은 관찰에서 알게 된 내용을 기록하고, 앞으로 내가 주도권을 넘겨받을 방법을 고민하라.

적어도 한 가지 상황에서 의식적으로 통제권 가져오기를 목표로 삼아라. 명확한 의도를 가지고 질문하기, 또는 대화 주도하기 등을 활용할 수 있다.

체중 감량은 모두가 반기는 유일한 손실이다

'가장 위대한 선수'는 무하마드 알리였다. 그러나 조지 포먼도 알리에 버금가는 선수다. 포먼은 40연승을 거둔 후 킨샤사에서 알리와 '정글의 대소동'이라 불리는 경기를 펼쳤고, 첫 번째 패배를 맛보았다. 은퇴한 지 10년이 지난 후 포먼은 복귀를 선언했고, 강도 높은 훈련을 수행하면서 계체량 통과를 위해 체중을 줄였다. 포먼은 웃으면서 "체중 감량은 모두가 반기는 유일한 손실이다"라고 말했다. 복귀전에서 KO승을 거두며 최고령 헤비급 챔피언이 되었다. 조지 포먼은 빅Big 조지라는 별명처럼 링 밖에서도 거인이었다. 사업가로서 수백만 달러를 벌었고, 설교단에서 용기가 필요한 곳마다 힘을 불어넣는 한편, 그의 가족 또한 꾸준히 대가족으로 성장했다. 여섯 명의 딸, 다섯 명의 아들, 그리고 전 세계에 있는 그의 팬들은 결국 빅 조지가 가장 위대한 사람이라고 확신한다.

포먼의 조언을 여러 측면에서 생각해보라. 나의 지방은 어디에 쌓여 있나?

이 지방을 없애기 위해 무엇을 할 수 있나? 살 빼기? 제거하기? 되도록 둘 다 하기?

계획 없이는 아무것도 할 수 없다. 어떤 분야에서 언제까지 나의 계획을 실현할 것인지 명확한 목표를 정하라.

강점을 강화하되 약점도 살펴라

많은 사람이 자신의 강점을 안다. 그리고 자신의 강점에 대해 말하기를 좋아한다. 반면에 약점은 외면하고 싶어 한다. 내 경험에 따르면, 사람들은 이런 경향을 보이기 마련이다. 나는 오랫동안 난독증으로 고생했고, 이를 크게 알리지 않았다. 읽기와 쓰기에 장애가 있으면 어려움을 겪기 마련이다. 어느 날, 나는 이 약점에 정면으로 맞서기로 다짐했다. 강점을 키우는 만큼 약점에도 주의를 기울였다. 지금 내가 책상에 앉아 이 책을 쓰고 있다는 사실이야말로 내가 이룬 가장 큰 성취 중 하나다.

나의 약점 다섯 개를 적어보고 그중에 나를 가장 괴롭히는 약점을 골라라.

나는 이미 올바른 방향으로 첫걸음을 내디뎠다.

약점을 부끄러워할 필요가 없다. 약점은 의지력 강화에 도움을 준다. 한 가지 약점을 극복하면, 강한 의지력을 얻게 되어 다른 과제들이 애들 장난처럼 쉽게 느껴질 것이다.

모든 사람은 자기 경험의 모자이크다

모든 인간은 수많은 경험과 영향이 빚어낸 복잡한 존재다. 여러 겹의 암호문처럼, 우리는 과거의 겪어온 모든 흔적을 내면에 고스란히 간직하고 있다. 내면에 새겨진 흔적들이 우리의 성격과 세계관을 규정한다. 하지만 우리는 겉모습에만 머물러 상대방을 성급하게 판단한다. 진정한 이해에 다다르려면, 그 사람의 성격이라는 암호문을 풀어야 한다. 타인의 입장이 되어보면, 모든 행동에는 역사가 있고, 모든 강점은 극복해낸 위기를 바탕으로 세워졌으며, 모든 약점은 과거 상처의 유산이라는 사실을 깨닫게 될 것이다.

"상대를 이해하고 싶다면, 그의 신발을 신고 100걸음을 걸어라." 아메리카 원주민의 이 오랜 속담은 오늘날까지도 진정한 공감을 나타내는 경구로 회자되고 있다. 이 격언을 실제로 한동안 실천하며 살아가는 모습을 상상해보라. 오늘날에는 이러한 관점의 전환을 찾아보기 어렵다. 상대의 의견은 더는 흥미로운 제안이 아니라 싸워야만 하는 것, 틀렸거나 나쁜 것으로 여겨지기 때문이다. 서로에 대한 이해는 상대와 나 사이에 견고한 다리를 놓아, 잠재적인 갈등을 성장의 기회로 바꿀 수 있다. 타인이라는 암호를 풀어가면서 우리는 그들을 더 잘 이해할 뿐만 아니라 우리 자신을 보는 새로운 통찰도 얻게 된다.

성격 속 암호를 읽기 위해서는 주의력, 공감 능력, 겉모습 너머를 살펴보려는 의지가 필요하다. 이런 노력을 통해 인간 본성을 더 깊이 이해할 수 있고, 모든 관계에서 공감의 폭을 넓히고 행동의 효율성을 높일 수 있다.

교류하고 있는 특정인의 입장이 되어보려고 노력하라.

어떤 경험이 그 사람에게 각인되어 있는지 상상해보라.

이런 이해와 상상을 활용하여 상대의 행동에 대한 나의 반응과 행동을 적절하게 조절하라.

이성 대 감정

우리는 합리성과 논리가 최고의 덕으로 칭송받는 세계에 살고 있다. 하지만 우리 행동이라는 꼭두각시 인형극을 조종하는 진짜 주체는 감정이라는 진실은 외면할 수 없다. 우리는 스스로를 이성적 존재라 생각하지만, 실은 무대 뒤에서 인형의 실을 움직이는 것은 우리의 감정이다. 잠재의식이 결정을 이끌고, 우리는 그 결정을 사후에 합리화한다. 논리가 종종 패배하는 권력 게임이다.

결정적인 오판은 이성적인 분석이 아니라, 격렬하게 들끓는 감정으로부터 유발되는 경우가 대부분이다. 통제 불가능한 감정은 우리의 이성적 판단을 마비시키고 경솔한 행동을 부추길 수 있다. 여기에 더해 우리는 매일 감정 조작의 달인들을 상대해야 한다. 광고, 정치, 비즈니스 세계는 모두 오래전에 감정의 힘을 알아차렸고, 뻔뻔스럽게 그 힘을 완벽히 활용하고 있다. 이런 세상에서 논리의 자리는 어디일까? 논리는 감정이 주도하는 연극에서 하찮은 단역에 불과할까? 결코 그렇지 않다. 당연히 논리가 맡아야 할 주연 역할을 논리에게 되찾아주는 것, 이것이 바로 우리의 가장 중요한 과제다.

감정의 영향력을 인지하고, 이를 비판적으로 검토하며 이성적으로 성찰하는 시간을 가질 때, 비로소 우리는 잃었던 균형을 되찾을 수 있다. 특히 중대한 결정을 내릴 때는 반드시 이성에게 최종 결정권을 맡겨야 한다. 감정이 영향을 미치는 메커니즘을 잘 이해할수록, 논리가 마지막에 승리할 확률을 높일 수 있다.

광고, 미디어, 주변 환경이 어떻게 나의 감정을 건드리고 행동을 조종하는지 자세히 관찰하라.

이때 어떤 숨겨진 메시지와 심리학 기술이 이용되는지 비판적으로 살펴보라. 중요한 결정을 할 때는 생각할 시간을 추가로 충분히 챙겨라.

처음에 떠오르는 감정을 가라앉히고, 나의 선택이 논리적 검증도 통과할 수 있는지 냉정하게 점검하라.

하늘이 한계라고 생각하면 별에 닿을 수 없다

핸드볼은 다양한 가치와 교훈을 품고 있는 스포츠다. 핸드볼은 빠르다. 그래서 순식간에 결정하는 법을 배운다. 핸드볼 경기의 핵심은 예측이다. 그러므로 선수는 경기장에서 미리 생각해야 한다. 핸드볼 경기는 거칠고, 선수는 그 힘든 상황을 견뎌내야 한다. 특히 사람들은 골키퍼들에게서 긍정적 의미의 광기를 본다. 누가 근거리에서 시속 120km로 날아오는 가죽 공을 스스로 나서서 맞으려 하겠는가?

안드레아스 볼프Andreas Wolff는 세계에서 가장 성공한 핸드볼 골키퍼 중 한 명이다. "하늘이 한계라고 생각하면 별에 닿을 수 없다"라는 좌우명과 함께 볼프는 슈퍼컵, 독일컵, 유럽컵, 유럽 선수권 대회, 올림픽에서 우승했고, 독일 올해의 핸드볼 선수로 두 차례 뽑혔으며, 2024년 유럽 선수권 대회에서 최고 골키퍼로 선정되어 올스타팀에 뽑혔다.

별을 향해 손을 뻗을 때 기억하라. 하늘은 한계가 아니다The sky is not the limit.

어떤 일에서 나는 별을 잡으려고 하나?	어디서 나는 여전히 한계를 느끼는가?	하늘이라는 한계를 뚫기 위해 나는 무엇을 하고 있나?

침묵하는 자의 목소리는 들리지 않는다

나는 슈투트가르트에 산다. 집 앞에는 독일에서 가장 비싼 대형 건설 현장, 슈투트가르트 21 사업의 지하 중앙역이 있다. 나는 '살라미 전술'이 어떻게 작동하는지 매일 목격하고 있다. 처음 40억 유로였던 건설 비용은 지금 110억 유로가 되었다. 당신이 이 책을 보고 있을 때쯤이면 또 몇십억 유로가 추가되었을 수도 있다. 누가 알겠는가. 늘 그렇듯, 진실을 아는 이들은 더 이상 침묵할 수 없는 지경에 이르러서야 비로소 입을 열 것이다.

　　이와 달리 비판적인 시각을 가진 이들은 독창적인 방식으로 목소리를 내기 시작했다. 2010년부터 이 대규모 건설 현장에는 울타리가 쳐졌고, 비판의 목소리를 담아, 그들은 울타리에 메모, 그림, 인쇄물, 손글씨를 빼곡히 달았다. "침묵하는 사람의 목소리는 들리지 않는다"라는 문구도 그중 하나다. 나는 이 문장을 매일 마음속에 새긴다. 비판자들의 경고가 부착된 이 울타리는 그대로 박물관에 소장되었다. 이 메시지는 여전히 유효하다.

나는 침묵을 선호하는 편인가, 입을 열어 말하는 편인가?　｜　나는 어떤 주제에 대해 말하고 싶어 하나?　｜　나는 어떤 통로로 사람들에게 다가가나?

안정은 때로는 함정이다

기원전 49년, 율리우스 카이사르는 중요한 선택의 갈림길에 섰다. 군대를 이끌고 루비콘강을 건너 내전을 시작할 것인가, 로마 원로원의 명령에 복종하여 군인 경력을 끝낼 것인가? 카이사르는 모든 것을 걸고 강을 건너기로 했다. 이 단호한 행동이 "주사위는 던져졌다"라는 유명한 말을 남겼다. 이 결정이 결국 로마 제국의 설립까지 이어지는 여러 사건의 시작점이 되었다.

루비콘강을 건너기로 한 카이사르의 결정은 하나에 모든 것을 걸었을 때 그 결과로 역사가 어떻게 바뀔 수 있는지를 보여주는 고전 사례다. 카이사르는 위험 부담이 크지만 더 큰 보상이 따르는 길을 택했고, 그 결과 권력과 영향력을 압도적으로 키울 수 있었다. 하지만 우리는 대개 위험을 회피하고 안정을 좇도록 길들여져 있다. 아이러니하게도, 이러한 안정과 균형에 대한 추구가 때로는 우리의 잠재력을 꽃피우는 데 방해가 된다. 미지의 세계로 뛰어들기 위해서는 용기와 결단력이 필요하다. 그 길만이 비범한 결과와 혁신적 변화를 가져오는 유일한 방법이다. 한 가지 일에 온전히 전념할 때, 우리는 불가능해 보이는 일을 가능하게 만드는 힘을 불러올 수 있기 때문이다.

눈을 감고 불확실한 상황 속으로 무턱대고 달려가라는 말이 아니라, 모든 자원을 모아 온 힘을 다해 행동할 때가 왔음을 인식하라는 말이다. 타협하지 않는 헌신만이 평범함과 충만함을 가른다.

지금까지 전력을 다하지 못하고 망설였던 목표나 프로젝트를 떠올려본다.	'모 아니면 도' 전략을 따랐다면 무엇을 달성할 수 있었을까 자문해본다.	꿈을 실현할 용기를 내어, 그 일에 전심전력으로 몰입하라.

흔들림 없는 내 편

무조건적인 지지를 보내주는 관계는 값을 매길 수 없을 만큼 소중하다. 흔히 '타거나 혹은 죽거나Ride or Die'라고 불리는 이 보기 드문 관계는 신뢰, 성실함, 그리고 상호 간의 헌신으로 이루어진 탄탄한 토대 위에서 형성된다. 이러한 특별한 관계는 특히 어려운 순간에 우리의 가장 든든한 방패가 되어준다. 주변의 모든 것이 무너지는 듯할 때, 바로 이 특별한 존재들이 우리에게 흔들림 없는 안정감을 제공한다. 이들의 변함없는 지지 덕분에 우리는 시련을 헤쳐나갈 용기를 받으며, 그 과정에서 더 강하게 단련된다. 이들은 곧 험난한 파도 속에서 우리의 안전한 항구이자 꺼지지 않는 힘의 원천이 되어준다.

보통의 관계에서는 오해, 질투, 관점의 차이를 둘러싼 다툼, 무엇보다 자존감의 상처가 관계를 깨뜨리는 원인이 될 수 있다. '타거나 혹은 죽거나' 관계에서는 오해가 풀릴 때까지 소통하고, 서로에게 모든 것을 기꺼이 내주며, 오히려 서로의 차이가 상대방에게 집중하는 이유가 된다. 이로써 관계를 해치던 작고 위압적인 괴물, 자존심이 사라지게 된다. 충실과 신뢰라는 핵심 가치는 결속력을 다지고 안전감을 높여주며, 솔직함과 정직함은 곧 열린 소통의 기반이 된다.

충실함이란 공동의 목표를 위해 노력하고 외부 환경에 흔들리지 않음을 뜻한다. 이러한 관계는 어떤 역경에도 흔들리지 않는 단단한 지지를 보여준다. 서로에게 충실할 때 비로소 내면적 결속이 형성되며, 이 결속은 삶을 풍요롭게 하고 양쪽 모두를 성장시키는 힘이 된다. 따라서 이처럼 견고한 결합을 이룰 상대를 적극적으로 찾는 일이 중요하다. 나아가 우리 자신이 타인에게 흔들림 없는 바위 같은 존재가 되어야 한다.

어떤 일이 있어도 끝까지 내 곁에 머물 사람은 누구인가? | 그런 사람이 있다면, 그 관계를 보호하고 키우는 데 시간을 투자하라. | 나는 누구에게 그런 사람이고, 그 이유는 무엇인지 자문하라.

세계에서 가장 부유한 오리에게 배우기

"돈을 쓰는 사람은 자본가의 참된 즐거움을 전혀 이해하지 못해." 세계에서 가장 부유한 오리, 스크루지 맥덕이 한 말이다. 스크루지 맥덕은 금고에서 수영을 즐긴다. 디즈니 대표 만화가 칼 바크스가 창조한 이 캐릭터, 스크루지 맥덕은 미래를 꿰뚫어 보았다. 1957년 디즈니 주식 상장 시 1,000달러를 투자했다면, 50년 뒤 250만 달러와 함께 연간 약 4만 달러의 배당금을 받을 수 있었다. 반면 그 돈 1,000달러를 써버린 사람은 금화 풀장 수영의 기회를 놓쳤을 것이다. 심지어 애초에 1,000달러가 없어 소비를 위해 이 금액을 대출받은 사람은 회복 불가능한 상태에 처했다. 소비성 대출은 갚기 힘든 빚이 되어, 독일에서만 600만 명에 달하는 시민이 상환 불능 상태에 빠졌다.

그러니 세계에서 가장 부유한 오리에게 배워라. 돈을 벌기 전에 낭비하지 마라. 돈을 번 다음에도 낭비하지 말고 투자하라.

소비 활동을 위해 대출을 받고 있는가?

물건을 살 때마다 '나에게 필요한 구매'와 '내가 원하는 구매'를 구별하라. 처음부터 '내가 원하는 구매'라면, 그 구매는 포기하라.

인내가 답이다. 충분한 돈을 모을 때까지 기다려라. 이때 생겨나는 기대감이야말로 가장 큰 즐거움이다.

선물은 비물질적 가치를 표현하는 물질적 메시지다

이 철학적인 통찰은 플레이보이로 이름을 날린 롤프 에덴Rolf Eden이 남긴 말이다. 그는 클럽 사장으로서 베를린 밤 문화를 뒤흔들었을 뿐만 아니라, 자신의 유대인 정체성을 깊이 인식하고 있었다. 어린 시절 나치를 피해 이스라엘로 피신했던 에덴은 청년 시절인 1948년, 제1차 중동전쟁에 참전했다. 그는 훗날 이스라엘 총리가 되는 이츠하크 라빈과 같은 부대에서 복무했는데, 그들은 자신이 살아남은 것이 오직 운 덕분이라 여겼다.

행운은 롤프 에덴을 평생 떠나지 않았는데, 이는 그가 행운이 지속되도록 끊임없이 관리했기 때문이다. 에덴은 특히 자신이 있는 자리에서 어떤 부정적인 발언도 용납하지 않았다. 나쁜 소식은 철저하게 피했다. 장례식 참석도 꺼렸다. 그는 자서전 『늘 행운이 있었을 뿐Immer nur Glück gehabt』에 이렇게 썼다. "비판하지 말고, 판단하지 말고, 불평하지 마라." 롤프 에덴은 해로운 상황을 미리 감지하고 피하는 통찰을 지닌 인물이었다. 부유한 상태에서도 물질적인 풍요보다 비물질적인 가치를 중시했던 그의 태도 또한 행운이 지속된 비결 중 하나였다.

내가 중시하는 무형의 가치는 무엇인가? | 내가 타인에게 줄 수 있는 무형의 선물은 무엇인가? | 나는 오늘 무형의 가치로 누구를 기쁘게 해줄 수 있을까?

매 순간이 소중하다

시간은 우리가 평소 의식하는 것보다 훨씬 더 한정적이고 소중하다. 흘러가는 모든 순간은 돌이킬 수 없이 사라진다. 신체가 건강할 때 우리는 영원히 살 것처럼 느끼고, 인간의 숙명적인 유한함을 외면하려 애쓴다. 그러나 80년은 70만 1,280시간, 약 4,200만 분, 약 25억 초에 불과하다. 임의로 늘릴 수 없는 시간 자산의 가치는 수면 및 필수 활동에 드는 시간을 제외하고 나서야 비로소 드러난다. 우리는 이 자산을 지혜롭게 투자해야 한다.

우리는 시간을 목표 달성과 발전을 위해 전략적으로 활용하기도 하고, 현재를 즐기며 온전히 집중하기 위한 수단으로 활용하기도 한다. 우리가 피해야 하는 것은 미적지근함이라는 함정이다. 이 상태는 우리가 제대로 생산적이지도 못하고, 삶을 온전히 경험하지도 못하는 이도 저도 아닌 상태다. 좋아하지도 않으면서 서서히 자신을 소진시키는 직업, 관계, 생활에 머물며 이러한 상태는 수년에 걸쳐 고착될 수 있다. 때로는 이 미지근한 상태가 일상의 사소한 부분으로까지 조용히 스며들기도 한다. 방금 생각 없이 릴스와 쇼츠를 스크롤 하면서 보낸 30분처럼 말이다.

의식적인 결정을 내리는 것이 중요하다. 일할 때는 완전한 집중과 명확한 목표 설정 속에서 일한다. 쉴 때는 온 마음을 다해, 그리고 죄책감 없이 쉰다. 우리의 몸과 마음에 양분을 채울 때에는, 배부름, 강인함, 행복을 안겨주는 것을 선택해야 한다. 지금 하고 있는 일을 명확히 정의하고 그 일에 온전히 몰두할 때, 우리는 매 순간이 가진 잠재력을 극대화할 수 있다.

시간 관리 방식을 되돌아보라. 현재의 일상에 만족하는가? 뚜렷한 목적 없이 시간을 낭비하고 있는가?

바로 지금부터 시간을 어떻게 투자하고 싶은지 의식적인 결정을 내려라.

집중해서 일하는 시간과 의미 있는 휴식 시간을 구분하여 계획을 세워라.

주저하면 퇴보한다

당신이 아직 고민하는 사이에 다른 사람들은 이미 행동했다. 모든 것이 초고속으로 움직이는 세상에서 신속함은 선택이 아닌 의무다. 오랫동안 내 머릿속에서 잠자고 있던 아이디어를 다른 사람이 갑작스럽게 실현하기도 한다. 당신이 그 생각을 처음 했다는 사실은 아무 도움이 되지 않는다. 주저하는 사람은 뒤처진다. 현실이 그렇다.

물론 신속한 결정이 완벽함을 보장하지는 않는다. 그럼에도 불구하고, 최선이 아닌 결정마저도 끝없는 고민보다는 훨씬 유용하다. 당신이 모든 가능성을 검토하는 동안 과감한 사람들은 이미 결과를 만들어냈기 때문이다. 성공은 망설이는 사람이 아니라 용감한 사람을 좋아한다. 성공은 위험을 감수하고 도전을 마다하지 않는 사람의 몫이다. 멈춰 서서 망설이는 것보다는 결정을 내리고 경험을 통해 배우는 편이 훨씬 낫다. 팟캐스트, 브이로그, 혹은 소셜 미디어를 예로 들어보자. 지금은 성공한 대형 운영자들의 초기 에피소드들을 보라. 그들의 출발은 완벽했던가? 대부분 그렇지 않다. 그들은 그냥 시작했고, 과정에서 배웠다.

눈을 감고 돌진하라는 뜻이 아니다. 자신의 지식과 직관을 믿고 단호하게 행동하는 법을 배우라는 말이다. 결정을 내릴 때마다 판단력은 예리해지고 결단력은 강화될 것이다. 그러니 모든 장단점을 끝없이 저울질하는 일을 멈추어라. 자신을 다그치고, 결정하고, 실행하라. 망설이는 사람을 기다려주지 않는 세상에서, 성공의 열쇠는 결단이다.

주저하고 망설이는 순간을 감지하라. 고민에 사로잡혔다면, 즉각 행동으로 옮겨라!

결정을 위한 시간을 최대 60초만 주어라.

나의 판단력을 믿어라.

실패는 하룻밤 사이에 찾아온다

독일 림파르 출신 가축상 아브라함 레만^{Abraham Lehmann}의 아들들은 1850년 미국에서 리먼 브러더스 은행을 설립했다. 2008년 9월 15일까지 리먼 브러더스는 탄탄한 모범은행으로 평가받았다. 이 은행은 무려 33차례의 경제 위기, 경기 침체, 세계 대전을 견뎌냈다. 그 평판은 흠잡을 데 없이 견고했다. 그러나 단 하루 만에 모든 것이 바뀌었다. 리먼 브러더스 은행은 무너졌고, 세계 경제를 파탄 직전까지 몰고 갔다. 리먼 브러더스는 모든 경제 위기의 상징이 되었다. 158년 동안 양지에서 성공을 누렸지만, 24시간 만에 영원한 암흑으로 추락했다. 이 사건은 우리가 거의 주목하지 않는 자연의 법칙을 보여준다. 성공은 오랜 시간에 걸쳐 작은 걸음들로 이루어진다. 실패는 순식간에 우리를 덮친다.

나는 어떤 성공을 천천히 꾸준히 쌓고 있는가?

천천히 진행되더라도 나의 성공을 인식하고 있는가?

하룻밤 사이에 실패가 모든 것을 허물어뜨릴 때를 대비하고 있는가?

풀은 당긴다고 더 빨리 자라지 않는다

1980년대 유행했던 한 줄 농담을 스폰티 격언이라고 한다. 낡은 자동차에 덕지덕지 붙이던 스티커에 적혀 있는 농담이다. 스폰티 격언은 독특한 말장난으로 유명했다. "피카소가 그린 그림이 되는 것이 운명이 그린 그림이 되는 것보다 낫다!" 또는 "그린란드에 자유를 ― 빙산을 치우자!" 같은 식의 농담들이었다.

어떤 스폰티 격언들은 더 깊은 의미를 품고 있기도 했다. "풀은 당긴다고 더 빨리 자라지 않는다"라는 문장은 빠르게 진행될 수 없는 일을 서두르는 것은 소용이 없다는 의미를 담고 있다. 실제로 경제학자 모건 하우젤Morgan Housel은 자신의 저서 『불변의 법칙』에서 인생의 모든 일에는 숙성할 시간이 필요하다고 말한다. 참을성 없이 풀을 당기면, 그냥 풀을 뽑아버리게 될 뿐이다.

나는 어떤 일에서 성공을 거두었고, 그 일에 얼마나 많은 시간을 투자했는가?

반대로 너무 서둘러 일을 망쳤을 때는 어떤 상황이었나?

인내라는 긍정적 힘을 키우기 위해 나는 무엇을 할 수 있나?

위협이 현실이 되면 싸움은 피할 수 없다

위협이 현실화된 시점에서는 갈등이 발생하는 것이 시간문제일 뿐이다. 위협이 보내는 초기 경고를 감지하고 분석해야만, 사전에 대응 계획을 세우고 전략에 맞게 움직일 수 있다.

　　이런 메커니즘은 거리, 사회, 정치를 비롯한 모든 영역에서 발견할 수 있다. 주의력이 높은 사람은 상대를 보자마자 그가 악의를 품고 있는지, 싸움을 걸어오는지를 직관적으로 간파한다. 가족, 친구 관계, 직장 동료와 같은 사회 조직에는 말로 표현하지 않은 갈등들이 언제 분출될지 모른 채 숨어 있고, 다양한 문제들이 쉽게 풀리지 않는다. 국제 정치에서는 훌륭한 분석가들이 이해관계와 행위 주체들을 잘 살펴보면서 정치의 전개 과정을 충분히 예측할 수 있다.

　　위협적인 갈등이 더 큰 문제로 발전하기 전에, 강경하게 대응하여 초기에 싹을 잘라내는 것이 더 효율적일 때가 많다. 강경 대응은 선제적 예방 조치를 하거나 강압적 행동으로 상대가 추가 공격을 단념하도록 만드는 것이다. 예방 조치를 하면 내부적으로 조용히 사태를 진화시키거나, 사태가 악화되기 전에 상대와 대화하고 협상할 수 있다. 강압적 행동은 협상의 여지가 없을 때 주도권과 강력함을 단호하게 관철하는 데 중점을 둔다. 이 모든 대응의 궁극적인 목표는 갈등 자체를 피하는 것이며, 만약 갈등이 불가피하다면 최소한의 피해만 남기고 신속하게 해소하는 것이다.

현재 나의 삶에서 갈등이 생길 수 있는 상황이 있는지 깊이 생각해보라.

잠재적 경고 신호를 확인하고, 갈등을 완화하거나 나의 입지를 강화하여 큰 싸움을 피할 수 있는 선제적 행동 전략을 개발하라.

싸움이 일어나면 전술과 능력에서 나의 장점은 무엇인지 생각해보라.

모든 제약이 사라진 시뮬레이션

시뮬레이션의 목적은 무엇일까? 다양한 결말이 있는 시나리오들을 실행해보는 것이다. 이미 알려진 결과에 도달하기 위해서가 아니라 무슨 일이 일어날 수 있는지, 혹은 일어날 수 없는지를 보기 위해서다. 그러므로 우리가 시뮬레이션 속 존재일지 모른다는 가정은 무한한 가능성의 관점을 열어준다.

　우리의 현실이 하나의 구성물에 불과하다는 것을 시사하는 물리적 증거들이 점점 늘어나고 있다. (자세한 이유는 이 책의 범위를 벗어난다.) 아마도 논리적으로 판단할 때, 언젠가 우리가 아날로그 현실과 구별할 수 없는 시뮬레이션을 만들어낼 가능성이 높기 때문일 것이다. 이 시뮬레이션 속에서 우리는 인류로서 우리 자신을 다시 재현하고, 이런 과정이 시뮬레이션 안에서 반복될 것이다. 시간이 흐르며 수백만 개의 층이 생겨날 것이고, 우리가 하필 그 모든 시뮬레이션의 시작점일 확률은 통계적으로 대단히 낮다.

　우리가 시뮬레이션 세계에 살고 있을 가능성이 높다는 생각에서 불안 대신 영감을 얻어야 한다. 이 세계관은 우리가 지닌 무한한 창조력을 증명한다.

　영화 〈매트릭스〉에서 네오와 트리니티 등의 반역자들이 시뮬레이션을 자각했을 때 발휘한 능력이 바로 그 창조력의 표현이다. 의심이나 변명으로 우리의 사고를 제한하는 대신, 이 자유의 가능성을 적극 활용해야 한다. 정해진 제약이 없는데, 스스로 한계를 설정할 이유는 더욱 없다.

나를 제약하는 규칙이나 한계를 점검해보라.	그런 제한에 의심을 던지고, 자신에게 더 크게 생각하고 과감하게 행동하라.	시뮬레이션이 비유가 아니라 실제라고 생각해보라. 그 생각이 가져다주는 해방감을 받아들여라.

늦게 태어나서 받은 은혜

내가 태어나서 성인이 될 때까지 독일 연방 공화국 총리는 단 한 명뿐이었다. 헬무트 콜 전 총리는 독일 연방 공화국을 '이런 우리의 나라'라고 즐겨 불렀다. 콜은 이스라엘 의회인 크네세트 연설에서 '늦게 태어나서 받은 은혜Gnade der späten Geburt'라는 개념을 사용하여 자신이 나치 시대의 죄악에 대해 책임질 의무가 없음을 역설했다. 극단적인 반응을 유발하는 발언이 으레 그렇듯이, 이 발언 역시 찬반양론을 불러일으켰다.

이 말에 담긴 순수한 문자 그대로의 의미를 한번 살펴보자. 1800년 이후 인간의 기대수명은 두 배 이상 증가했다. 같은 기간 독일 국내총생산은 8배 커졌다. 진보는 점진적으로 서서히 이루어진다. 프랑스에 있는 '지나가는 중에en passant'라는 표현처럼, 진보는 우리가 인식하지 못하는 사이에 이루어진다. 세상은 매일 더 나아지고 있으므로, 우리는 '늦게 태어나서 받은 은혜'를 날마다 누리고 있는 것이다.

우리는 선조들의 어깨 위에 서 있고, 그들이 성취한 업적을 기초로 삼는다.	후손들은 어떤 업적에 의지하게 될까?	나는 어떤 분야에서 업적을 남길 수 있을까?

강도 기사와 사기꾼

한스 폰 레히베르크Hans von Rechberg는 중세 시대의 가장 악명 높은 강도 기사 중 한 명이었다. 그는 슈바르츠발트에 위치한 자신의 팔켄슈타인성을 거점으로 삼아 제국 내 여러 도시에 공포를 떨쳤다. 영화 〈더 울프 오브 월 스트리트〉로 영원히 박제된 조던 벨포트처럼, 오늘날의 강도 기사들은 증권 시장을 무대로 활개 치고 있다. 버나드 메이도프는 투자자들을 속여 약 500억 달러를 유용했고, 150년형을 선고받았다. 제롬 케르비엘은 무단 거래로 자신이 근무하던 은행에 50억 달러 손실을 입혔다. 크웨쿠 아도볼리Kweku Adoboli는 대형 은행 UBS를 파산 직전까지 몰고 갔다. 브루노 익실Bruno Iksil은 JP모건 체이스에 60억 달러의 손실을 입혔고, 추가로 9억 달러의 벌금까지 내야 했다. 암호화폐 테라 네트워크가 붕괴하고 설립자 권도형이 도피하는 동안, 400억 달러가 증발했다. 사기 사건으로 체포되었던 암호화폐 거래소 FTX의 전 CEO 새뮤얼 뱅크먼프리드Samuel Bankman-Fried의 보석금은 2억 5천만 달러에 달했다. 한스 폰 레히베르크가 오늘날 살아 있다면, 투자자들을 공포로 몰아넣는 증권 중개인이 되었을 것이라고 어렵지 않게 짐작할 수 있다.

'더 많이'를 외치는 것이 시대의 새로운 모토가 되었다. 하지만 덜어내는 것이 때로는 더 큰 가치를 가져올 수 있음을 명심해야 한다.

삶의 어떤 부분을 포기함으로써 더 큰 이득을 얻을 수 있을지 탐색해보라.

쳇바퀴에서 벗어나라! 나는 진정 무엇을 포기할 수 있는가?

바보와 논쟁하지 마라

비이성적이고 통찰력 없는 사람들과의 논쟁은 소모적인 결말로 끝난다. 합리적인 논의를 할 의향이 없거나 타인의 관점을 수용할 준비가 안 된 사람과의 대화는 거의 의미가 없다. 그들은 자신의 의견과 세계관을 자기 정체성의 핵심으로 여긴다. 하지만 인간은 자신의 의견을 초월하는 존재이며, (상대의 관점에서) 틀린 의견을 가졌더라도 성품은 착할 수 있다. 이러한 성숙하고 이성적인 사고방식이 그들에게는 낯선 영역이다. 그들은 스스로를 이성적이라고 생각하지만, 실제 행동은 종교 근본주의자들과 다를 바 없다.

   이러한 사람들과의 논쟁은 시간 낭비일 뿐만 아니라 자신의 평판에도 해가 된다. 논쟁은 결국 불가피하게 격렬해지고, 소란스러우면서 극심한 대립으로 치달을 것이다. 이 싸움을 지켜보는 제삼자들은 이 논쟁에서 누가 이성적인지를 명확히 구분하지 못한다. 마크 트웨인의 말처럼, "바보와 논쟁하지 마라. 구경꾼들은 차이를 알아차리지 못할 수도 있다." 결국 이러한 소란스러운 논쟁은 양쪽 모두의 평판을 깎아내린다. 나아가 이성적인 태도를 광신적인 행위로 폄하하려는 세력들에게 좋은 공격의 빌미가 될 수도 있다. 그러므로 때로는 한발 물러서서 그 에너지를 건설적인 대화나 활동에 쏟는 것이 훨씬 현명하다.

의미 없는 논쟁에 휘말렸던 상황을 떠올려보라.

앞으로 이런 논쟁을 피하는 방법을 고안하라.

비합리적인 사람과 맞서게 될 경우, 그 자리에서 벗어나 에너지를 아껴라.

모든 이념에는 한계가 있다

어떤 신념이나 철학도 모든 해답을 갖고 있지 않다. 단 하나의 관점에만 집착하면 전체적인 해결을 놓칠 수 있다. 특히 자기 완결성을 갖춘 포괄적이고 우아한 정치적·철학적 사고 체계는 교묘하고 위험한 함정이다. 이러한 사고 체계 내에서는 모든 것이 제자리를 찾고, 완벽하게 들어맞으며, 서로 긴밀하게 연결되어 있다. 마치 한 편의 소설처럼 완벽한 세계가 구축된다. 하지만 이 완벽함은 중요한 사실을 가린다. 그 세계는 정해진 경계 내에서만 유효하며, 그 외부에는 여전히 많은 다른 영역들이 우리를 기다리고 있다는 사실이다. 그 영역들을 탐험할 용기가 있다면 말이다.

이러한 용기를 보여준 역사적인 사례가 바로 계몽주의이다. 계몽주의는 과학자와 철학자들이 전통 신앙 체계와 권위에 의문을 던지기 시작했던 시대다. 그들은 진보와 지식은 경직된 이념이 아니라 비판적 사고, 다양한 의견 교환, 균형 잡힌 해결책 추구를 통해 이루어진다는 것을 깨달았다. 계몽주의는 기존 사고 체계의 경계를 넘어 지식과 신앙 사이에 새로운 균형을 창조하면서 중요한 과학적 발견과 사회 변화를 끌어냈다. 하지만 계몽주의의 유산 역시 수백 년의 시간을 거치며 다시금 경직되거나 권력층의 이익에 따라 변질될 위험이 있다. 가령 과학이 특정 주제에 대해 마치 '유일한 정답'만 있는 것처럼 제시한다면, 바로 그 지점에서 경직성이나 왜곡을 발견할 수 있다.

현재 내가 집착하고 있는 신념이 무엇인지 떠올려보라.	그 신념의 한계를 점검하고, 다른 관점을 수용함으로써 더 효과적이고 균형 잡힌 해법을 도출할 수 있는지 따져보라.	특정 인물들의 견해와 그들의 배경이 되는 사고 체계 및 학파에 대해 늘 비판적인 질문을 던져라.

나는 많이 알고 있지만, 모든 것을 알고 싶다

고트프리트 빌헬름 라이프니츠는 세계의 마지막 만물박사였다. 법률가, 외교관, 수학자, 철학자, 발명가로서 라이프니츠는 유럽 전체와 연결되어 있었다. 그는 2만 통이 넘는 편지를 썼으며, 16개국 1,300여 명의 사람들과 학문적 동향을 꾸준히 공유했다. 이 모든 활동이 1700년을 전후한 시기에 이루어졌다. 『파우스트』의 저자 괴테도 여러 다양한 학문에 정통했다. 그 이후 인류의 지식이 배가되는 속도는 가히 폭발적으로 단축되었다. 1950년대에는 50년이었던 이 주기가, 1980년대에는 7년으로, 2010년에는 4년으로 줄었고, 2020년에는 단 73일이 되었다.

우리는 넘쳐나는 새로운 지식에 어떻게 대처할 수 있을까? 해결책은 '신경 쓰지 않는 것'이다. 나는 관심 분야에서는 언제나 모든 것을 알려고 한다. 그 분야들에서는 호기심을 유지하고, 늘 최신 정보를 따라간다. 사실 자세히 살펴보면, 고트프리트 빌헬름 라이프니츠조차 모든 것을 아는 만물박사는 아니었다. 그는 특히 여성에 대해서는 아는 것이 거의 없었다.

나는 무엇에 가장 큰 관심을 두고 있는가?

타인이 나의 관심사를 특이하게 여기는 것은 전혀 중요하지 않다.

그러나 관심 분야에서는 모든 것을 알아야 한다. 그것이 중요하다.

잘못된 길은 없다. 오직 자신의 길만 있을 뿐이다

나는 이 말을 프레더릭 제이 릭 루빈에게서 들었다. 릭 루빈은 미국의 전설적인 음악 프로듀서다. 메탈리카, 카녜이 웨스트, 카를로스 산타나, 레드 핫 칠리 페퍼스, 닐 다이아몬드 등, 릭 루빈이 없었다면 우리가 듣지 못했을 음악가들을 모두 나열하는 일은 불가능하다. 그보다 더 중요한 것은, 그 음악가들이 실은 깊은 불안과 의심을 품은 채 그의 작업실을 찾았다는 점이다. 왜 그랬을까? 그들이 스스로 잘못된 길을 가고 있다고 생각했기 때문이다. 더 나아가, 주변의 수많은 사람들이 그들에게 잘못된 길이라고 설득했기 때문이다.

릭은 잘못된 길은 없고 단지 자신의 길이 있을 뿐이라고 말하며 이 음악가들에게 용기를 주었다. 결과적으로 자신의 길을 개척한 음악가들은 상상 이상의 엄청난 성공으로 보답받았다. 마크 노플러^{Mark Knopfler}는 "공짜로 돈 번다^{Get your money for nothin}"고 농담조의 노래를 불렀지만, 현실에서 우리는 자신만의 길을 묵묵히 걸으며 노력할 때 진정한 성공을 이룰 수 있다.

길을 잘못 들었다거나, 미로를 헤매거나, 험한 길을 걷고 있다는 느낌을 받은 적이 있는가?

무엇이 자신의 길인가? 그 길을 설명할 수 있는가? 그 길은 어디로 향하고, 나의 목적지는 어디인가?

내가 가고자 하는 길을 막고 있는 사람은 누구인가? 솔직히 말해보자.

패배는 교훈을 주고, 승리는 만족을 준다

성공과 실패는 인생과 직업에서 발전을 위한 필수 요소다. 실패와 패배 경험은 고통스러울 수 있지만 우리에게 귀중한 가르침을 준다. 실패할 때마다 우리는 무엇이 제대로 돌아가지 않았는지 배우게 되고, 회복 탄력성을 얻게 되며, 새로운 전략을 개발한다. 반면 성공과 승리는 만족과 확신을 줄 뿐 아니라 자신감을 더 키워주고, 성공을 인지하고 포착하는 능력도 키워준다. 의식적인 학습과 지적 성장의 결합, 그리고 성공의 기억에서 분비되는 행복 호르몬이 우리를 앞으로 나아가게 하는 원동력이 된다.

 스포츠는 성공과 실패를 통해 배우고 성장하는 과정을 보여주는 탁월한 예시이다. 운동선수들은 승리와 패배에서 모두 배운다. 특히 NBA 스타 야니스 아데토쿤보가 한 기자회견에서 했던 대답은 잊을 수 없다. 야니스가 플레이오프에서 패배한 후 진행된 기자회견에서, 한 기자가 야니스에게 이번 시즌을 실패로 보느냐고 물었다. 야니스는 이 질문에 대한 답으로, 나중에 밈으로 유명해진 독백을 시작했다. 그는 스포츠에는 실패가 없고 성공을 향한 과정만 있다고 설명했다. 누군가 매년 승진하지 못한다고 해서 그 해가 실패를 의미하지는 않는다는 것이다. 모든 노력은 거대한 목표를 향한 여정의 일부일 뿐이다.

최근에 겪은 패배나 승리를 성찰해보라. 그 경험에서 무엇을 배웠나? 미래에 더 나아지기 위해 이 깨달음을 어떻게 활용할 수 있을까?

성공과 실패는 나의 성장과 발전에서 모두 중요한 요소임을 받아들여라.

전체 여정을 도전으로 가득 찬 모험으로 간주하고, 그 여정 속에서 겪는 실패를 중단이 아닌 이정표로 여겨라.

권력은 덧없고, 진실성은 영원하다

권력은 성취와 영향력을 위한 매력적이지만 불안정한 토대가 될 수 있다. 특히 권력은 외부 상황과 타인의 인정에 의해 좌우되며, 언제든 변동될 수 있다. 반면에 진실성integrity은 지속적이고 신뢰할 수 있는 가치다. 진실성은 우리가 진정 누구이고, 타인에게 어떻게 인식되는지를 정의한다. 진실성을 유지하는 것, 특히 고난과 유혹의 순간에 흔들리지 않는 것은 신뢰와 존경의 기반을 다져준다.

　　역사 속 대표 사례가 바로 에이브러햄 링컨이다. 그의 이름은 진실성과 견고한 도덕성의 대명사가 되었다. 당시에는 당연시되던 노예 제도에 링컨이 반대하자, 남부 11개 주가 연방을 탈퇴하고 새로운 연합을 결성했으며, 링컨은 잔류한 북부 주들을 이끌고 남북 전쟁을 치렀다. 마침내 새로운 연방이 탄생했고 인류 역사의 야만적인 한 장이 종말을 고했다. 링컨은 이 결말을 겪지 못했는데, 자신의 원칙 때문에 미국 역사상 최초로 암살당한 대통령이 되었기 때문이다. 극심한 도전과 권력 다툼 속에서도 원칙을 고수한 링컨은, 그 일관된 자세 덕분에 역사에서 지속적인 존경과 영예를 얻을 수 있었다.

　　링컨 이외에도 넬슨 만델라, 마하트마 간디, 마틴 루서 킹 등 역사 속에서 진실성을 지킨 위인들을 많이 찾을 수 있다.

진실성이 나의 삶과 결정에서 어떤 역할을 하는지 생각해보라.	단기적인 권력 추구를 위한 결정이 아니라 장기적으로 나의 가치와 원칙에 맞는 결정을 내리려고 노력하라.	주류의 흐름에 반하는 결정을 내린다면 일부 사람들과 멀어질 수 있다. 가치 있고 오래 지속될 새로운 우정을 얻을 수 있다.

무언가를 믿으면, 특별한 파동이 생긴다

이 말은 음악 프로듀서 릭 루빈이 전하는 또 다른 지혜다. 그는 이어서 "그것이 증명 가능한지는 나에게 중요하지 않다"라고 덧붙였다.

　'파동'이나 '끌어당김의 법칙' 같은 이야기는 흔히 터무니없는 것으로 여겨진다. 하지만 창의적이고 대단히 성공한 사람들 중에는 이것을 매우 진지하게 받아들이는 경우가 꽤 많다. 세계적인 베스트셀러 작가 스티븐 킹은 자신이 안테나를 열어 우주에게 준비되었음을 알리면 이야기가 자신에게 온다고 설명한다. 롤링 스톤스의 키스 리처즈Keith Richards 또한 이와 비슷한 이야기를 했다. 나폴레온 힐Napoleon Hill은 500명의 백만장자를 인터뷰한 후 자신의 책『생각하라 그리고 부자가 되어라』에서 긍정적이고 목표지향적인 사고가 성공하는 사람들의 법칙이 되는 이유를 설명했다. 긍정적이고 목표지향적인 사고가 바로 파동이다. 릭 루빈의 말처럼, 그것이 증명 가능한지는 나에게 중요하지 않다.

| 자신이 성공하고 부자가 될 것이라고 믿는가? | 나의 안테나는 열려 있는가? 우주는 내가 준비되었다는 것을 알고 있는가? | 나의 생각은 언제나 긍정적이고 목표지향적인가? |

절대 빈손으로 가지 마라

영상 스튜디오는 사무실 근처에 있고, 우리 집도 그리 멀지 않은 곳에 있다. 매일 나는 이 세 곳을 오가며 매일 같은 것을 깨닫는다. 사무실에서 필요한 서류는 집에 있고, 영상 스튜디오에서 필요한 대본은 사무실에 있다. 나는 미리 "어디서 무엇이 필요할까?"를 고민하며 다음 과제에 집중한다. 이제 이 전략이 완전히 습관이 되어, 집, 사무실, 스튜디오 사이를 이동할 때 손이 비어 있으면 바로 "혹시 빠뜨린 건 없을까?"라고 되묻는다.

나의 하루를 더 효율적으로 구성하는 방법은 무엇인가?

나는 다음에 생길 일을 생각하고 있는가? 오늘부터 내일까지, 내일부터 다음 주까지를 생각하는가?

이 책을 다 읽고 난 뒤, 다시 바로 꺼내볼 수 있도록 어디에 둘 것인가?

스승이 아니라 항상 학생이 되어라

평생 배우는 자세를 유지하는 것이 개인적, 직업적 성장의 열쇠다. 끊임없이 변화하고 계속해서 발전하는 세계에서 지식의 끝은 없다. 각 분야에서 경험이 많은 전문가들조차 늘 새롭게 배워야 할 것이 있다는 사실을 안다. 장수를 연구하여 노벨상을 받은 벤키 라마크리슈난Venki Ramakrishnan은 잡지《갤로어Galore》와의 인터뷰에서 이렇게 말했다. "나는 이미 많은 것을 이루었습니다. 그러나 나의 목표들은 늘 새로운 질문을 열어줍니다. 나는 이제 연구 활동에서 물러납니다. 나의 전문 분야가 끝났기 때문이 아니라, 그 분야에는 끝이 없기 때문입니다. 과학에서 끝이 있다는 생각은 신기루에 불과합니다."

이 원리는 자연과학을 넘어 인문학, 역사학, 철학, 심리학, 나아가 개인의 삶까지 관통한다. 우리는 자신을 이미 잘 알고 있다고 생각하지만, 우리 자신의 복잡한 내면이나 가족사 속으로 언제든 더 깊이 파고들 수 있다. 익숙한 것들이 갑자기 새롭게 보인다. 새로운 통찰의 열쇠가 지금까지 발견되지 않았던 문을 열어준다. 더 깊은 탐구와 학습은 수평적 확장뿐 아니라 수직적 심화에서도 가능하다. 나아가 과거를 새로운 시각으로 해석하는 회고와 미래에 대한 무한한 비전을 제시하는 전망 모두에서 통찰을 얻을 수 있다.

어떤 분야에서 더 배우거나 능력을 향상시킬 수 있을까?

이 분야에서 새로운 지식에 열려 있고 지속적으로 발전할 준비가 된 영원한 학생의 자세로 임하라.

다른 분야를 탐구하고, 나 자신에 대해서도 새로운 면을 발견하려는 개방성과 호기심을 유지하라.

달라질 용기

남들과 같아야 칭찬받는 세계에서 남들과 달라지려면 용기가 필요하다. 흐름을 거슬러 자기 길을 가려면 자신감이 필요하다. 범죄가 아닌 의견 표명마저 신고가 권장되고, 소위 '캔슬 컬처cancel culture'가 지배적인 현시대에 주관을 지키는 태도는 점점 가혹한 결과를 불러온다.

나는 이러한 규범으로부터의 일탈이야말로 혁신적인 생각과 진정한 변화를 불러온다는 것을 배웠다. 다른 의견을 가진 사람을 배제하고, 자신을 '음모론자'나 '허황된 생각을 하는 사람들'에 맞서는 이성의 수호자라고 자처하는 이가 있다면, 그는 역설적으로 17세기에는 갈릴레오를 탄압한 교회 편에 섰을 것이며, 1989년까지의 동독에서는 '반파시스트' 보호 장벽 뒤에서 사회주의의 전진을 옹호했을 것이다.

심지어 결과에 열려 있어야 할 체제인 과학계조차 기존 이론에 순응하지 않는 학자들 앞에 걸림돌을 놓곤 한다. 이런 현상에 대해 막스 플랑크는 이렇게 말했다. "새로운 과학적 진리는 반대자들을 설득하고 교화시켜 인정받는 방식이 아니라, 반대자들이 서서히 사라지고 젊은 세대가 처음부터 새로운 진리에 익숙해지면서 관철될 수 있다."

경제, 예술, 심지어 개인의 삶에서도 마찬가지다. 관습을 벗어난 길을 가는 사람들이 변화의 선구자가 된다.

나는 어디에서 다른 사람의 기대를 따르고 있는가? 진정 나 자신이 되어 나의 길을 갈 기회는 어디에 있을까?	과감하게 달라져라. 그리고 그것이 나를 둘러싼 세계를 어떻게 바꾸는지 관찰하라.	저항에 부딪혔을 때 침착하라. 저항은 대부분 그 문제의 장단점이나 합리적인 정보가 아니라, 변화에 대한 두려움에서 나오기 때문이다.

우리는2년전에재정정책평가를실시했고이법은지금법적…

상대방이 쉼표도 마침표도 없이 말을 쏟아내는 상황을 경험한 적이 있는 가? 속으로는 이렇게 말하고 싶을 것이다. "야, 입 좀 다물어. 이제 내 차 례야." 그렇지만 예의를 지켜 부드럽게 말을 끊는 것이 더 낫다. "흥미롭 네요. 그 주제에 관해 제가 이어서 말씀드리고 싶습니다." 나는 이런 방 법으로 토론 자리에서 수다쟁이 한 사람이 떠들고 사람들이 지겨워하는 상황을 막는다. 모든 사람에게 말할 기회가 돌아가도록 노력한다. 실제로 악명높은 수다쟁이들도 긍정적인 방식으로 말을 끊으면 기꺼이 말하기 를 멈춘다.

나는 수다쟁이인가? 끊임없이 떠드는 것보다 경청이 낫다.

말을 중간에 끊지 말고, 문장을 마칠 때까지 기다렸다가 내 말을 덧붙여라.

최고의 방법은 먼저 경청한 다음 답변하면서 핵심을 짚는 것이다. 정치인과 유명 축구 선수들의 말하기 방식을 따르지 말 것.

갈등 상황에 근본적인 결정을 내려라

사람들은 종종 나에게 왜 권투를 하는지 묻곤 한다. 답은 간단하다. 링에서는 남자 대 남자로 맞붙기 때문이다. 링에서의 대결은 갈등의 원초적형태다. 누구도 이 대결에서 도망칠 수 없다. 실제 삶은 어떤 모습인가? 대다수는 갈등을 피하려고 한다. 사회학자들은 이 현상을 회피라고 부른다. 그러나 이 방법은 성공하지 못한다. 갈등을 피해 도망치는 것은 갈등안으로 들어가는 행위다. 갈등을 회피한 사람은 비겁하다고 자책하며 죄책감에 시달릴 수도 있다. 그러므로 근본적인 결정을 내리는 것이 중요하다. 당신 자신과 함께 갈등 안으로 들어갈 것인가, 아니면 갈등 상대와함께 갈등 안으로 들어갈 것인가? 나는 후자를 추천한다. 그럴 때만 그갈등을 해소할 수 있다.

나는 갈등에 맞서는가, 갈등을 회피하는가.

내가 승리하고 상대가 패배한다고 갈등이 해결되는 것은 아니다. 반대의 경우도 마찬가지다.

갈등에서 윈-윈 상황을 만드는 법을 생각해보라.

성공은 우연이 아니라 훈련과 끈기의 결과다

성공은 하루아침에 이루어지지 않는다. 모든 성공 이야기 뒤에는 수많은 시간의 힘든 노동, 훈련, 인내가 숨어 있다. 예외 없이 모든 성공 뒤에는 인내가 있다. 운동선수들은 어린 시절부터 대형 스포츠 클럽의 기숙사에 들어간다. 의사, 법률가, 학자들은 방대하고 까다로운 학업 과정, 박사 논문, 교수 자격 논문 등을 통과하면서 서서히 올라간다. 이런 분야에서는 힘든 과정이 명확히 드러난다. 반면에 배우, 음악가, 예술가, 혹은 요즘 성공한 콘텐츠 크리에이터들은 갑자기 어디서 '짠!'하고 등장한 것처럼 보일 수 있다. 그러나 이런 분야에서도 눈에 보이는 성공 이전에 잘 드러나지 않는 오랜 시간의 노력이 있었다. 그들은 연습하고, 실험하고, 실패하고, 다시 시작하고, 교통비만 받고 어디서든 공연을 올리거나, 작품을 수도 없이 거절당했다. 그렇게 수백 번의 시도 끝에 적절한 때에 적절한 기회를 잡게 된 것이다. 세계적인 스타 에드 시런도 그랬다. 에드 시런은 수년 동안 작은 클럽과 펍을 돌아다니며 공연을 했고, 청중이 10여 명밖에 되지 않는 날도 있었다. 그는 아주 적은 돈을 받거나 아예 공짜로 출연했고, 집세를 감당할 수 없어서 친구 집 소파에서 잤다.

목표를 향한 매일의 헌신이 장기적으로 차이를 만든다. 한 술집에서 청중 네 명 앞에서 공연했던 에드 시런처럼, 완주할 수 있을 때까지 매일 훈련하는 마라토너처럼, 우리도 꿈을 향해 끊임없이 노력해야 한다.

장기적인 목표를 생각해보라. 목표 도달에 필요한 훈련을 끈기 있게 받을 준비가 되었는가?	원대한 꿈에 다가갈 일상의 작은 목표를 정하라.	끈기를 보여주는 인물을 롤 모델로 지정해두라.

진정한 우아함은 단순함에 있다

우리는 점점 더 복잡해지는 세계에서 해결책도 필요 이상으로 복잡하게 만드는 경향이 있다. 그러나 단순함이야말로 종종 가장 우아하고 효과적인 해결책으로 이어진다. 개인 시간 관리가 좋은 예다. 시간 관리 앱, 도구, 방법론 등 일정을 관리하기 위해 고안된 방법들이지만, 정작 여기에 더 많은 노력을 들이다가 결국 단순한 할 일 목록이나 달력으로 돌아가게 된다. 갈등에서도 이런 일이 벌어질 수 있다. 마음을 담은 사과를 전달하면 충분했을 문제가 지나치게 많은 변명과 복잡한 설명 때문에 막다른 길로 빠지기도 한다.

직업 분야에서도 단순하고 직접적인 방법이 더 낫다. 프로 스포츠에서도 너무 복잡한 전술과 전략보다 과감한 개인기가 더 효과적인 경우가 있다. 문서를 교정할 때 첫 단계에서는 기본적으로 불필요한 내용을 없애고 표현을 정확하게 다듬는다. 오컴의 면도날 원칙을 생각해보라. 오컴의 면도날 원칙은 과학에서도 활용되고, 범죄 수사물에서 수사관들도 종종 인용하는 사고 절약의 원칙이다. 이 원칙에 따르면, 하나의 대상을 설명하는 방식이 여러 가지일 때 가장 단순한 방식을 선택하는 것이 언제나 좋다.

불필요한 것을 줄이고 본질에 집중하라. 사고와 행동의 단순함은 명확성과 효율성으로 이어진다.

지금 진행하는 프로젝트나 도전 과제를 다시 생각해보라. 단순화할 수 있는 지점이 어디에 있을까?

명확하고 우아한 해답을 찾기 위해 문제의 핵심을 파악하고 모든 불필요한 것을 제거하라.

탁월한 단순함의 사례들을 모아두어라.

방에서 당신이 가장 똑똑하다면 방을 떠나라

누군가 학창 시절에 대해 물어보면, 나는 '좋았다'라는 단어가 포함되지 않은 짧은 답변을 하곤 한다. 성공한 사람들 가운데는 나와 비슷한 경험을 한 사람이 많다. 이런 사람들은 모두 배우기를 좋아한다. 나도 그렇다. 뇌 과학에 따르면 배움은 행복 호르몬을 분비시킨다. 배움과 행복 호르몬의 관계는 우리가 지속적인 배움을 할 수 있도록 자연이 만들어준 장치다. 이 장치의 도움으로 인간은 수천 년 동안 생존할 수 있었다. 그러므로 '꼬마 한스가 배우지 못한 것은 어른 한스도 배우지 못한다'라는 속담은 가장 어리석은 격언 가운데 하나다.

나이에 상관없이, 흥미를 느끼는 것을 언제든지 배워볼 수 있다. 중요한 것은 당신에게 맞는 최상의 학습법을 찾는 것이다. 책으로, 영상으로, 전문가와의 대화로, 직접 시도해보면서. 학습법만큼 중요한 것이 또 하나 있다. 그 방에서 당신이 가장 똑똑하다면 방을 떠나라. 당신보다 더 많이 아는 사람들과 교류할 때만 배울 수 있다.

무언가를 배울 때 선호하는 학습법이 무엇인가?

올해 배우고 싶은 것은 무엇인가? 세 가지를 적어보라.

아침보다 저녁에 더 똑똑해져 있다면, 그날은 좋은 하루다.

철저하게 생각하고 심호흡 일곱 번 안에 결정하라

『하가쿠레』는 사무라이를 위한 행동 및 도덕 규칙이 담겨 있는 명예 규범이다. 1,300개의 가르침이 들어 있는 이 책은 1710년부터 1716년 사이에 집필되었다. 나는 그 가르침 중에 "철저하게 생각하고 심호흡 일곱 번 안에 결정하라"를 내 생활에서 적극 활용한다. 어떤 일을 결정해야 할 때 나는 그 일을 무작정 미루지 않는다. 그렇다고 바로 그 자리에서 갑자기 '이렇게 하자!'라고 마음먹지도 않는다. 나는 시간을 내어 조용히 그리고 깊게, 일곱 번 숨을 들이마시고 내쉰다. 나의 경우에는 30초 정도 걸리는데, 나는 이 시간 동안 결정에 집중한다. 그러고 나면 내가 어떻게 해야 할지 틀림없이 알게 된다.

나의 결정 방식을 점검해보라. 나는 어떻게 결정하는가?

호흡의 힘을 활용하라. 차분해지고 집중을 더 잘할 수 있다.

옳고 그름을 결정하기에 일곱 번의 들숨과 날숨이면 충분하다.

역사의 실패에서 배우기

역사는 교훈이 담겨 있는 보물 창고다. 라이트 형제 이야기를 예로 들어 보자. 두 사람은 항공 분야 선구자들의 실수와 실패를 집중적으로 연구했고, 그 연구에서 배웠다. 라이트 형제는 실패에서 배웠고, 동력 비행을 최초로 성공시켰다. 사회적 진보도 완고하던 결정권자들이 개방적인 자세를 취할 때 일어날 수 있다.

19세기와 20세기의 노동 운동도 한 사례다. 산업화 초기에 공장의 노동 조건은 끔찍했다. 당시 기업가들은 이런 상태를 당연하게 여겼다. 수많은 파업은 잔혹하게 진압되었다. 그러나 이런 저항들 덕분에 사회 개혁의 필요성에 대한 이해가 깊어졌다. 저항을 저지하던 사람들조차 개선의 필요성을 받아들였다. 오늘날 우리가 당연하게 여기는 모든 것은 사회적 투쟁으로 획득한 것이다.

최신 경영계에서는 실수를 질책하기보다 공동 학습의 기회로 바꾸는 업무 환경을 만들고 있다. 구글 연구 조직 X에서는 프로젝트가 실패하더라도 직원들에게 보상을 준다. 직원들이 용기를 잃지 않고 계속해서 새로운 방법을 시도할 수 있게끔 하는 것이다. 역사 속 모든 실패는 우리에게 더 나아질 기회를 제공한다.

나에게 영감을 주는 역사적 사건이나 인물을 성찰하라.

현재 도전 과제를 해결하거나 프로젝트를 추진하기 위해 그들의 실수나 성공에서 무엇을 배울 수 있을까?

내 개인사에 있었던 몇 가지 실수를 생각해보고 거기서 얻을 수 있는 가르침을 성찰해보라.

끈기는 결실을 맺는다

토머스 에디슨은 백열전구를 시장에 내놓기까지 약 9,000번의 실험을 했다고 한다. 천 번째 시도 후에 한 직원이 '실패'라는 단어를 입에 올렸는데, 에디슨은 이렇게 대꾸했다. "나는 실패하지 않았어. 나는 이제 백열전구를 만들 수 없는 방법 천 가지를 알게 된 거지."

지금은 수백만 부를 파는 베스트셀러 작가지만, 과거에 스티븐 킹은 낮에는 영어 교사로, 밤에는 세탁소에서 일하면서 겨우 가족을 부양했다. 동시에 그는 계속 글을 썼지만 실패를 거듭했고, 출판사들로부터 60번 넘게 거절을 당한 후 『캐리』의 원고를 쓰레기통에 버렸다. 아내가 그 원고를 발견하여 읽었고, 킹에게 계속 글을 쓰라고 설득했다. 그는 결국 세계적으로 유명한 작가가 되었다.

헝가리 의사 이그나츠 제멜바이스도 끈기와 우직함으로 우리를 구했다. 19세기 중반에 그는 의사들이 단순히 손을 씻는 것만으로도 산부인과 사망률을 급격하게 낮출 수 있다는 사실을 발견했다. 당시에 제멜바이스의 주장은 격렬한 반대에 부딪혔는데, 당시에는 세균에 대한 이해가 없었기 때문이다. 제멜바이스가 죽은 후에야 그의 발견이 받아들여졌고 전 세계의 의료 혁명을 불러왔다. 이런 태도들을 본받아야 한다. 모든 좌절은 배우고 다시 시도할 기회다. 우리가 생전에 성공을 볼 수 있기를.

포기하기 직전에 있는 목표나 프로젝트를 생각하라.

위인들의 끈기에서 내가 일을 계속하기 위한 새로운 접근법이나 관점을 찾아라.

내 접근법에 담긴 혁신이 결국 성공할 것이라고 믿어라.

최고 레스토랑들의 메뉴판은 단출하다

이 책을 쓰고 있는 시점을 기준으로 세계 최고로 꼽히는 식당이 몇몇 있다. 생트로페의 바그 도르, 파리의 기 사부아, 뉴욕의 르 베르나르댕, 그레인지오버샌즈의 랑클륌, 도쿄의 스시 사이토, 홍콩의 룽킹힌, 그리고 바이어스브론의 슈바르츠발트슈투베 들이다. 이 식당들의 공통점은 무엇일까? 미식 가이드의 가이드라 불리는 '라 리스트La liste'에 이름을 올린 식당들이다. 이 식당들은 대단히 높은 품질 기준을 가지고 있다. 이 식당들은 수년 동안 최고의 수준을 유지하였다. 이 식당들의 메뉴판은 단출하다. 최고의 자리에서는 힘을 분산하여 이것저것 일을 벌여선 안 된다. 이것저것 다 제공할 필요가 없다. 여러 가지가 아니라 한두 가지를 최고 수준으로 유지하는 데 집중하라.

나는 어느 분야에서 가장 뛰어난가?

나는 힘을 분산하여 이것저것 시도하는 경향이 있는가?

몇 년에 걸쳐 한 가지 일에서 최고의 성과를 낸 적이 있는가?

모두가 부자가 되고 유명해졌으면 좋겠다

배우이자 코미디언인 짐 캐리는 어린 나이에 스탠드업 코미디언으로 데뷔했지만, 그의 가족은 노숙자 신세가 되었다. 그는 인정받기 위해 오랫동안 힘들게 노력한 끝에 할리우드에서 가장 출연료를 많이 받는 배우가 되었다. 부유하고 유명해진 짐 캐리는 바로 그때 부와 명성이 해답이 아니라는 것을 깨달았다. 삶에는 더 중요한 것이 있다. 안정적인 관계를 만들어라. 도움이 필요한 사람들을 도와라. 사회에 유용한 존재가 되도록 노력하라. 그런 다음에 부유하고 유명해진다면, 당신은 모든 것을 올바르게 한 것이다.

내 존재로 사회는 어떤 이익을 얻나?

내가 맺고 있는 인간관계들은 얼마나 안정적인가?

부자와 유명인도 아프고, 법적 문제를 겪으며, 정치에 짜증을 내고, 가족 분쟁에 휘말린다.

친구는 닻이고, 적은 바람이다

"친구는 우리 영혼의 거울이고, 적은 우리에게 힘을 가르치는 스승이다" 라는 말이 있다.

복잡한 인간관계 안에서 친구뿐만 아니라 적도 가까이하는 것은 삶의 기술이다.

친구는 응원해주고 이해해준다. 친구는 늘 귀를 기울여 주고, 어려움에 처했을 때 도움을 주며, 함께 아름다운 추억을 공유한다. 친구들은 삶의 동맹이자 삶을 비추는 거울이다. 친구들은 우리가 자신을 어떻게 평가하는지, 그리고 어떤 가치가 우리를 연결해주는지 보여준다. 친구들은 기꺼이 베풀고, 조건 없이 지지하고, 실수를 지적하면서 우리를 더 강하게 만든다.

적들도 그들만의 가치가 있다. 적들은 우리에게 도전하고, 우리의 개성을 강화하고, 우리의 약점을 들추어낸다. 받아들이고 배울 준비만 되어 있다면, 우리는 그 약점을 다듬을 수 있다. 적들은 모든 사람이 호의적이지만은 않다는 점을 상기시켜준다. 그 때문에 우리는 어쩔 수 없이 더욱 지혜롭게 행동하게 된다. 스포츠에서의 라이벌이나 특수 부대의 훈련 과정처럼 말이다. 적들은 우리의 회복력을 강화하고 우리가 몰랐던 측면들을 마주하게 한다. 적이 가까이 있으면 우리는 전략을 가다듬고 관점을 재검토하는 법을 배우게 된다.

반대를 받았던 상황을 떠올려보라. 이 경험에서 나의 관점을 더 풍부하고 깊이 있게 만들 방법은 무엇일까?

모든 갈등을 불쾌하고 짜증 나는 일이 아니라 성장과 배움의 기회로 보라.

논쟁에서 상대를 반드시 '이겨야 한다'라는 태도를 버려라.

변화는 마음에서 시작된다

"천 리 길도 하나의 생각에서 시작된다." 이 문장은 천 리 길도 한 걸음부터 시작한다는 노자의 유명한 격언을 변형한 것이다. 땅 위에서의 천리 길을 정신적 성장에서의 천 리 길로 비유할 수 있다. 우리는 아동기와 청소년기 초기에는 세계를 모든 것이 가능한 놀이터로 여긴다. 우리는 상상 속에서 모험가가 되어 지구 곳곳을 탐험한다. 획기적인 작품으로 세상을 바꾼다. 스티브 잡스의 말처럼 '우주에 흔적을 남기는' 비전 넘치는 발명가, 제품 개발자, 연구자가 된다. 세월이 흐르면서 동료, 미디어, 교육 시스템이 이런 '머릿속 망상'을 제거해간다. 그러나 이 망상은 허황된 꿈들이 아니라 정확히 올바른 태도였다.

성공했든 실패했든 상관없이 모든 삶은 결국 생각과 확신의 결과다. 비전을 온전히 따라가다 보면, 그 여정을 지원해주는 사람과 기회를 '우연히' 만나게 될 것이다. 여기서 '우연히'라는 단어에 주목해야 한다. 사람과 기회는 다가오고 멀어진다. 임의로 그렇게 되는 것이 아니다. 그 사람이 특정한 방향으로 나아가고 있기 때문이다. 현실을 형성하는 정신의 힘은 헤아릴 수 없을 만큼 크다. 우리가 품고 있는 모든 생각은 우리 삶의 풍경을 형성하는 씨앗과 같다.

나는 생각을 품고 있는가? 그 생각은 내가 원하는 삶에 도움이 되는가?

나만의 비전을 찾아라. 어린 시절을 거슬러 올라가 찾아낸 그 비전을 다시 손에 쥐어라.

나에게 제동을 거는 생각들과 거기서 생겨난 습관을 피하라.

가치는 뿌리가 미래를 만나는 곳에서 성장합니다

독일 기업가이자 투자자인 리하르트 그로헤[Richard Grohe]의 말이다. 그는 아버지 클라우스 그로헤와 두 명의 형제와 함께 한스그로헤 그룹의 이사회에서 일하고 있다. 한스그로헤 그룹은 그의 할아버지가 창립했다. 독일 대표 월간 경제 잡지 《매니저 매거진[Manager Magazin]》에 따르면, 이 가족의 자산은 11억 유로에 달한다. 그로헤 가문은 여기에 안주하지 않고, 가족 투자 회사를 통해 중소기업에 투자하고 있다. 왜 그럴까? 그들은 자신들의 뿌리가 슈바르츠발트에 있는 작은 마을 쉴타흐에 있음을 알고 있기 때문이다. 클라우스 그로헤는 쉴타흐의 명예시민이다. 그들은 전통이 혁신과 결합하는 곳에 독일의 미래가 있다고 믿는다. 리하르트 그로헤는 이 믿음을 이렇게 표현했다. "가치는 뿌리가 미래를 만나는 곳에서 성장합니다."

내 가족사를 알고 있는가? | 나는 어디로 가고 싶은지 알고 있는가? | 나는 조상의 어떤 가치를 미래로 이어가고 있는가?

잠의 문턱을 활용하라

잠에서 깼지만 아직 완전히 깨어나지 않은 상태를 알고 있는가? 뇌 과학에서 이런 상태를 연구하고 있다. 수면과 깨어 있는 상태 사이에 있는 경계, 입면과 출면 상태에서는 평범한 의식 수준에서 달성할 수 없는 일이 가능하다. 2500년 전, 노자가 쓴 이야기가 있다. 한 남자가 잠에서 깨어나 불안해하니 친구가 물었다. "무슨 일이야?" 그 남자가 대답했다. "잘 모르겠어. 나비가 되었던 꿈에서 깨어난 걸까? 아니면 내가 나비인데 사람이 된 꿈을 꾸는 걸까?"

나는 경계가 분명하지 않은 이 입면과 출면 상태를 활용하여 낮에는 접근할 수 없는 영감들을 모은다. 이를 위해 침대 옆에 메모장을 두고, 떠오르는 대로 끄적거린다. 때때로 그 낙서를 해독하지 못하기도 한다. 가끔은 거기에 영감이 들어 있다. 이 책을 위한 영감도 그 낙서에 있었다.

나는 아침에 스스로 눈을 뜨는가, 아니면 알람이 깨워주나?

바로 일어나나, 침대에서 조금 더 시간을 보내나?

잠재의식은 출면과 입면 상태 때, 낮에는 의식이 비현실적이라고 걸러내던 영감들을 나에게 보낸다.

내면의 변화가 불러오는 힘

"너 자신을 바꾸어라. 그러면 너를 둘러싼 세상도 바뀔 것이다." 간디가 이와 비슷한 말을 했다. 우리는 환경이 바뀌기를 기다리지만, 가장 거대한 변화는 우리 안에서 시작된다는 것을 깨닫지 못한다. 영적인 사람들과 물질주의자 사이의 오래된 논쟁이다. 물질주의자들은 기본적으로 카를 마르크스의 유명한 말을 여전히 따른다. "인간의 의식이 존재를 규정하는 것이 아니라, 사회적 존재가 바로 의식을 규정한다."

마르크스의 말이 전적으로 옳다면, 열악한 조건에서 좋은 삶을 만들어가는 일, 좋은 환경에서 출발해 점점 잘못된 길로 빠져드는 일은 절대 일어나지 않을 것이다. 개인의 행동을 바꾸어 현실을 바꾸는 인지 행동 치료도 쓸모가 없어질 것이다. 내가 나아지기 위해 사회정치가 개혁되거나 비가 그치기만을 기다리는 사람은 없다.

역사는 내면세계를 바꾸어 외부 세계에 영향을 준 사람들의 이야기로 가득하다. 강압적인 남성 중심 사회에 둘러싸여 있었던 여성 물리학자 마리 퀴리는 자신의 발견을 믿었고, 그 발견으로 현대 의학과 기술의 기초를 놓았다. 활동가와 철학자들은 자신들의 생각을 세상에 퍼뜨렸고, 그 생각대로 살아가면서 이전과는 전혀 다른 세상을 만들었다. 우리의 생각, 감정, 확신의 변화는 우리 환경, 궁극적으로는 우리를 둘러싼 세계를 바꾸는 연쇄 작용을 일으킨다. 변화를 불러오는 힘과 책임은 우리 안에 있다.

오늘 내가 시작할 수 있는 내면의 변화는 무엇인가?	이런 작은 변화가 나의 세계에 어떻게 영향을 줄 수 있을까?	이 작은 변화가 나의 내면과 외부를 어떻게 바꾸는지 관찰하라.

육체와 정신의 조화

"정신은 몸을 형성하고, 몸은 정신을 반영한다." 다양한 인물과 매체가 이와 비슷한 이야기를 한다. 우리 생각과 감정은 우리 몸에 강력한 영향을 미친다. 우리의 모든 생각은 신체에 생화학적 신호를 보낸다. 그 결과는 건강, 활력, 심지어 매력이나 분위기와 같이 우리가 외부에 발산하는 모든 것을 통해 표출된다. 생각이 신체의 화학 작용에 미치는 이 직접적인 효과는 최면 치료 등에서 적극적으로 활용되고 있다. 최면 치료는 궁극적으로 우리 감정을 만드는 옥시토신, 도파민, 세로토닌 같은 신경 전달 물질의 분비를 의도적으로 조절한다. 플라시보 효과 연구가 증명한 것처럼, 약이 일으키는 '상상 효과'는 가짜 수술이나 가짜 위 밴드 삽입술에서도 일어날 수 있다. 부정적 생각, 혹은 릴스와 쇼츠를 스크롤하면서 일어나는 값싼 도파민의 지속적 자극이 우리에게 해를 끼치듯이, 명상이나 휴식처럼 누구나 평범한 일상에서 사용할 수 있는 기술은 우리를 치유해준다.

웰니스, 휴식, 운동과 같은 자기돌봄은 의지력과 자존감을 강화한다. 또한 운동을 할 때 근육 성장을 집중적으로 생각하는 것만으로도 근육 성장에 더 도움이 된다는 사실이 여러 연구에서 입증되었다. 이런 '관념 운동 효과'는 심지어 운동을 전혀 하지 않고 상상 속에서 근육 운동을 생각만 했던 실험 참가자의 근력도 조금 향상되는 결과까지 보여주었다. 행복에서 정신과 몸의 조화는 대단히 중요하다. 긍정적으로 생각하는 법을 배우면서 건강하고 활기 넘치는 신체를 키울 수 있다.

내 내면에 어떤 생각과 감정을 키우고 있는가?	긍정적 생각이 나의 건강과 행복을 어떻게 향상시킬 수 있을까?	특정 생각과 그 생각이 일정한 기간 내 몸에 미치는 영향을 시험해보라.

진실은 광고에서 사용할 수 있는 가장 효과적인 전략

뭐라고? 진실이라고? 모두가 가짜 뉴스로 재미를 보는 이 시대에 무슨 소리인가? 그러나 "진실은 광고에서 사용할 수 있는 가장 효과적인 전략이다"라고 말했던 사람은 옳다. 빌 번벅Bill Bernbach은 세계 최고의 아트디렉터 가운데 한 명이다. 1960년대 말에 번벅은 폭스바겐 비틀의 미국 홍보를 의뢰받았다. 두 가지 문제가 있었다. 첫째, 당시 미국에서는 트럭의 절반 크기도 안 되는 자동차를 자동차로 보지 않았다. 둘째, 미국인들의 눈에는 비틀이 여전히 히틀러의 차였다. 빌 번벅 자신도 나치 통치 아래에서 고통받았던 가족 출신이었다.

빌 번벅을 어떻게 했을까? 그는 진실을 고수하면서 "작게 생각하세요Think Small"라는 광고를 기획했다. 이 광고로 비틀은 미국 역사상 가장 성공한 수입차가 되었다. 나는 그의 충고를 따르려고 한다. 불편해하는 사람들이 생기더라도, 나는 유튜브 채널에서 진실만을 다루었다. 지속적으로 증가하는 구독자 수가 증명하듯이, 진실은 효과가 좋은 전략이다. 진실을 얻을 수 있다면 사람들은 가짜 뉴스를 원하지 않는다.

나는 진실을 어떻게 대하는가?

나는 가짜 뉴스에 얼마나 자주 속고 있는가?

빌 번벅이 역사를 만든 또 다른 광고가 있다. 번벅의 고객 에이비스는 렌터카 기업 2위에 머물고 있었다. 빌 번벅은 진실이 담긴 슬로건으로 이 점을 장점으로 승화시켰다. "우리는 더 열심히 노력하고 있습니다."

늦게 와서, 일찍 떠나라

늦게 와서, 일찍 떠나라. 시나리오 작가 윌리엄 골드먼의 성공 전략이다. 더스틴 호프먼이 출연한 영화 〈마라톤맨〉에서 치과 의사 장면을 기억하는가? 이 영화의 원작 소설과 시나리오가 골드먼의 작품이다. 골드먼은 이런 규칙에 따라 시나리오를 썼다. 장면을 가능한 한 늦게 시작하고, 될 수 있는 대로 빨리 끝내라. 그렇게 할 때 이야기의 긴장감이 높아지고 속도가 빨라진다. '늦게 와서 일찍 떠나라' 규칙은 실생활에도 적용될 수 있다. 나는 회의 때 이 전략을 활용한다. 처음에는 중요하지 않은 스몰 토크가 이어지므로, 이 자리에는 굳이 참석할 필요가 없다. 회의 막바지에는 모든 것이 지루하게 늘어지므로, 그때는 더 나은 일을 하려고 한다. 이 전략은 파티와 저녁 식사 모임에서도 유효하다. 초반에는 지루한 사람들이 주로 있다. 마지막에는 집에 갈 이유가 없는 사람들이 남는다. 이런 사람들과는 좋은 대화를 이어가기는 어려울 것이다. 골드먼의 격언을 활용하라. 늦게 와서, 일찍 떠나라.

나는 지루한 사람도 아니고, 집에 돌아갈 이유도 있는 사람인가?

중요한 자리에는 머물러라.

이 전략으로 아낄 수 있는 시간을 재미 삼아 계산해보라. 꽤 많을 것이다.

결단력의 힘

권력과 영향력의 세계에서 망설임은 위험한 파트너다. 망설임은 꿈과 야망을 몰래 무너뜨리는 조용한 힘이다. 마키아벨리의 가르침처럼, 갈팡질팡하면서 마비 상태에 빠져 있는 것보다 결정하고 실수하는 편이 종종 더 낫다.

영화 〈라이언 일병 구하기〉에서 숨 막히게 묘사되었듯이, 1944년 6월 6일부터 시작된 연합군의 노르망디 침공은 위험한 작전이었지만, 나치 독일과의 전쟁에서 결정적인 전환점을 마련했다. 에이브러햄 링컨은 아직 결과가 불확실했던 미국 내전 중에 노예해방을 선포했다. 링컨이 주저했다면 노예제도의 폐지도 지연되었을 것이고, 미국의 분열도 더 깊어졌을 것이다.

반대로 나폴레옹은 워털루 전투에서 공격을 망설였고, 그 결과 프로이센과 영국 군대가 연합하여 나폴레옹을 물리칠 수 있었다.

치명적인 망설임의 순간들은 스포츠나 예술 분야에서도 빈번하게 발견된다. 슈팅 대신 페인팅 모션을 한 번 더 하는 선수도 있고, 자기 생각을 너무 오랫동안 펼치지 않아서 결국 다른 사람이 비슷한 생각을 먼저 펼치게 만드는 작가도 있다. 역사는 빠르고 과감한 행동이 사건을 바꾸었던 순간들로 가득 차 있다. 망설임은 패배와 손실로 이어졌다.

나는 어디에서 망설이고 있는가? 어떤 결정을 미루고 있는가?

결단을 통해 마비 상태에서 벗어나 행동하라.

결단의 순간을 기억하고 다음에 주저하는 일이 생기면 그 순간을 떠올려라.

전략적 경쟁의 기술

마키아벨리가 강조했듯이, 친구는 가까이 두고 적과 경쟁자는 더 가까이 두어야 한다. 경쟁자의 관점과 전략을 이해하면서 우리는 강점을 키우고 계획을 세울 수 있다. 전략적 파트너 관계도 가능하다. 경제 분야에서 이를 보여주는 대표 사례는 아마도 1990년대 경쟁 관계였던 애플과 마이크로소프트의 관계일 것이다. 1997년에 애플은 재정 문제로 어려움에 빠졌고, 스티브 잡스는 경쟁자인 빌 게이츠를 진지하게 설득해 1억 5천만 달러 상당의 애플 주식을 매입하게 했다. 마이크로소프트는 이 주식을 4년 동안 보유했는데, 당시 CEO 스티브 발머는 이를 두고 "우리가 했던 가장 미친 짓"이라고 말했다. 그러나 이 미친 짓이 넷스케이프와의 웹브라우저 전쟁 때문에 일어났던 반독점 소송에서 마이크로소프트를 구해주었다. 애플이 시장에서 사라졌더라면, 마이크로소프트는 인터넷 익스플로러 때문에 독점 조항에 걸렸을 것이다. 그렇게 마이크로소프트는 회사를 지켰다.

프랭클린 루스벨트 미국 대통령의 전략도 있다. 루스벨트 대통령은 2차 세계대전 때 나치 독일에 대항하기 위해 이념적으로 상극이자 숙적이었던 이오시프 스탈린과 동맹을 맺었다. 이런 전략적 동맹까지는 아니더라도, 적을 이상화하거나 악마화하는 대신, 진정으로 이해하는 것이 늘 더 현명한 선택이다.

나의 라이벌은 누구인가.

자신의 입지를 다지기 위해 상대방의 전략과 목표를 더 효과적으로 이해할 수 있는 방안은 무엇일까?

일시적인 전략적 파트너 관계도 하나의 선택지가 될 수 있는가?

가능한 한 많은 경험을 하라

"곰곰이 생각해보니, 살면서 가능한 한 많은 경험을 하고 싶은 것 같아요." 영국의 기업가 리처드 브랜슨이 한 말이다. 브랜슨은 어린 시절 학생신문을 창간하여 존 르카레, 장폴 사르트르 같은 작가들의 글을 싣기도 했다. 브랜슨은 레코드 통신 판매 회사 버진을 창립하고, 매너 스튜디오를 설립한 후 바로 마이크 올드필드와 계약했다. 브랜슨은 400개 이상의 회사를 설립하거나 설립에 참여했다. 그중에는 F1 레이싱팀, 항공사, 우주 비행 회사도 있다. 브랜슨은 데즈먼드 투투 주교, 넬슨 만델라와 함께 지구 문제 해결을 위해 노력하는 단체 '디 엘더스The Elders'를 설립했다. 그는 배, 열기구, 카이트서핑, 수륙양용차 등을 타고 여러 가지 화려한 기록을 세웠다. 직접 만든 로켓 비행기를 타고 우주로 날아가기도 했다. 브랜슨은 카리브해에 섬을 보유하고 있으며 영국 여왕으로부터 기사 작위도 받았다. 빠뜨린 업적이 더 있을 것이다. 중요한 것은, 리처드 브랜슨이 경험을 쌓기 위해 이 모든 일을 했다는 사실이다. 삶은 모험 가득한 놀이터이기 때문이다.

경험을 쌓으려는 사람은 절대 실수하지 않는다. 대신 경험을 할 뿐이다.

경험을 쌓으려면 에너지가 필요하다. 나의 에너지원은 무엇인가?

브랜슨은 난독증으로 고생했고, 학교 성적은 형편없었으며, 졸업장도 없이 학교를 떠났다. 나도 그랬다.

완벽은 내가 어떻게 하느냐에 달려 있다

학습 성취도 곡선을 본 적이 있는가? 프로 스포츠 선수의 실력 향상 곡선은? 두 곡선은 서로 닮았다. 처음에는 많이 배우고 성장 속도도 엄청나다. 수준이 올라갈수록 더 많은 시간을 투자해야 한다. 그렇게 해야 조금 나아질 수 있다. 가장 윗 단계에서는 완벽해지려면 엄청난 노력이 필요하다. 여기서 쭉정이와 알맹이가 갈라진다. 완벽은 힘든 일이다. 그래서 패자들은 조건이 충분히 좋지 않았다는 등의 핑계를 찾으려고 한다. 승자는 고난의 시기에도 다시 더 나아지려고 꾸준히 노력한다. 그리고 완벽한 조건을 스스로 만든다.

일이 잘 안될 때 다른 사람이나 환경을 탓한 적이 있는가?

학습 성취도 곡선과 실력 향상 곡선은 증가율이 둔화하면서 성장하는 곡선이다. 초기에는 빠르게 상승하지만, 나중에는 작은 성장을 위해서도 많은 시간과 노력이 필요하다.

승자의 전략은 '그냥 계속하는 것'이다.

산을 옮기는 힘은 흔들림 없는 의지에서 나온다

흔들림 없는 의지가 승리로 이끈다. 마키아벨리는 권력과 영향력은 그저 희망하고 바라는 사람이 아니라, 단호하게 결단하고 행동하는 사람들의 것이라고 가르쳤다. 2차 세계대전이 한창이던 1940년 5월 말, 영국은 벼랑 끝에 서 있었다. 히틀러의 군대는 프랑스 공방전에서 베네룩스 국가들과 프랑스를 휩쓸어버렸다. 영국군과 프랑스군 수십만 명이 덩케르크 교두보로 대피했는데, 이 사건은 크리스토퍼 놀런 감독의 영화 〈덩케르크〉에도 나온다. 상황이 너무 심각했으므로 영국 외무장관 핼리팩스 경은 히틀러와 평화협정을 체결하자고 제안했다. 이 제안에 영국 총리 윈스턴 처칠이 대답했다. "우리는 절대 항복하지 않을 것입니다!"

경제계에서 흔들리지 않는 의지의 대표 사례는 일론 머스크다. 머스크의 모든 대형 프로젝트는 초기에 산업계와 대중의 의심을 받았다. 인터넷을 통해 책을 배송 판매하겠다는 제프 베이조스의 아이디어도 처음에는 거대 기업의 시작으로 보이지 않았다. 이런 유명한 사례들을 제쳐두더라도, 인내와 의지야말로 모든 성공적인 중소기업들과 새로운 창업자들을 움직이는 힘이다. 모든 역경에도 불구하고, 의지력이 승리를 가능하게 한다.

나의 의지력을 강화하고 단호하게 행동할 수 있는 방법은 무엇인가?	나의 의지력을 프로젝트의 추진 이유와 연결하여, 노력의 의미를 잊지 않도록 하라.	나를 지원하고 밀어줄 강력한 파트너를 찾아라.

보이지 않는 실을 당기는 기술

"권력은 종종 망치를 휘두르는 손이 아니라, 보이지 않는 곳에서 실을 당기는 손에 있다." 시의적절하고도 진실이 담긴 이 문장은 괴테에게서 온 것이다.

권력의 세계에서는 배후에서 행동하는 기술을 익혀야 한다. 능숙한 전략가들은 자신의 의도와 영향력을 은폐한다. 정치사에서는 오토 폰 비스마르크가 이런 기술의 대표자로 여겨진다. 비스마르크는 엠스 전보, 즉 프로이센 왕 빌헬름 1세와 프랑스 대사의 외교적 만남 내용을 의도적으로 수정한 요약본을 전보로 보내서, 프랑스가 프로이센을 향해 선전포고를 하게 만들었다. 선전포고 때문에 프랑스는 침략자로 보였고, 남부 독일 국가들은 프로이센의 편을 들게 되었으며, 프로이센의 승리는 독일 제국의 설립으로 이어졌다.

경제 분야에서는 존 록펠러가 은밀한 영향력을 이용하여 세계 최대 석유 제국을 건설하였고, 동시에 비밀 협약과 가격 담합으로 경쟁자들을 파산으로 몰아넣었다.

정치 영역 전반에 폭넓게 영향을 미치는 로비 활동, 국가들의 다양한 정보기관, 익명 투자자, 겉으로는 다양해 보이지만 몇몇 기업의 손에 놓여 있는 미디어 환경 등을 생각해보면, 꼭두각시를 조종하는 자들은 기본적으로 드러나 보이지 않는다고 주장해도 과언이 아닐 것이다. 꼭두각시 인형극 배우가 자신은 드러내지 않으면서도 능숙하게 실을 조종하듯이, 우리도 섬세하고 신중하게 영향력을 발휘하는 법을 배워야 한다.

내가 배후에 머물면서 더 큰 영향력을 행사하는 방법을 고민해보라.

눈에 띄게 조종하려 애쓰지 않으면서도 목표에 도달하는 방법은 무엇일까?

배후에서 어떤 동맹을 맺을 때 의미가 있을까?

긍정적 사고의 힘

나는 '접시닦이에서 백만장자까지' 같은 성공 이야기들을 좋아한다. 왜 그럴까? 이런 이야기들은 금수저로 태어나지 못해 어린 시절과 청소년 기에 꽃길을 걷지 못했던 사람이 어려운 환경에서도 성공을 이루어가는 이야기를 들려주기 때문이다. 어떻게 이런 성공을 거둘 수 있을까? 긍정 적 사고를 통해서다. 태어날 환경을 선택할 수는 없다. 그러나 자신이 세 상을 어떻게 만들어갈 것인지는 선택할 수 있다. 부정적으로 생각하는 사람은 부정적 세계를 창조한다. 그런 사람에게 '접시닦이에서 백만장자 까지' 같은 이야기는 존재하지 않는다. 긍정적인 생각을 하는 사람은 모 든 것을 이룰 수 있다.

추신 | 2월 29일은 없냐고? 윤년을 위한 추가 보너스는 12월 31일 뒤에 있 다.

긍정적 사고로 가는 1단계: 부정적인 사람들을 멀리하라.

긍정적 사고로 가는 2단계: 불평을 멈추어라. 원망을 멈추어라.

긍정적 사고로 가는 3단계: 뒤집어 생각하기의 힘을 활용하라. 밖이 흐리고 비가 쏟아지는가? 뒤집어 생각하라. 나는 지붕이 있고 난방이 잘되는 집이 있어서 좋다.

엎질러진 물은 다시 담을 수 없다

정말인지 확인해볼까? 물 한 잔을 가져와서 엎질러보라. 이제 그 물을 다시 담아보라. 잘 안되는가? 이미 일어난 모든 일이 엎질러진 물과 같다. 바꿀 수 있는 건 없다. 얘기해봐야 소용없다. 물 한 잔을 쏟은 후 그 일을 종일 떠든다고 해서 어떤 에너지도 얻지 못한다. 그런 일이 다시 일어나지 않도록 해결책을 마련하라.

어떤 일이 이미 일어났다면, 그 일에 관해 이야기하지 마라.

그런 일이 다시 일어나지 않도록 무엇을 할 것인지를 이야기하라.

놓쳐버린 기회를 말하면 에너지가 죽는다. 바람직한 해결책을 말하면 에너지가 솟는다.

말의 이중성

의사소통은 말로 표현할 수도 있고 숨길 수도 있는 놀이다. 말로 유혹하고, 속이고, 설득하는 능력은 강력한 무기다. 이를 위해 수많은 수사학과 조작술이 사용된다. 가장 단순하면서도 효과가 좋은 방법은 이해관계에 따라 현상을 축소 혹은 과장하여 명명하는 것이다. 같은 무장 단체를 자유 투사, 반군, 민병대, 혹은 테러 집단이라고 부를 수 있다. 정당하다고 규정된 전쟁에서 생긴 희생자는 유감스러운 '부수적 피해'일 뿐이고, 전선에서는 당연히 '자유를 수호한다'라고 말한다.

　의사소통에 능숙한 사람에게는 말이 유혹, 조작, 설득의 무기가 된다. 미묘한 표현, 암시, 의도적 생략을 통해 상대가 의식하지 못하는 사이에 감정을 불러일으키고, 의심의 씨앗을 심거나 동의를 얻어낼 수 있다.

　'리프레이밍Reframing'은 상대의 기본 신념을 바꾸는 대신 자신의 이해관계가 상대의 기본 신념에 어울리는 것처럼 연출하려고 노력한다. 정치인은 능숙한 말솜씨로 나라 전체를 하나로 통합하거나 의도적으로 분열시킬 수 있다. 논쟁보다는 잘 배치된 칭찬과 공통점에 대한 암시가 전략적 연대를 맺는 데 더 유용하다. 애매할 때는 말해진 것뿐만 아니라 말해지지 않은 것에도 귀를 기울이는 법을 배워야 한다. 진정한 의미는 종종 행간에 들어 있기 때문이다.

나의 소통 방식을 점검하라. 나는 말의 힘을 잘 알고 있는가?	의도를 숨기거나 목표를 달성하기 위해 말을 어떻게 활용할 수 있을까?	수사학과 조작의 기본을 공부하라. 그런 공격에 대비하기 위해서라도 필요하다.

나서지 않기 전략

자기 이익을 영리하게 조종할 줄 알아야 한다. 때로는 다른 사람을 앞세
우기 위해 한발 물러설 줄도 알아야 한다. 자신의 진짜 의도를 감추고 상
황에 따르면서 목표를 더 효과적으로 달성할 수 있다.

앙겔라 메르켈은 총리 재임 초기에 이런 전략의 대가였다. 메르켈은
2005년 독일 연방 총리가 된 후에 반대자들과 당원들을 자극하지 않으
려고 종종 전략적으로 나서지 않으면서 조심스럽고 신중하게 행동했다.
메르켈은 정책이나 정치 구도의 급진적 변화를 결코 앞서서 추진하지 않
았고, 대신 여론과 다수의 의견, 시대정신 등 가능한 돌파구를 먼저 탐색
했다. 2011년 후쿠시마 참사 이후 독일 안에 있는 원자력 발전소를 폐쇄
할 때 메르켈이 수행했던 역할이 대표 사례다. 참사 이전에는 원자력 발
전소 운영 기간을 연장했지만, 참사 이후 메르켈은 사회적 합의가 바뀌
고 있는 것을 인식했고 에너지 전환에 앞장서기 시작했다. 이렇게 메르
켈은 변화를 강요하는 정치인이 아니라 명백한 다수의 의지를 수행하는
권력의 모습을 보여주었다.

일상에서도 이 원리를 적용해볼 수 있다. 친구 모임, 동호회, 직장에
서 자기 입장을 크게 내세우는 대신, 우선 다른 사람들이 의견을 제시할
수 있게 하는 것이다. 이렇게 하면 나중에 유리한 위치를 차지할 수 있
다. 이런 나서지 않기 전략은 목표를 더 신중하고 효과적으로 추구할 수
있게 해준다.

내 진짜 의도를 숨기는 동시에 성공으로 가는 길을 닦기 위해 전략을 어떻게 조절해야 할까?	발언을 자제하고, 나서지 않고, 기다리고, 앞에 나서고 싶어 하는 자아를 억제하라.	장기 목표를 늘 마음속에 품고 있어라.

출판업자! 돈 보내!

레만 호숫가에서도 아주 멋진 곳에 샤토 드 라비니^{Château de Lavigny}가 있다. 이 집은 출판업자 하인리히 마리아 레디히로볼트^{Heinrich Maria Ledig-Rowohlt}의 여름 별장이었다. 출입 허가를 받아 집에 들어가보고, 거대한 가죽 제본 책들을 탐독할 수도 있다. 그중에는 로볼트 출판사에서 책을 출간했던 세계적인 작가들이 출판사 대표에게 보낸 편지들도 있다. 알베르 카뮈, 윌리엄 포크너, 어니스트 헤밍웨이, 귄터 그라스, 블라디미르 나보코프, 존 업다이크, 해럴드 핀터, 장폴 사르트르 등 20세기 전설적인 작가들이 편지를 썼다. 노벨문학상 수상자 귄터 그라스가 레디히로볼트에게 보낸 한 편지는 다음과 같다. "출판업자! 돈 보내!" 그리고 편지 끝에 화려한 서명을 덧붙였다. 여기서 무엇을 배울 수 있을까? 중요한 순간에는 단순한 언어가 최고다. 요지를 명확하게 하고 해석의 여지를 남기지 마라.

마태복음 산상수훈에서 예수는 이렇게 말한다. "중요한 것을 말해야 할 때 분명하게 예 또는 아니오라고 말해야 한다. 나머지는 필요 없다."

내가 원하는 것을 분명하게 말할 수 있는가?

이 질문에 분명하게 예 또는 아니오로 답했는가? 우물쭈물했는가?

무언가에 대한 '아니오'는 많은 것에 대한 '예'다

나는 필요한 순간에 명확하게 '아니오'라고 하지 못해서 함정에 빠진 적이 있다. 성공 가도를 달리고 있을 때는 많은 사람이 당신의 문을 두드린다. 기분은 우쭐하지만 도움은 되지 않는다. 문을 두드리는 사람들은 대부분 자신의 이익만 생각한다. 너무 자주 '예'라고 말하면, 자신의 목표를 잃어버릴 수 있다. 그러므로 사람들의 제안이 당신의 전략에 맞는지 신중하게 검토하라. 맞지 않다면 "아니오!"라고 답하라.

많은 사람들은 '아니오'라고 말하기를 '예'라고 말하는 것보다 어려워한다.

'아니오'라고 말하면 새로운 기회가 생긴다.

'아니오'는 올바른 장소와 시간에서 '예'를 가능하게 한다.

오늘 얻은 것은 내일 사라진다

"승리는 별과 같아서 밤에는 빛나지만, 아침 햇살에 희미해진다." 전 미국 내무부 장관 칼 슈르츠Carl Schurz의 지혜가 담긴 이 말은 성공의 덧없는 본성을 보여준다. 우리는 승리나 성공을 거둔 후, 월계관을 쓴 그 자리에 안주하려는 경향이 있다. 예술가들은 '휴식'을 취한다고 하지만, 그 휴식이 몇 년으로 늘어나고, 그사이 벌어두었던 돈과 명성은 사라지며, 복귀했을 때 그들을 기다리는 관객은 거의 찾을 수 없게 된다. 견고한 기반을 만들지 못했기 때문이다. 운이 좋아서, 부지런해서, 전략적 투자 덕분에, 얽혀 있던 재정 문제가 풀리고 갑자기 아주 많은 수입을 얻게 된 사람들은 자기 자산을 과대평가하는 경향이 있다. 편히 쉬면서 소비만 하고, 계속 투자하지도 않고, 돈을 똑똑하게 굴리지도 못한다.

쌓아둔 재산은 안정적이지 않다. 어떤 이들은 월계관 속에서 휴식을 취하려고 하지만, 월계관은 금세 시들어버린다. 진정한 시험은 행운과 실패의 끊임없는 변화에 어떻게 대처하느냐에 달려 있다. 어제의 승리가 오늘의 성공을 보장하지 않는다. 모든 새로운 날은 우리에게 처음부터 다시 시작하고, 계속해서 열심히 일할 것을 요구한다.

최근에 거둔 성공에 안주했는가, 다음 목표를 위한 디딤돌로 활용했는가? | 오늘 나를 새롭게 정비하고 다음 도전을 준비하라. | 성공 이후 가지고 싶은 휴식의 시간과 내용을 명확히 정하라.

굴복시킬 수 없는 나

승자는 가장 강하거나 똑똑한 사람이 아니라, 흔들리지 않는 의지를 가진 사람이다. 승자를 만드는 것은 단순한 재능, 행운, 우연이 아니라 꺾이지 않는 의지력이다. 결단력과 끈기로 목표를 쫓아가고 결국 승리하는 사람은 항상 있다.

마이클 조던은 스포츠 스타이자 역대 최고 농구 선수 중 한 명이다. 고등학교 때 농구 코치는 조던이 너무 작다며 그를 팀에서 내보냈다. 조던은 포기하는 대신 이 좌절을 동기로 활용했다. 에디슨이 백열전구 출시를 위해 9천 번 실험했다는 이야기와 연결된 조던의 유명한 말이 있다. "나는 선수 경력을 통틀어 9,000번의 슛을 놓쳤다. 거의 300경기에서 패배했다. 스물여섯 번이나 승패를 결정지을 슛을 맡았지만, 골을 넣지 못했다. 살면서 끊임없이 반복해서 실패했고, 그 덕에 성공할 수 있었다."

의지력의 중요성을 보여주는 무수한 사례는 창업자들의 전기에서 찾을 수 있다. 그들의 아이디어는 처음에는 수십수백의 투자자에게 거절당했다. 작가들의 원고도 비슷한 과정을 거친다. 1980년대 청년 게르하르트 슈뢰더가 독일 총리 관저로 성큼성큼 걸어가 문을 흔들며 "나는! 여기! 들어가고! 싶다!"라고 소리쳤다는 도시 전설도 의지력을 상징적으로 보여준다. 의지력은 포기와 지속, 패배와 승리를 가르는 결정적 요소다.

꿈과 목표를 달성하려는 나의 의지는 얼마나 강한가?	의지력이 무한한 성공과 성취의 열쇠라는 것을 생각하라.	나에게 동기를 부여하는 롤 모델을 생각하면서 의지력을 강화하라.

규율이 해답이다

다니엘 올리버 바흐만^{Daniel Oliver Bachmann}의 소설『유다스 2000^{Judas 2000}』에는 규율이라고는 전혀 없는 영웅이 등장하며, 그 영웅은 결국 그에 대한 대가를 치른다. 사실, 규율에 문제가 있는 모든 이들이 대가를 치르기 마련이다. 베른하르트 부엡^{Bernhard Bueb}이 논쟁적인 저서『왜 엄하게 가르치지 않는가』를 출판했을 때 비판을 받은 것도 같은 맥락이다. 엘리트 학교 슐레슐로스 살렘의 교장이었던 그가 자기 규율과 자기책임의 중요성을 역설했기 때문이다.

자기책임과 자기 규율은 서로 연결되어 있다. 자신에 대한 책임을 지면 자연스럽게 자기 절제력을 가진, 규율이 있는 인간이 된다. 이런 규율로 목표를 달성할 수 있고, 일상의 유혹을 막아낼 수 있다. 소셜 미디어가 지배하는 소비 사회에서는 규율 상실이 쉽고 빠르게 일어난다. 나역시 이러한 상황을 잘 알고 있기에, 매일 규율을 새롭게 다듬고 다져야한다. 이 노력은 그만한 가치를 지닌다. 규율은 모든 과제를 해결할 수있는 자존감을 높여준다. 규율이 해답이다.

0(전혀 없음)에서 10(대단히 많음)까지 척도로 볼 때, 나의 규율은 몇 점인가? | 규율이란 주변에서 무슨 일이 생기든 목표에 계속 집중하는 것을 의미한다. | 규율이 있다는 말은 자신을 통제하고 있다는 뜻이다.

오스카의 밤을 위해서만 살지 마라

캘리 쿠리Callie Khouri는 배우, 감독, 시나리오 작가 경력을 쌓기 위해 할리우드로 가는 사람들이 대부분 겪는 과정을 겪었다. 경력도 쌓지 못한 채 겨우겨우 생계를 꾸려가는 것이다. 야심 찬 꿈을 안고 꿈의 공장으로 흘러들어간 사람들은 대부분 악몽을 경험한다. 실패를 거듭하고, 형편없는 일로 생계를 유지하다 결국 좌절하며 화려한 도시를 떠나게 된다.

캘리 쿠리는 달랐다. 쿠리는 하룻밤 사이에 부와 명성을 얻었고, 오스카상과 골든 글로브상을 받았으며 스타들과 함께 레드카펫을 누볐다. 쿠리가 쓴 시나리오를 스타 감독 리들리 스콧이 영화화하면서 세계적인 성공을 거두었다. 수전 서랜던, 브래드 피트, 마이클 매드슨, 하비 카이텔 등 쟁쟁한 배우들이 출연한 〈델마와 루이스〉는 1990년대를 장식한 화제작이었으며, 이로 인해 쿠리는 일약 스타 작가로 떠올랐다. 쿠리는 실패를 반복하는 시절에서 교훈을 얻었다. 쿠리는 조언한다. "오스카의 밤을 위해서만 살지 마라." 정상에 오르고 싶다면, 그 여정에 놓인 삶을 잊지 마라.

오스카 시상식은 겨우 몇 시간밖에 되지 않는다.

행사 이전과 이후의 삶도 그만큼 소중하고 가치 있다.

목표가 무엇이든, 일상의 즐거움을 잊지 마라.

오늘은 몰입, 내일은 자유

마틴 루서 킹이 이런 말을 했다. "1년의 헌신이 평생의 후회를 막아줄 수 있다." 하나의 목표나 꿈을 위해 모든 것을 쏟아붓는 강렬한 열정, 즉 몰입의 힘을 결코 과소평가해서는 안 된다.

"목표를 위해 여가 시간을 잠시 희생하는 것은 당연하다"고 단언할 때, 주변의 불편한 시선을 받기 쉽다. 하지만 그렇게 바라보는 이들은 대부분 자신의 사명이나 삶의 의미를 명확히 찾지 못한 사람들이다. 그러나 삶의 의미와 사명이 분명해지는 바로 그 순간부터, 희생과 같은 개념들조차 완전히 다르게 변하기 시작한다. 일과 여가라는 이분법이 해소된다. 일은 여가 시간을 얻기 위해 열정 없이 견디는 것이고, 여가 시간은 다시 일하기 위한 휴식이라는, 사회가 제시하는 일반적인 그림이 갑자기 기괴하게 느껴진다.

평생 양극 사이를 오가는 대신, 최소한 1년 동안 전력을 다해 헌신적인 태도로 하나의 프로젝트나 아이디어에 완전히 몰입하면, 진정으로 자기 주도적인 삶을 위한 평생의 기초를 놓게 된다. 이렇게 집중적으로 헌신할 때, 1년은 소설을 탈고하거나, 방송을 시작하거나, 사업 모델을 위한 견고한 기반을 구축하기에 충분하고도 남는 시간이다. 희생의 1년이기도 하지만, 언젠가는 큰 후회를 불러오는 "만약 이랬다면, 어땠을까?"라는 질문으로부터 자유로운 삶을 가능하게 해주는 1년이기도 하다.

내가 완전히 헌신할 수 있는 대상이 존재하는가? 완전한 몰입이 삶의 방향을 더 낫게 바꿀 수 있을까?

프로젝트가 정해졌다면, 망설이지 말고 72시간 이내에 첫 단계를 즉시 시작하라.

사소한 것에 얽매이지 말고, 우선 큰 그림을 완성하라. 진행하는 과정에서 떠오르는 세부 사항이나 부수적인 문제들은 모두 그 옆에 메모해둘 것.

적응력의 힘

변화는 피할 수 없는 삶의 요소이며, 이를 능숙하게 활용하는 이에게는 결정적인 무기가 될 수 있다. 변화는 '권력자들의 놀이'다. 변화를 거부하는 것은 아무 이익도 가져오지 않는다. 권력은 완고함이 아니라 새로운 상황에 유연하게 적응하는 능력에 달려 있다고 마키아벨리가 가르쳤다.

대공황과 2차 세계대전 시기에 기존 정치와 경제 정책이 더 이상 작동하지 않자, 프랭클린 루스벨트 미국 대통령은 뉴딜이라는 새 정책을 제시했다. 이 정책은 미국인들이 오늘날까지 '리버럴liberal'이란 개념으로 이해하는 정치, 독일인들의 관점에서는 (당시 미국 기준에서는 이례적인) 사회민주주의의 일종으로 볼 수 있는 정치의 기초가 되었다. 당연히 위로부터의 모든 사회 개혁은 의심스럽게 바라볼 필요가 있다. 오늘날 '그린 뉴딜'이나 세계경제포럼의 미래 비전에 담겨 있는 의도에 대해서도 논의가 필요하다. 그러나 이런 모든 제안 속에 담긴 원칙은 지속적인 변화다.

경제와 기술 분야에서는 이 지속적 변화라는 원칙이 인터넷의 등장, 디지털화, 그리고 모든 미디어의 '스트리밍 가능성'과 같은 급작스러운 변화에 조기 대응했던 모든 기업을 통해 너무도 분명히 드러난다.

일상에서도 적응력은 성공의 열쇠다. 위기의 시기에 유연성을 유지하고, 새로운 관점을 수용하며, 자기 행동을 상황에 맞게 조정하는 사람은 경쟁력을 유지할 뿐만 아니라, 한 걸음 앞서 나가게 된다.

생활과 업무에서 나의 적응력은 어떠한지 생각해보라. 나의 방법들은 변화에 대응하기에 충분히 유연한가?

변화에 대한 나의 관점을 근본적인 회의감에서 근본적인 호기심으로 바꾸어라.

나에게 맞지 않지만 피할 수 없는 변화 속에서, 어떻게 이익을 얻을 수 있을지 철저히 실용적 관점에서 자문해보라.

다른 사람의 신발을 신지 마라

당신이 알고 있는 격언과 다른가? 상대를 더 잘 이해하기 위해서는 그 사람의 신발을 신어봐야 한다는 그 속담? 맞다. 이 책에도 그 속담이 실려 있다. 그러나 우리는 이런 노력을 너무 많이 한다. 이 때문에 우리는 모두가 다른 사람을 이해하려고 하지만 실제로는 그렇지 않은 사회, 지나치게 부드러운 사회를 만들어냈다. 마티아스 슈란너[Matthias Schranner]는 경찰과 FBI에서 훈련받은 협상전문가다. 슈란너는 극한 상황에서 납치범과 테러리스트와의 협상을 이끌고, 자문으로 일하며, 장크트갈렌 대학에 출강하고 있다. 그는 협상할 때 다른 사람의 신발을 신지 말라고 조언한다. 그 이유는? 어떻게든 상대방을 이해하려고 할 때, 자신의 목표를 포기하게 되기 때문이다. 깨어 있는[woke] 의식과 거리가 멀어 보이는가? 꼭 그래야 하는 것도 아니다.

| 나는 다른 사람을 잘 이해하는 사람인가? | 내 의견을 관철하지 못했을 때, 얼마나 자주 불평하는가? | 나 자신의 신발을 신어라. |

모르는 사람은 도달할 수 없다

팀북투가 어디 있는지 아는가? 누벨칼레도니는? 태즈메이니아는? 아주 멀리 있는 어떤 지역과 장소를 지도에서조차 찾을 수 없다면, 그곳에는 절대 도달할 수 없다. 이것은 자명한 사실이다. 모든 일이 그렇다. 상상하지 못한 일은 이루지 못한다. 나는 인플루언서가 된 내 모습을 상상할 수 있었을까? 나는 상상했다. 나는 부당한 것을 보면 입을 여는 사람이었다. 팀북투가 어디 있는지는 몰랐지만, 나의 팀북투가 존재한다는 사실은 알았다. 어느 날 나는 그곳에 닿기 위한 여정을 시작했다.

나의 팀북투는 무엇인가?

그것이 어디에 있는지 어떻게 알아내고, 어떻게 거기에 갈 것인가?

팀북투 다음에는 누벨칼레도니가 온다. 그다음에는 태즈메이니아가 올 것이다. 앞으로도 계속 새로운 일이 올 것을 알고 있어라.

생산성의 기초인 질서

질서는 보이지 않는 기초이며, 그 기초 위에 성공이 구축된다. 직장에서 나, 책상에서나, 혹은 생산성이 요구되는 모든 영역에서 질서의 실천은 매우 중요하다. 당연히 질서는 고루하고 완고한 것이라는 편견이 있다. 이 편견 때문에 사람들은 질서를 멀리하려고 한다. 그러나 그 반대가 진실이다. 정리 작업을 매번 반복할 필요가 없는 환경을 마련해두면 진정한 과제, 핵심 사명, 창의적인 작업에 전념할 수 있는 여유가 생긴다. 노트북을 쓸 때마다 케이블을 찾는 데 20분, 클라우드에서 파일을 찾는 데 항상 20분을 써야 한다면, 상상력에 투입되어야 할 에너지가 낭비되고 말 것이다.

정돈된 환경은 정돈된 사고를 반영한다. 명료함과 집중은 정리된 공간에서 나온다. 잘 정리된 책상, 잘 짜여진 하루 일정, 잘 관리된 연락처, 큰 프로젝트의 잘 구분된 단계별 목표 등은 작은 일이다. 작은 일들이 큰 성공의 기초다. 질서는 우리가 본질적인 것에 집중하고 에너지를 효율적으로 사용할 수 있게 해준다.

작업 및 생활 공간을
정리하는 시간을 가져라.

작은 변화가 생산성과
명확성을 극대화할 수 있다.

데이터 정리를 할 때 실제
공간과 디지털 공간 모두를
고려하라.

내면의 나침반에 귀를 기울여라

직관은 순간의 감정 이상이다. 직관은 우리 내면과 깊게, 무의식적으로 연결된다. 직관은 내면의 나침반으로 작동하여 우리에게 길을 안내한다. 그 길은 논리적으로 바로 이해할 수 없는 경우도 있지만, 우리를 더 깊은 통찰로 이끌어준다. 직관은 우리의 경험과 감정, 우리가 쌓은 지식을 활용하고, 그 기초 위에서 불확실한 순간에 방향을 알려주는 영감을 생성한다. 이성이 의심을 품고 명확한 결론으로 가지 못할 때, 우리의 직감이 작동하기 시작한다. 우리가 올바른 길을 가고 있다면, 직관은 우리에게 조용히 "계속 가!"라고 속삭인다.

1982년 호주의 의사 배리 마셜 박사는 이런 내면의 부름을 알아들었다. 그는 로빈 워런과 함께 헬리코박터 파일로리 박테리아가 위궤양의 주요 원인임을 발견했다. 오늘날에는 당연하게 여겨지지만, 당시에는 이런 견해가 의학계의 정설과 완전히 동떨어진 주장이었다. 당시에는 매운 음식이나 스트레스가 위궤양을 일으킨다고 확신했다. 오늘날에도 여전히 특별히 큰 스트레스를 받는 상황에서 이런 말을 흔하게 한다. "이러다가 위궤양에 걸릴 것 같아."

마셜 박사는 직관에 따라 박테리아 가설을 세웠는데, 직관은 합리적 과학에서도 종종 중요한 역할을 한다. 아인슈타인은 수학으로 증명하기 전에 이미 시간과 공간의 연관성을 알고 있었다고 전해진다.

내면의 소리를 들어라. 나의 직관은 나의 결정에 대해 뭐라고 말하는가?

직관이라는 미세하지만 강력한 안내를 믿을 것.

직관에 따라 내린 결정은 무엇인지, 그리고 그 결정이 나를 어디로 이끌었는지 되돌아보며 평가해보라.

낚시는 자신과 만나기 위한 가장 좋은 핑계다

나는 일상이 너무 정신이 없을 때마다 낚시를 간다. 다른 어떤 활동도 낚시만큼 나에게 몰입하는 시간을 주지는 못한다. 실제로 내가 실현한 최고의 사업 아이디어 다수는 낚시 중에 영감을 얻은 것이다. 몇몇 의미 없는 갈등도 낚시를 하는 중에 저절로 해결되었다. 낚시를 하는 동안에는 사업을 포함한 여타 생각들을 대부분 내려놓는다. 오로지 그 자리에 머무는 것에 집중할 뿐이다. 사람들이 히말라야의 구루에게서 얻으려는 깨달음을 나는 고요한 물가에서 발견한다. 무엇을 낚느냐는 나에게 전혀 중요하지 않다. 무언가 잡히면 종종 그냥 놓아준다. 몇 시간이 지나면 나는 마치 새로 태어난 것 같은 느낌이 든다.

내가 '나 자신'으로 존재할 수 있는 곳은 어디인가?

어떤 활동이든 상관없다. 나만을 위한 시간을 가져라. 그 누구도 이 시간을 방해하지 않도록 하라.

누구에게나 온전히 자신만을 위한 활동이 필요하다.

나는 그 사람이 내가 자기를 믿는다고 믿었다고 믿어

최근에 친구와 함께 레스토랑에 갔다. 친구는 자기 사무실에서 있었던 이야기를 해줬는데, 문장이 이어질수록 이야기가 복잡해졌다. 친구는 결국 이렇게 끝을 맺었다. "나는 그 사람이 내가 자기를 믿는다고 믿었다고 믿어." 나는 이렇게 대꾸했다. "무슨 말인지 하나도 모르겠어. 너도 무슨 말을 하고 있는지 모르는 거 맞지?"

도대체 왜 우리는 모든 것을 복잡하게 만드는가? 너무 많이 해석하고 추론하기 때문이다. 이것이 주식시장에서도 망하는 지름길이다. 다른 곳에서도 아주 멀리는 갈 수 없다.

믿는다는 것은 알지 못한다는 말이다.

사건을 해석하려고 하지 마라. 결국 막다른 길에서 끝난다.

전체를 조망하지 못할 때는 목록을 작성하라. 목록은 이렇게 작성한다. A가 발생했다. 그다음에는 B. 그다음에는 C. 그다음에는 D. 계속 그렇게 하나씩 적어가라.

절대 진리를 넘어서

절대 진리라는 개념은 우리의 시야를 제한하고, 복잡한 세상을 이해하는 데 걸림돌이 된다. 진실은 다층적이며 끊임없이 변화하기 때문이다. 우리가 발견하는 모든 새로운 관점은 이해를 넓히고 통찰을 심화시킨다. 특히 과학 분야에서는 이러한 개방적 접근 방식이 새로운 발견의 원동력이 된다. 기존의 패러다임을 독단적 진리가 아니라, 언제나 반론에 열려 있는 가설로 간주할 때 비로소 효력을 발휘한다.

아인슈타인 이전에는 뉴턴의 기계적 세계관이 절대 진리로 여겨졌다. 아인슈타인 이후 (일부는 아인슈타인 자신이 기초를 닦은) 양자물리학은 아인슈타인이 받아들일 수 없는 길로 갔다. 아원자 입자들은 측정되기 전까지 불확정 상태에 있다고? 그래서 양자 과정은 우연성을 따른다고? 아인슈타인은 닐스 보어와 베르너 하이젠베르크의 이 모델에 대해 여러 의미가 담긴 한 문장으로 반응했다. "신은 주사위 놀이를 하지 않는다." 아인슈타인이 여기서 언급한 신은 아마도 아직 밝혀지지 않은, 더 깊이 숨겨져 있는 변수들일 것이다.

진리는 어디에서나 상대적이고 잠정적이다. 한 개인의 생애는 온갖 경험으로 가득 차 있다. 이 경험들을 서로 경청할 때, 상대의 명백해 보이는 '진리'를 확장하거나 변화시킬 수도 있다. 호기심을 유지하고 꾸준히 새로운 관점을 찾는다면, 우리는 삶과 배움의 무한한 가능성을 향해 계속 열려 있을 것이다.

관점을 확장하는 방법을 고민해보라. 세계에 대한 이해를 심화하기 위해 어떤 새로운 관점이나 생각을 탐구할 수 있을까?

지금까지 의문을 제기하지 않았던 관점이나 진리를 하나 선택하고, 거기에 반대되는 설명 모델을 찾아보라.

지금까지 '나의 진리'는 어떤 경험과 인물을 통해 형성되었는지 자문하라.

단순함의 우아함

코코 샤넬은 이렇게 말했다. "진정한 우아함은 단순함에 있다. 절제는 강함의 섬세한 표현이다." 복잡성과 과장이 만연한 세계에서 가장 단순한 방법이 가장 효과적일 수 있다. 단순함 속의 우아함이란, 본질을 인식하고 거기에 집중한다는 의미다. 강함은 시끄러운 행동이나 말이 아니라, 신중하고 효율적이며 목표가 분명한 행동을 통해 드러난다는 것이다. 진정한 강함은 주목받을 필요가 없고, 분명하고 단순하면서도 효과적인 행동으로 증명된다.

세계사에서 가장 대표적인 사례로 마하트마 간디를 들 수 있다. 간디의 강함은 큰 소리가 아니라 분명하고 흔들리지 않는 신념과 단순하면서도 상징적인 행동에 있었다. 소금 행진이 그런 단순함과 상징성을 잘 보여준다. 소금 행진은 인도인들의 소금 생산을 금지하는 영국의 독점에 항거했던 전설적인 저항 행동이다. 간디는 1930년 초에 아마다바드에 있는 사바르마티 아쉬람에서 아라비아해 해안 마을 단디까지 386킬로미터를 걸어간 후 바닷물에서 소금을 채취했는데, 이는 소금이 모든 사람의 것임을 상징하는 행동이었다. 앙겔라 메르켈 역시 옷차림, 몸가짐, 생활 방식에서 절제를 영리하게 활용하였고, 마치 권력과 명성을 중요하게 여기지 않는 것처럼 보이게 해서 권력을 더욱 단단하게 만들었다. 눈에 확 띄는 명품을 입은 '가난한' 사람과, 과시할 필요가 없어서 아주 소박한 옷을 걸친 진짜 '부유한' 사람을 비교하는 유명한 밈도 진리의 핵심을 담고 있다.

생활을 단순하게 만드는 방법을 생각하라.

작은 것으로 더 많은 것을 달성하고, 절제를 통해 진정한 강함을 보여주는 방법은 무엇일까?

이 조용한 절제를 전략적으로 활용하려면 어떻게 할 수 있을까?

예상을 넘어 상황이 통제 불능에 빠지는 비밀

나는 젊었을 때 생계를 유지하기 위해 다양한 일을 했다. 그때 함께 일했던 한 동료가 나에게 이런 이야기를 들려주었다. 그 동료는 비눗물로 기계 부품 기름때를 제거하는 공장에서 일했다. 물이 얼음장처럼 차가워서 노동자들이 류머티즘에 걸리곤 했다. 어느 날, 한 엔지니어가 작업할 때 따뜻한 물을 사용하자는 아이디어를 냈다. 이 제안은 큰 소동을 불러왔다. 노동자들은 기뻐하기는커녕 열악한 노동 환경에 항의하며 파업을 벌였다. 왜 지금에서야? 세척 작업에 찬 물이 필수라고, 모두가 동의할 때는 그 상황을 견딜 수 있었다. 그러나 그 열악한 조건이 불필요했다는 사실을 알게 되자 그 상황을 더는 견딜 수 없었던 것이다.

나는 불필요한 나쁜 조건을 어떻게 견디는가? | 구원자를 기다리는가, 스스로 문제를 해결하려고 하는가? | 나는 어디에서 구원자가 될 수 있는가?

왼손잡이 복서와 싸우는 것을 좋아하는 선수는 없다

권투에서는 왼손잡이를 '사우스포Southpaw'라고 부른다. 왼손잡이 선수는 오른손잡이 상대가 보기에 잘못된 다리와 잘못된 손을 앞에 두고 있다. 오른손잡이 선수는 링에서 이런 선수를 상대하는 법을 전혀 모른다. 유명한 왼손잡이 권투선수로는 블라디미르 클리츠코, 비탈리 클리츠코, 에반더 홀리필드, 조지 포먼이 있는데, 이들은 링 밖에서도 평범한 사람들과는 달랐다. 실베스터 스탤론이 영화에서 록키 발보아를 왼손잡이로 설정한 것도 다 이유가 있었던 것이다. 왼손잡이와 싸우는 이는 극심한 혼란 속에서 쉬이 전술을 잊어버리고 무너진다. 이런 상황은 삶 전체에도 적용된다. 관습적인 사람은 예측하기가 쉽다. 비관습적인 사람은… 당신이 이 문장을 마무리해보라.

나는 관습적인가,
비관습적인가?

나는 언제, 어디서, 어떻게
다른 사람에게 놀라는가?

왼손잡이 선수를 만났을 때,
승리하기 위한 나만의 전략은
무엇인가?

당신의 가치를 신뢰하기

"폭풍 속에서도 굳건하게 머물러라 — 당신의 가치가 당신의 닻이다"라는 격언이 있다. 역경의 시기에 진정한 성품이 드러난다. 바다가 잔잔할 때 가치를 지키는 일은 쉽지만, 진짜 시험은 파도와 함께 온다. 굳건하게 머물라는 말은 외부 상황이나 일시적인 유행에 흔들리지 않는다는 뜻이다.

넬슨 만델라는 조국인 남아프리카공화국의 인종차별정책에 저항하는 활동을 했다는 이유로 1963년부터 1990년까지 정치범으로 감옥에 갇혀 있었다. 그 이후 만델라가 복수심, 최소한 울분에 사로잡히더라도 사람들은 이해했을 것이다. 그러나 그는 용서와 평화라는 자신의 가치대로 살았고, 그 가치로 국가를 민주주의 공동체로 변화시켰다. 1989년 가을, 독재 체제에 저항하던 동독 시민들은 세계에 놀라움을 안기며 평화 혁명에 성공하고 승리를 거두었다. 어린 시절부터 독재 체제의 세뇌를 받았으며, 이질적 사회라는 역경 속에서도 이루어낸 성공과 승리였다.

자신의 가치에 충실한 사례는 무수히 많다. 불의한 체제에 맞서는 세계 곳곳의 활동가들을 생각해보라. 자신의 가치를 시대적 흐름과 무관하게 일상에서 늘 공개적으로 표출하는 사람들을 떠올려보라. 이처럼 당신이 지향하는 가치는 폭풍이 몰아치는 때에 당신에게 방향을 알려줄 나침반이고, 당신의 결정과 행동을 만들어가는 기초다.

삶에서 도전을 받았던 시기를 생각해보라. 굳건함을 유지하는 데 나의 가치는 어떤 도움을 주었나?	내가 나의 가치에서 벗어났던 상황을 식별하고, 앞으로 그 가치를 더 확고하게 지킬 방법을 고민해보라.	저항받지 않을 때도 나만의 가치를 지켜라. 하지만 원칙에 따라서 늘 "반대"만 하지는 말 것.

더 많이 경청하고, 더 적게 판단하라

빠르게 변화하는 세상에서 빠른 판단과 즉각적인 답변은 표준으로 통한다. 이런 세계에서 주의 깊은 경청은 드물고 귀중한 능력이다. 진정한 경청에는 공감, 인내, 편견을 뒤로 미루어두는 태도가 필요하다. 이렇게 간단하게 들리는 일이 우리 모두에게 점점 더 어려워졌다. 우선 이 상황을 인정하는 것이 큰 도움이 된다. 첫째, 우리는 인내심을 잃어버렸다. 멀티태스킹 모드에서 우리는 온종일 쫓겨 다니고, 긴 대화를 거의 시간 낭비로 여긴다. 소셜 미디어들은 콘텐츠를 끊임없이 쏟아부으면서 우리의 정신과 영혼을 말 그대로 식민화했다. 릴스, 쇼츠, 틱톡의 타격이 우리가 주의하고 집중하는 시간을 계속해서 감소시키고 있다.

　소셜 미디어가 만드는 다양한 '필터 버블filter bubble'과 '에코 챔버echo chamber'도 우리가 진정한 경청을 할 수 없게 만든다. 우리는 경청하는 대신, 상대방을 특정한 틀 안에 가둘 신호와 단서를 기대한다. 그러나 우리는 주의 깊은 경청을 통해서만 타인의 동기와 감정을 이해할 수 있고, 더 깊은 통찰을 얻고 끈끈하게 연결될 수 있다. 이런 이해의 과정이 개인적인 관계, 직장 생활, 그리고 전체 사회에서도 진정한 발전을 위해 꼭 필요하다.

대화할 때 진정으로 경청하기 위해 노력해보라. 어떻게 하면 타인을 더 깊이 이해하고 더 나은 결정을 내리고 더 좋은 관계를 만들 수 있을까?

머릿속에 있는 모든 틀, 분류, 고정관념을 지워라.

언제 어디서나 아이 같은 호기심을 유지하라.

모든 동전은 양면이 아니라 세 면이 있다

많은 사람이 "나는 광대를 좋아하지 않아"라고 한다. 그러나 늘 그렇듯이 우리는 한 분야의 최고로부터 많은 것을 배울 수 있다. 앉아 있는 의자를 앞뒤로 흔들고 있는 사람을 상상해보자. 그 사람은 의자와 함께 넘어진다. 이 상황에서 대부분의 사람은 무엇을 할까? 아마도 어디 다친 데는 없는지 확인할 것이다. 바지를 털어낼 것이다. 그리고 혹시 이 창피한 상황을 본 사람은 없는지 주위를 둘러볼 것이다. 그다음 다시 의자를 세우고 앉을 것이다.

광대는 다르게 행동한다. 광대는 바닥에 누운 채 이 새로운 상황에 경탄한다. 광대는 갑자기 세계를 보는 완전히 새로운 관점을 얻는다. 그 관점은 우리가 평소에 취하는 관점이 아니다. 이 관점을 얻게 되면, 우리는 삶에서 일어나는 일을 바라볼 때 긍정과 부정의 시각만 존재하는 게 아니라는 것을 깨닫게 된다. 바로 우스꽝스러운 면을 보려는 세 번째 관점이 있다.

웃음은 노화 방지 효과가 있고 스트레스 호르몬을 줄여준다.

"한 번 웃으면 한 번 젊어진다"라는 중국 속담이 있다.

나는 삶의 여러 가지 일을 다른 관점에서 바라볼 수 있는가?

모두가 하는 일을 하면, 모두가 얻는 것을 얻게 된다

디르크 크로이터Dirk Kreuter는 독일에서 가장 성공한 판매 전략 트레이너다. 크로이터는 사람들을 안전지대에서 빼내 오려고 한다. 약간의 도발은 결코 해가 되지 않기 때문이다. "모두가 하는 일을 하면, 모두가 얻는 것을 얻게 될 것이다"라는 인용구에 핵심이 담겨 있다. 우리는 너무 빨리 하나의 틀 안에 갇혀버린다. 그곳에서 우리는 같은 틀에 갇힌 사람들을 만난다. 곧 우리는 그들이 하는 일을 하고, 그들이 얻는 것을 얻는다. 어떤 사람들은 좋아할 수도 있다. 틀은 사람들에게 안전감을 주기 때문이다. 하지만 더 높은 곳을 추구한다면, 그 틀에서 탈출해야 한다. 탈출에 성공하기 위해서는 공개적인 저항과 반항이 필요하다. 나도 그렇게 했다. 작은 한 걸음씩 진행하는 단계별 방법을 이용할 수도 있다.

나는 모두가 하는 일을 하고, 모두가 얻는 것을 얻고 있나?

단계별 방법은 이렇게 진행된다. 다른 사람들이 어떻게 생각하든 상관없이, 매일 15분씩 꼭 하고 싶은 일을 하라. 어느 정도 시간이 지난 후 30분으로 늘려라. 그다음에는 1시간, 그다음에는 2시간으로 늘려라. 4시간이 되면 그 일을 전문화할 수 있다.

사람들은 틀 안에서 생각한다. 나만이 들어갈 수 있는 틀을 하나 만들어라. 나에게도 그런 틀이 있다. 필립 호프라는 틀 속으로는 나만 들어갈 수 있다.

삶의 질에 투자하라

"내일을 위해 저축만 하지 말고, 오늘도 즐겨라"라는 격언은, 돈은 모으기 위한 것만 아니라 즐기기 위한 것임을 상기시킨다. 그러나 물가가 상승하고 미래가 불확실한 위기의 시대에 이런 격언을 따르는 일은 큰 역효과를 낳을 수 있다. 지금이야말로 가능한 한 많이 저축하고 영리하게 투자해야 하는 것이 아닐까? 평생 돈을 위해 일하는 대신, 돈이 나를 위해 일하게 하는 것이 목표라는 '사고방식^{Mindsets}'을 가져야 하지 않을까? 두 번째 태도에서도 우리는 단지 기쁨과 만족만을 주는 활동에 돈을 전혀 쓰지 않는 것이 더 낫다는 결론에 도달한다. 그런데 여기서 '단지 기쁨과 만족'이란 무엇을 의미하나?

　　스스로에게 즐거움을 주는 활동을 없앤다고 해서 얼마나 낭비를 줄일 수 있을까? 그런 일이 수천만 원짜리 값비싼 물건이나 거창한 여행일 필요는 없다. 희귀 레코드판이나 옛날 비디오 게임 수집처럼 적은 돈이 드는 취미도 있다. 여러 나라 축구장을 다니며 경기를 즐기는 '그라운드호퍼^{Groundhopper}'일 수도 있다. 어린 시절처럼 테마파크에 가서 이틀을 보내고 싶을 수도 있다. 그렇게 하라! 마음속의 어린아이에게도 그렇게 해주어라! 중요한 것은 두 가지 사이의 균형 찾기다. 경험을 풍요롭게 해주고, 추억을 만들며, 삶을 가치 있게 해주는 일을 위한 지출, 책임 있는 재정 계획, 둘 사이의 균형이 중요하다.

마지막으로 나 자신에게 진정한 기쁨을 주는 일에 소비했는지 생각해보라. 그 소비가 나의 행복과 삶의 질에 어떤 영향을 미쳤나?

앞으로 어떻게 삶의 기쁨에 투자할 것인지 계획을 세워라.

내면의 어린아이에게 소망을 물어보라. 성인이 된 나 자신이 그 아이의 소망을 이룰 수 있다.

당신의 도전 과제를 결정하라

삶의 굽이마다 우리를 기다리는 도전이 자리 잡고 있다. 관계를 돌보고 유지하는 일은 힘들지만, 관계 없이 살아가기도 힘들다. 당신의 몸과 마음은 끊임없는 활동과 돌봄을 요구한다. 이를 소홀히 하면, 훨씬 더 많은 것을 잃게 된다. 의미 없는 삶은 또 어떻겠는가? 아마도 그것은 삶에서 가장 무거운 짐이 될 것이다. 모든 도전을 회피하고, 안전지대 밖에서는 어떤 시도도 하지 않는 삶을 한번 상상해보라. 연인 관계는 처음 몇 달 동안 천국 같은 행복을 경험한 후, 함께하는 어려움이 시작될 때 끝난다. 결국 다음 사람에게 뛰어가고, 거기서도 얼마 후에 다시 새로운 사람과 처음부터 시작하게 될 것이다. 몸뿐만 아니라 마음에도 패스트푸드만 제공하여, 몸과 마음에 지방만 쌓이고 근육을 잃게 될 것이다. 당신은 모든 장기 목표를 포기할 것이다. 이 세상에 당신이 존재할 커다란 '이유'가 예전엔 있었다 하더라도 지금은 그 이유를 억눌러버렸다.

정말로 끔찍할 것이다. 어릴 때부터 이렇게 행동했다면, 당신은 여전히 무력하게 요람에 누워 있을 것이다. 수천 번 시도 끝에도 걷지 못했을 것이다. 끝없는 옹알이 끝에도 첫 번째 단어를 말하지 못했을 것이다. 처음으로 자전거를 타고 곧게 달리거나 깊은 물 속에서 제대로 수영했을 때 받는 감동을 결코 경험하지 못했을 것이다. 우리가 선택하는 도전이 우리 자신을 규정한다. 그 도전들이 우리의 성격, 꿈, 운명을 만든다. 당신을 성장시킬 도전을 선택하라!

나의 도전들은 가치가 있는가? 그 도전들은 내가 되고자 하는 사람으로 나를 이끌어가는가?

도전을 현명하게 선택하고, 그 도전들이 삶을 의미 있게 만들도록 하라.

안전지대를 떠나 무언가를 성취했던 순간을 기억하라.

훈련의 내용은 매일 바뀐다

코너 맥그리거는 무명에서 종합격투기 MMA^{Mixed Martial Arts} 챔피언까지 올라갔고 엄청난 부자가 되었다. 종합격투기 경기를 한 번이라도 봤다면, 맥그리거가 부와 명성의 대가로 무엇을 지불하는지 안다. 피, 땀, 눈물과 부상이다. 그러나 여기서 우리는 맥그리거가 아니라 챔피언 뒤에 있는 남자, 맥그리거의 트레이너 존 카바나에 주목한다. "승리하거나 배우거나"가 존 카바나의 좌우명이다. 나는 그의 훈련 방법을 일상에 적용하면서 큰 도움을 받고 있다. 우리의 컨디션은 매일 다르다. 우리의 생체리듬은 변한다. 일상의 쳇바퀴 속에서 할 일들을 이런 변화에 맞추어 조정하기는 쉽지 않다. 그러나 여러 해 동안 탁월한 성과를 내고 싶다면, 이런 유연성이 필요하다.

내가 느끼는 것을 표현할 수 있는가?

하루를 나의 느낌대로 구성할 수 있는가?

존 카바나의 조언을 일상에 적용하기 위해 할 수 있는 일은 무엇인가?

넘어진 적이 없는 사람은 다시 일어설 줄도 모른다

위의 격언은 이미 다른 곳에서 다양한 버전으로 여러 번 들었을 터이다. 방금 종합격투기 선수 이야기를 했으니, 여기서는 표도르 예멜리야넨코 버전을 선택하겠다. 2001년부터 2010년까지 9년 동안 표도르는 한 번도 지지 않았다. 이런 기록이 다시 나오기는 매우 어려울 것이다. 무패를 기록하던 시기에도 표도르는 여러 차례 넘어졌다. 챔피언이 되고 그 자리를 지키는 사람은 넘어지고 다시 일어서는 사람이다. 세계는 이중적이다. 승리와 패배는 함께 한다. 스포츠 분야에서 엄청난 성공을 거둔 후 표도르 예멜리야넨코는 같은 성공 전략으로 정치를 시작했다. 넘어진 적이 없는 사람은 다시 일어설 줄도 모른다.

나는 넘어지면 일어나 계속 나아가는 사람인가? 넘어지면 누워서 상황을 한탄하는 사람인가?

나는 인생의 어떤 패배에서 가장 많은 것을 얻었나?

패배를 맛본 후에 거두는 승리의 기쁨이야말로 얼마나 큰 기쁨인가!

자신에게 충실하기

어울리든 어울리지 않든, 당신은 자기 삶이라는 배를 이끄는 유일한 선장이다. 용기와 단호함으로 그 배를 조종하라. 삶을 충만하게 살아가는 데 자신 이외에는 누구에게도 빚지지 않는다. 당신이 내리는 모든 결정, 당신이 하는 모든 행동, 당신이 무릅쓰는 모든 위험은 자기 삶을 위한 투자다. 다른 사람의 만족은 중요하지 않다.

고전문학, 연극, 영화에서 많은 등장인물이 사회의 기대, 가족의 강요, 완고한 관습 때문에 자신의 길을 가지 못해서 비극적 결말을 맞이한다. 요즘 사람들은 학교에서 교재로도 함께 읽는 테오도어 폰타네의 소설 『에피 브리스트』를 훨씬 더 긴박하고 감정적으로 읽는다. 이 소설에서 젊은 여성은 자신이 사랑하지도 않고 이해하지도 못하는 나이 많은 남작과 결혼을 강요받는다. 원수 집안 두 젊은 연인 이야기의 원형과도 같은 셰익스피어의 『로미오와 줄리엣』도 같은 종류의 비극이다.

그레타 거윅 감독의 영화 〈바비〉 역시 많은 논쟁을 불러왔다. 단조로운 행복만 있는 모계 세계에서 살고 있던 여성들이 자신들의 좁은 행동 경계에 의문을 품게 되고, 바비는 켄과 함께 현실 세계로 탈출하게 된다. 켄은 그곳에서 가부장제를 발견하고 바비랜드의 남성들에게 반란을 부추긴다. 이런 양극단이 종합되면서 그들은 집단 사고를 벗어나 개인으로서의 자기를 발견하게 된다. 결국 중요한 것은 자기 잠재력의 한계를 탐구하고, 자신에게 두려움을 주는 일을 해내며, 능동적으로 자신이 원하는 삶을 꾸려가는 것이다.

자신을 스스로 억제했던 상황을 떠올려보라. 무엇이 제동을 걸었나?

타인의 기대가 아니라 자신의 기준에 맞는 삶을 꾸려가겠다고 다짐하라.

당신이 속해 있는 집단의 역학관계를 인식하고, 그것을 깨기 위해 노력하라.

몸의 지혜

우리는 지성을 그 어떤 것보다 우위에 두는 사회에 살고 있다. 하지만 우리는 몸도 고유한 형태의 지성을 갖고 있음을 종종 잊어버린다. 몸은 우리와 끊임없이 소통하지만, 우리는 자주 그 신호를 무시한다. 몸이 보내는 신호는 믿을 수 없을 만큼 분명하다. 신체 증상들은 우리의 감정, 욕구, 심지어 결정에 대한 정보를 제공해준다. 예를 들어 '직감'은 우리에게 무언가를 전달하려고 노력하는 우리 몸의 목소리다.

전인 의학에서는 복잡한 질병 증상, 대상포진, 알레르기, 혹은 단순한 신체 원인으로 설명할 수 없는 장애를 삶에서 생긴 특정 문제와 연관시키기도 한다. 우리를 무너뜨리는 것은 잘못된 식습관, 안 좋은 날씨, 몸 관리 소홀이 아니라, 잘못된 판단, 안 좋은 마음 상태, 우리가 받는 억압, 그리고 무엇보다도 영혼 관리 소홀이다. 정신은 이런 문제들을 억누르는 데 능숙하므로, 우리의 몸은 현혹되지 않는 심판관이 되어 적시에 경고음을 울려주고, 구급차가 어느 방향으로 가야 하는지도 알려준다. 몸에 귀 기울이는 법을 배우면서 우리는 더 직관적이고 더 전체적인 결정을 내릴 수 있다.

몸 상태를 한번 점검해보라. 하루에도 여러 번 잠시 짬을 내어 몸을 느껴보라. 위장은 어떤 느낌이 드는가? 어깨는? 호흡은? 이런 감각을 기록하고, 그 감각을 현재의 생각 및 상황과 연결해보라.

이성이 아닌 몸이 말하는 것에 기초하여 최소한 하나의 결정을 내려라.

일정 기간 신체의 경고 신호를 기록하고, 그 신호가 나의 영혼, 현재 삶의 변화에서 어떤 의미가 있는지 일지를 작성하라.

대가를 지불할 준비가 되어 있는가?

우리는 일원론적 세계에 살고 있을까, 이원론에 기초한 세계에 살고 있을까? 나는 이원론을 믿는다. 음과 양, 빛과 그림자, 아담과 이브, 유머와 긴장, 해리 포터와 볼드모트, 고양이와 쥐, 이원론을 구성하는 목록은 끝이 없다. 모든 장점은 단점이 될 수 있고, 모든 단점은 장점이 될 수 있다. 모든 약초는 동시에 독초이기도 하다. 투구꽃, 벨라돈나, 사리풀 같은 식물을 생각해보라.

　그러므로 우리는 모든 것에 대가를 지불해야 한다. 빅토리아 베컴은 한때 세탁 세제 '퍼실'만큼 유명해지겠다는 목표를 세웠다. 전 세계에서 유명해지기가 목표라면 몰려드는 팬들 때문에 생기는 스트레스는 그 대가다. 목표가 부유함이라면, 대가는 주변 사람들의 시기와 세무 당국의 높은 관심이다. 이원적 세계에서 공짜는 없다. 죽음조차도 생명을 대가로 한다.

싱글은 자유를 즐기고 외로움을 대가로 지불한다. 기혼자라면 둘만의 시간을 즐기지만 제한된 자유를 대가로 지불한다.

직원은 안정성을 누리지만 지시에 따라야 하는 대가가 따른다. 자영업자와 프리랜서는 나 자신이 상사가 되지만, 불확실성을 감수해야 한다.

이원적 세계의 장점은 늘 선택할 수 있다는 데 있다.

겸손은 미덕이다

이 고리타분한 격언에 사람들은 이런 농담을 덧붙인다. "그러나 겸손을 몰라야 더 멀리 갈 수 있다." 60개가 넘는 나라를 다녀온 세계 여행가를 만난 적이 있다. 나는 그 여행가에게 니제르, 에콰도르, 미얀마 같은 분쟁 지역을 어떻게 통과했는지 물었다. 그는 이렇게 대답했다. "겸손한 태도가 안전한 여행을 보장합니다." 나는 다시 물었다. "겸손한 태도가 무엇이죠?" 그의 대답은 이러했다. "잘 알더라도 아는 체하지 않습니다. 나는 편견이 없습니다. 나는 잘 감탄하는 관찰자입니다. 나는 절대 큰소리를 치지 않습니다. 하물며 건방지게 주제넘은 말은 절대 하지 않습니다." 나는 감명받았다. 이렇게 세계를 알아가는 사람은 삶을 알게 될 것이다. 인터넷이 보여주는 삶이 아니라 실제 그대로의 삶을 알게 될 것이다. 인터넷에서 겸손은 미덕이 아니다.

나는 아는 체하는 사람인가? | 많이 알고 있더라도 침묵할 수 있는가? | 나는 편견 없이 세계를 여행하고 있는가?

삶의 취약성

삶은 생각보다 훨씬 더 취약하다. 친구를 만나고, 아이를 재우고, 연인에게 키스하고, 부모님과 산책하고, 가족을 만나는 모든 순간이 마지막일 수 있다. 이 사실을 진심으로 의식해야 한다. 일상의 소용돌이 속에서 우리는 모든 것이 당연히, 그리고 무한히 주어진다고 생각한다. 사랑하는 사람들, 좋아하는 장소, 열정적인 활동, 창문으로 들어오는 방금 깎은 잔디 내음, 친구, 반려동물….

갑작스러운 질병, 사고, 상실 같은 예상치 못한 사건이 일어날 때, 우리는 비로소 이 모든 것이 얼마나 깨지기 쉬운지 깨닫게 된다. 우리는 매일 새로운 아침이 오고, 중요한 일을 말하고 실현할 기회가 남아 있다고 생각하며 산다. 그러나 모든 하루는 유일무이하고 되돌릴 수 없다.

죽음을 앞둔 사람들을 돌보는 이들은 이 진실을 강렬하게 깨닫는다. 호스피스나 완화의료 병동에서 일하는 사람들은 죽어가는 사람들과 함께 지내면서 그들이 삶에서 가장 소중하게 여겼던 것들, 그들이 후회하는 것들을 종종 듣게 된다. 대부분 의식적으로 즐기지 못했던 순간들과 놓쳐버린 경험들을 가장 후회한다. 모든 키스, 모든 포옹, 모든 대화가 마지막일 수 있다. 바로 그래서 우리는 감사하면서 온 마음을 모아 이 모든 일을 경험해야 한다. 삶의 취약성을 받아들일 때, 우리는 현재를 더 소중하게 여기고 더 큰 사랑과 마음으로 관계를 돌볼 수 있다.

온 마음을 다해 사랑하는 사람을 안아줘라. 그리고 그들을 먼저 놓아줄 수 있어야 한다.

매 순간의 소중함을 깨닫고, 모든 순간이 마지막일 수 있다는 마음으로 살아라.

내 삶에 있는 사람들을 소중히 여겨라. 그들에게 나에게 보내는 사랑에 감사를 표해라. 내일이 아니라 지금 당장!

순풍 또는 역풍

당신 삶 속에 있는 모든 사람은 당신을 앞으로 나아가게 하거나 뒤처지게 한다. 중간은 없다. 대단히 가혹한 말이다. 거리에서 우연히 스쳐 가는 사람이 아니라 인생에서 능동적 역할을 하는 사람들 말이다. 곁에서 자기만의 방식으로 당신에게 매일 영향을 주고 있는 모든 사람은 당신의 생각, 태도, 습관에 색칠을 한다. 예를 들어 늘 과거 이야기만 하는 사람들에 둘러싸여 있다면, 당신도 과거에 붙잡혀 있을 것이다. 아무 소용이 없는 후회에 잡혀 있든, 아주 특별했던 일을 추억하는 향수에 빠져 있든 마찬가지다. 큰 미래를 꿈꾸는 사람들에게 둘러싸여 있으면, 당신도 자극을 받아 한 걸음씩 자기 비전을 실현하려고 할 것이다.

　　아침부터 저녁까지 세상에서 잘못 돌아가는 일에 몰두하는 사람들도 있다. 그들은 거기서 끊임없는 분노와 공포를 만들어낸다. 어떤 사람들은 당신의 야심 찬 계획이 실패할 수밖에 없는 이유를 늘 '솔직하게' 말해준다. 그들은 좋은 마음에서 그런다지만, 사실은 솔직함보다는 억눌린 질투나 용기 내지 못하는 두려움과 관련이 깊다. 미국 사업가 짐 론의 유명한 말이 있다. "당신은 당신과 가장 많은 시간을 보내는 다섯 사람의 평균이다." 더 크게 생각하라고 당신을 격려하는 환경을 만들어라. 발목을 잡는 사람들을 멀리하라. 그리고 1년 안에 당신 삶이 어떻게 변하는지 관찰하라.

나를 둘러싼 사람들은 영감의 원천인가, 영감의 장애물인가?	내 발전을 격려하는 사람들을 의식적으로 주변에 둬라.	팟캐스트, 브이로그, 블로그, 책을 고를 때도 같은 기준을 따라라.

타인의 문제를 내 문제로 만들지 마라

도움이 필요한 사람을 외면하라는 뜻이 아니다. 사회학자들이 '전가'라고 부르는 행위를 피하라는 조언이다. 사람들은 자기 문제를 전가하는 경향이 있고, 그렇게 자기 문제를 당신의 문제로 만든다. 어제 나에게도 그런 일이 일어났다. 매점에서 50유로를 내고 잡지를 사려고 했는데, 매점에 거스름돈이 없었다. 나는 너무 성급하게 내가 해결하겠다고 했다. 그러나 주변 어디에도 50유로를 잔돈으로 바꿀 곳이 없었다. 그렇게 매점 주인의 문제를 내 문제로 만들면서 나는 스트레스를 받았다.

다른 사람이 풀어야 할 문제가 나에게 돌아오지 않도록 하라.

나의 문제를 다른 사람에게 전가하지 말고 스스로 해결하라.

나는 어떤 경우에 다른 사람의 문제를 떠맡게 되는가? (예: 조급함)

뿌리고도 거두지 않는 사람들에게 축복이 있기를

나는 이 문장의 의미를 아주 깊이 생각했다. 씨를 뿌리면 너무도 당연히 수확도 해야 한다는 생각이 널리 퍼져 있다. 주식시장도 다르지 않다. 그 렇지만, 이 문장은 내 마음을 사로잡았다. 이 문장은 시인 아브라함 벤 이츠하크Avraham Ben Yitzhak가 남긴 글이다. 그는 1883년 갈리치아 프세미시우 에서 태어났고, 1938년에 빈을 거쳐 예루살렘으로 망명했다. 나는 이 문 장이 그토록 강렬하게 다가온 이유를 알게 되었다. 내 유튜브를 봤다면 내가 사무실 앞 쓰레기통을 뒤지는 노인들을 볼 때마다 돈을 주는 것을 본 적이 있을 것이다. 그 세대 사람들은 독일을 건설했고 나는 그 혜택을 누리고 있다. 그들 중 많은 사람이 씨는 뿌렸지만 아무것도 거두지 못했 다. 당신과 나는 그들이 뿌렸던 것을 수확하고 있다. 아브라함 벤 이츠하 크의 저 문장이 내 마음을 울린다.

다른 사람이 뿌리고 내가 수확한 것들의 목록을 작성해보라. 그 목록에서 겸손을 배워라.

나는 무엇을 심어 다른 사람이 거둘 수 있게 할 것인가?

나의 파종과 수확은 균형을 이루는가?

'아직'이라는 단어의 힘

'아직'이라는 한 단어가 당신의 관점을 바꿀 수 있다. 이 단어는 현실을 일시적이고 바꿀 수 있는 상황으로 변환하기 때문이다. "나는 잘하지 못해"는 "나는 아직 잘하지 못해"가 된다. "나는 어떻게 하는지 몰라"는 "나는 아직 어떻게 하는지 몰라"가 된다. "나는 능력이 없어"가 "나는 아직은 능력이 없어"가 된다.

    살면서 아직 방법을 모르던 때, 익숙해지기 전을 생각하면, 위의 문장들에서 '아직'이 빠지면 얼마나 터무니없는 내용이 되는지 확실하게 깨달을 수 있다. 걷기, 읽기, 쓰기, 셈하기부터 전문 능력에 이르기까지, 우리는 모두 0에서 출발했다. 요즘은 독학으로 무언가를 배우기가 그 어느 때보다도 좋은 때다. 모든 분야에 인터넷 강좌가 있고, 웹 세미나와 워크숍이 온라인에서도 열린다. 과거에는 특정 분야에서 전문가에게 의존하는 것이 불가피했는데, 전문가들은 독점적 지위를 이용하여 사용자에게 과도하게 높은 서비스 요금을 청구했다. 오늘날에는 용기와 호기심만 조금 있으면 컴퓨터로 많은 IT 문제를 직접 해결할 수 있고, 소소한 집수리 기술도 배울 수 있다. 용기가 부족해서, 두려워서, 무언가를 할 능력이 없다고 생각하는 사람들도 이 문제를 극복할 수 있다. '아직'은 당신이 계획하는 모든 일을 성취할 수 있다고 상기시켜준다. 당신은 역동적이고, 생각보다 훨씬 더 많은 것을 할 수 있다. '아직'을 받아들이고 당신 삶을 바꾸어라.

생각을 바꾸고 잠재력을 발휘하기 위해 '아직'이란 단어를 어떻게 활용할 수 있을까?

기회가 생길 때마다 새로운 능력을 배우거나 기존의 능력을 심화시켜라.

인내심을 가지고 거대한 목표보다는 작은 진전들을 생각하라.

삶의 계절들

삶은 굴곡이 있다. 우리는 지나간 시절을 한탄하거나 다가올 미래를 걱정하면서 에너지를 낭비하고, 그 때문에 고통과 다툼이 생긴다. 과거와 미래에 머물 때 우리는 현재를 떠나게 된다. 지금 계절을 벗어나게 된다. 과거는 우리 뇌가 만드는 재구성물이다. 과거란 반복 재생되는 변함없는 동영상이 아니라, 기억할 때마다 새롭게 조립되는 구성물이다. 미래는 무한 가능성이 존재하는 영역이다. 그중에 우리가 경험하는 하나가 현재가 된다.

에크하르트 톨레가 가르쳐주었듯, 현재에 머문다는 것은 지금 이 순간을 단순히 통과하는 역이나 벗어나고 싶은 영역으로 이해하지 않는다는 의미다. 통과하여 어디로 갈까? 다시 현재가 되는 미래로 갈까? 그렇게 우리는 일상에서 지금 여기 주어진 상황을 가치 판단 없이 받아들이고 그 상황에서 무엇을 시작할 수 있는지 살펴보는 대신, 그 상황에 맞서 싸운다. 지금 '계절'을 품을 줄 아는 사람은 그 계절이 성장의 시기든, 퇴보의 시기든, 변환의 시기든 상관없이 모든 상황에서 번성할 수 있는 능력을 발전시킬 것이다. 수용은 고통을 줄이고 새로운 관점과 기회를 만든다.

지금 삶의 '계절'을 성찰하라. 내가 마주하는 도전과 기회는 무엇인가? 거기서 어떻게 가장 좋은 결과를 만들 수 있을까?	지금 있는 곳과 지금 하는 일에 완전히 몰입하여 현재에 머무는 연습을 하라.	내 마음이 언제 과거와 미래로 흘러가서 방황하는지 살펴보라.

다섯 시에 퇴근하기

"위대한 예술가들을 기용하고 그들의 길을 가로막지 마라. 이것이 언제나 내 감독 활동의 비밀이었다. 또 다른 비밀은 5시에 퇴근하기다." 우디 앨런다운 발언이다. 이 위대한 영화감독이자 재즈 음악가는 이 책을 쓰는 시점에서 거의 구순을 바라보고 있고, 회고할 수 있는 영화가 50편이 넘었다. 오스카상 후보에 24회 올랐고, 그중에서 네 번 수상했다. 배우로 출연하든 감독을 맡든 상관없이, 우디라는 이름이 들어간 작품에는 늘 우디의 특성이 드러난다. 우디가 밝힌 성공 비결이 놀랍지 않은가? 우디는 우리에게 자신이 고용한 사람의 능력을 신뢰하라고 조언한다. 그러므로 최고 실력자를 고용하라. 그런 다음에 그 사람에게 맡겨라. 우디 앨런의 또 다른 성공 전략에는 이런 의미가 담겨 있다. 일이 즐거울 수도 있다. 그러나 다섯 시에는 퇴근한다. 삶은 더 많은 즐거움을 준비하고 있기 때문이다.

일을 맡길 수 있는가? 다른 사람도 그 일을 할 수 있다고 믿는가?

과제를 맡을 때 그 일에 온 힘을 쏟아붓는가? 느긋하게 접근하는가?

나는 몇 시에 퇴근하는가?

나의 즐거움은 늘 행동하는 데 있다

"나의 즐거움은 늘 행동하는 데 있었고, 그 대가로 나는 만족스러운 돈을 벌었다." 나는 우디 앨런을 너무 좋아한다. 그의 자서전에서 또 한 문장을 가져왔다. 우디는 이 문장을 직접 이렇게 설명한다. "내 작업 습관은 게으르고 규율도 없으며, 실패자이자 영화학교 중퇴자의 기술이다. 나는 하루 종일 일하고 보통 일주일 내내 일한다. 내가 워커홀릭이라서가 아니라, 일할 때는 내가 가장 좋아하지 않는 장소인 세상과 대면할 필요가 없기 때문이다."

여기서 우리는 학교, 공부, 심지어 바깥세상과 잘 어울리지 못하지만 성공한 사람을 다시 만난다. 우디는 자신이 게으르고 규율이 없다고 말하지만, 그는 늘 무언가를 한다. 그 일이 즐겁기 때문이다. 이것이 핵심이다. 당신에게 기쁨을 주는 일을 하라. 그 일을 꾸준히 한다면, 그 대가로 만족스러운 수입을 얻을 것이다.

'9 to 5' 쳇바퀴에 갇힌 사람은 우디 앨런 방식의 성공 물결에 올라타지 못한다.

진정한 성공은 '9 to 5'로 이루어지지 않는다. 내가 하는 일에 즐거움을 얻을 때, 진정한 성공이 찾아올 것이다.

즐거움을 느낄 때만 하루 종일 일하고 일주일 내내 일할 수 있다.

정체성 ― 우리가 추구하는 진짜 목표

돈, 명예, 성공을 추구하는 것 같지만, 우리는 근본적으로 정체성을 찾고 있다. 우리는 진정 누구인가? 우리는 왜 여기에 있는가? 우리 영혼은 우리가 살고 있는 이 시뮬레이션에서 어떤 인물을 문자 그대로 '체현'해야 하는가? 여기서 말하는 '정체성'은 오늘날 '정체성 정치'가 이해하는 정체성이 아니다. '정체성 정치'는 인간을 특정 인종, 성, 종교, 계급에 속하는 존재로만 생각하면서, 근본적으로 개인의 고유성을 드러내지 못한다. 여기서 말하는 진정한 정체성은, 변하지 않을 수도 있고 변할 수도 있는 성격, 특성, 태도, 관심, 능력의 완전한 개인적 조합이다. 정체성 여정에서 타고난 '기질'처럼 변화가 적은 요소들을 어떻게 다루느냐가 중요하다. 위에서 언급했던 인종, 성, 혹은 사회 계층 같은 요소들도 마찬가지다. 이런 요소를 어떻게 다루어야 할까? 이런 조건에서 무엇을 만들어야 하나?

　중요한 것은 지금 여기에 있는 자신의 정체성을 받아들이고, 그것을 다양화하여 위험을 최소화하는 것이다. 한 가지 역할에만 너무 몰두하지 말고 예측하기 어려운 존재가 되라는 말이다. 끊임없이 새로운 관점을 찾고, 자신에게 도전하라. 정체성 찾기란 평생에 걸친 여정이라는 열린 태도를 유지하는 것이 더 좋다. 정체성이란 결국 마지막에 묘비에 새겨질 때 최종 확정될 수 있을 것이다.

나는 지금 자기 정체성을 어떻게 표현하는지 고민해보라. 자기 정체성을 계속 발전시키기 위해 다양성을 어디에 도입할 수 있을까?

내 정체성 중에 바꿀 수 있다고 생각해본 적 없는 측면은 무엇인가?

나를 영화나 게임 속 캐릭터로 보는 사고 실험을 해보고, 그 역할에 만족하는지 자문하라.

모든 계획은 첫 번째 실전에서 무너진다

마이크 타이슨은 이런 말을 한 적이 있다. "누구나 얼굴을 얻어맞기 전까지는 그럴싸한 계획을 갖고 있다." 타이슨이 옳았다. 좋은 계획도 완전히 무너질 수도 있고, 가끔은 계획을 무너뜨려야 할 때도 있다는 사실을 명심해야 한다. 실제로 어떤 일을 시작하는 순간에 예상하지 못했던 온갖 어려움과 장애물이 튀어나오는 경험을 이미 해봤을 것이다. 이사하는 날, 약속했던 이사 도우미가 오지 않거나 화물차가 고장 난다. 원래 세웠던 석사 논문의 가설이나 논제가 논문 작성을 위한 연구 과정에서 깨져버린다.

이럴 때는 새로운 상황에 적절하게 '대응'해야 한다. 계획을 폐기해야 할 때도 있다. 다른 방법이 더 나은 결과를 보장하기 때문이다. 예를 들어 인터뷰나 팟캐스트에서 게스트가 대본을 벗어나 갑자기 제시한 주제를 따라가는 경우도 생긴다. 책, 특히 소설을 집필할 때도 마찬가지다. 많은 작가들이 말하듯이, 소설 속 인물들은 이미 계획된 모든 이야기 구도에도 불구하고 '고유한 삶'을 발전시키고, 그렇게 그 인물들은 더 깊어지고 흥미로워지기도 한다. 여행할 때 계획에서 벗어나면서 원래 보려고 했던 곳보다 훨씬 흥미진진한 장소를 발견하기도 한다. 혼돈을 받아들이는 법을 배워라. 인간은 계획하고 신은 비웃는다.

계획이 어긋났던 상황을 떠올려보라. 나는 어떻게 반응했는가? 어떻게 하면 더 유연해지고, 예상하지 못한 일에 대처하는 법을 배울 수 있을까?

모든 일이 생각과 다르게 진행될 수 있음을 처음부터 염두에 두고, 여유 시간이 포함된 계획을 세워라.

더 나은 방향으로 나아갈 수 있다면 계획을 선제적으로 바꾸어라.

누가 백만장자가 될까?

권터 야우흐Günther Jauch는 영국 퀴즈쇼 〈누가 백만장자가 되고 싶은가Who Wants to Be a Millionaire?〉의 독일판을 진행하면서 25년 동안 이 질문을 던졌다. 1,600회가 넘게 진행된 이 퀴즈쇼에서 수많은 참가자가 다양한 난이도의 퀴즈에 도전했다. 통계에 따르면, 25년 동안 독일 통화가 마르크인 시절에 두 번, 유로인 시절에 열네 번의 승자가 나왔다. 수익률이 형편없다. 더 나은 통계를 하나 보자. 이 통계는 미국의 평균적인 백만장자들이 어떻게 돈을 벌었는지를 보여준다. 이 '이웃집 백만장자'들은 일주일에 직업적으로 45~55시간 일한다. 그들은 연간 가계 소득의 20를 투자한다. 이들 중 79는 브로커나 은행에 자기 돈을 맡기지 않고 스스로 투자 결정을 내린다.

| 나에게는 백만장자가 되기 위한 계획이 있는가? | 나의 연간 저축률은 얼마인가? | 나는 투자를 직접 결정하고 있나? |

절약이 미덕이다

13년 전 나는 소비의 본고장 뉴욕에 살았다. 뉴욕에서는 돈으로 살 수 있는 모든 것을 얻을 수 있다. 광고는 하루 종일 지금 사면 얼마를 절약할 수 있는지 외친다. 대단한 속임수다. 소비하면서 절약하는 사람은 없다. 자연의 이치와도 같다. 당시에 연간 소득 10만 달러인 뉴욕 거주 스코틀랜드계 가정과 연간 소득 8만 5,000달러인 미국 보통 가정을 비교하는 통계를 읽은 적이 있다. 이 통계는 오늘날에도 여전히 유효하다. 두 가구의 소비 지출은 같았다. 하지만 '구두쇠' 스코틀랜드계 후손들은 단지 절약하는 데 그치지 않았다. 그들은 저축과 투자를 했다.

절약이 부를 쌓기 위한 주춧돌이다.

나의 연간 저축률은 얼마인가?

나의 연간 소비율은 얼마인가? 투자가 아닌 것은 모두 소비에 포함된다.

성공은 관심을 따라간다

성공은 늘 관심과 흥미에서 비롯된다. 많은 사람이 관심과 흥미가 있는 사람이 되기보다 관심과 흥미를 끄는 사람이 되는 데 지나치게 집중한다. 그러나 관심과 흥미가 있는 사람이 되어야 관심과 흥미를 끄는 사람이 될 수 있다. 코칭 프로그램에서 특히 많이 활용하는 성격 유형 도구인 에니어그램은 인간의 기본 성격을 아홉 가지로 나눈다. 그 가운데 5번 유형이 '탐구자' 유형이다. 5번 유형은 현실 세계에서, 특히 다른 사람들 앞에서 조금 수줍어하지만, 한 가지 주제나 분야에 깊이 파고들어 그 분야에서 최고가 되기 위해 집중한다. 이것이 그들의 강점이다.

오늘날 너드Nerd나 긱Geek과 같은 개념이 있다. 마크 저커버그나 일론 머스크 같은 억만장자들이 자신의 전문 분야에서 '긱'이 되면서 성공 가도를 달리기 시작한 것이 우연일까? 프로 스포츠 선수, 예술가, 진짜 연구자들도 살펴보자. 그들은 사업가나 사기꾼처럼 성공 그 자체를 최고 가치로 추구하지 않고, 열정과 꾸준함과 실력으로 자신들의 전문 분야에서 성장하고 성공한다.

성공이라는 단어 자체를 자세히 살펴보자. 독일어에서 성공을 뜻하는 단어는 'Erfolg'다. 이 단어를 'Er folgt(그, 또는 그것이 따라온다)'로 이해할 수도 있다. 즉 '성공(Erfolg)'은 활동과 열정 뒤에 따라오는(Er folgt) 결과다. 그 결과가 실제로 나타나고 사람들이 알아차리게 될 때까지는 오랜 시간이 걸린다. 진정한 관심을 따르면, 깊은 집중력이 생기고, 아무도 흉내 낼 수 없는 깊이가 길러진다. 이런 깊이가 성공의 주재료다.

나의 진정한 관심과 열정을 성찰하라. 그 관심과 열정을 계속 추구하여 삶에서 더 깊은 전문성과 진정성을 발전시키려면 어떻게 해야 할까?

내 열정 분야에 몰두하라. 생계유지를 위해 필요한 일을 병행하면서 열정에 충분한 시간을 투자하라.

이렇게 생활하면서 성공을 거둔 롤 모델을 찾아라.

불안은 자연스러운 상태다

젊었을 때 나는 성공이 나의 불안을 없애주리라 생각했다. 승진, 더 많은 돈, 포상이 나에게 갑자기 편안함을 안겨주리라 생각했다. 이런 믿음은 젊을 때는 당연하게 느껴진다. 아무것도 이루지 못한 채 서열화된 암묵적 직업 체계의 가장 낮은 단계에서 배회하고 있다면, 어떻게 내면의 고요를 얻을 수 있겠는가? 꿈에 투자하는 동안 수입보다 지출이 더 많지만, 그 투자가 잘못된 길이거나 잘못된 선택일 수도 있는 상황에서 어떻게 안전감을 느낄 수 있겠는가? 동갑내기들이 이미 눈에 보이는 성공을 보이기 시작할 때 자신감을 어떻게 되찾을 수 있을까?

불안은 자연스러운 감정이다. 불안을 해소하려면 앞서 언급했던 '아직'의 힘을 떠올리거나, 제대로 작동하는 전구를 만들기 위한 에디슨의 9,000회 시도, 또는 실패는 모르고 성공을 향한 느린 걸음만을 아는 야니스 아데토쿤보의 말을 떠올려라. 또 다른 방법으로는 가짜 자신감이나 성공한 척하는 허세로 불안을 숨기는 대신, 솔직하게 불안하다고 말하는 것이다. 이런 솔직함에서 나오는 안도감과 공감을 불러오는 진정성을 드러내는 것이, 우리 삶에 미치는 불확실성의 영향을 관리하는 열쇠다.

나에게는 어떤 불안이 있고, 어떻게 하면 불안에 솔직하게 대처할 수 있는지 고민해보라. 이런 솔직한 대처가 불안 극복을 위한 첫 단계가 될 수 있다.

목표에 도달하기 위한 필수 여정을 가고 있다면, 그 여정을 부끄러워할 이유가 전혀 없다.

위인들의 전기를 읽고, 그들의 초기 단계를 분석해보라.

인간은 얼마나 많은 재산이 필요한가?

세상의 수많은 현자는 재산이 더 많다고 해서 삶이 저절로 더 행복해지지는 않는다는 점에 동의한다. 노벨 경제학상 수상자인 대니얼 카너먼은 2010년에 나온 연구에서, 일상에서 느끼는 정서적 행복감은 연소득 약 7만 5,000달러일 때 최고점에 도달한다고 밝혔다. 이 연구에 따르면, 연소득 10만 달러가 주는 재정 여유가 더 큰 행복을 만들지 않는다. 1970년대에 경제학자 리처드 이스털린이 이미 이런 사실을 지적했다. 그 이후, 소득과 주관적 행복감 사이의 이 놀라운 상관관계를 이스털린 역설이라고 부른다. 당연히 7만 5,000달러는 2010년 이후 물가 상승을 고려할 때 상향 조정해야 하지만, 그렇게 해도 9만 5,000달러를 조금 넘을 뿐이다.

나는 어느 정도 소득에서 최고의 행복감을 느낄까? 솔직하게 대답해야 한다.

지금 소득이 그 수준보다 훨씬 낮다면, 무엇을 해야 할까?

지금 소득이 그 수준보다 훨씬 높다면, 사회에 무엇을 환원할 수 있을까? '환원'은 행복감을 높여준다.

택시에서 우는 것이 전철에서 우는 것보다 낫다

이스털린 역설을 둘러싼 토론이 많이 있었다. 어떤 이들은 백만장자 가족이 행복하다고 생각하고, 어떤 이들은 백만장자 가족이야말로 이스털린 역설을 가장 잘 보여주는 사례라고 생각한다. 나는 마르셀 라이히라니츠키에게 발언권을 주고 싶다. "돈만으로는 행복할 수 없다. 그러나 택시에서 우는 것이 전철에서 우는 것보다 낫다." 작가이자 시사평론가인 라이히라니츠키는 수십 년 동안 독일어권에서 가장 영향력 있는 문학비평가로 활동했다. 그는 〈문학 4중주Das literarische Quartett〉라는 텔레비전 프로그램에서 보여준 날카롭고 지성적인 발언으로 컬트적 인기를 누렸다. 라이히라니츠키는 부유함도 알고, 가난도 알고, 삶의 모든 측면을 경험했으며, 돈을 바라보는 자기만의 견해가 있었다. 나도 그의 의견에 동의하며, 택시를 타고 싶다.

전철인가, 택시인가?

직접 운전하나, 아니면 운전사가 운전하나?

택시를 선호하는 사람이 또 있다. 아이슬란드 에이야파들라이외퀴들 화산이 폭발하여 항공기 운항이 멈추었을 때, 〈몬티 파이튼〉의 스타 존 클리즈는 오슬로에서 브뤼셀까지 택시를 타고 갔다.

당신은 자기 능력을 모른다

정말로 모른다. 나를 믿어라. 클리셰 그 자체인 표현일 수 있고, 당신은 전혀 관심이 없는 분야일 수도 있지만, 보디빌딩 훈련은 한계 중량에 도달했다고 생각하는 그 지점에서 비로소 시작된다고, 아널드 슈워제네거가 말했다. 이 지점에서 출발하여, 정신과 의지가 '진짜로' 더는 못할 때까지 몸을 계속 훈련시킬 때 성장과 발전이 일어난다는 것이다. 독일에서 유명한 소림사 승려 시헹이Shi Heng Yi도 이와 매우 비슷한 이야기를 들려준다. 그는 무대 위에 반쯤 쪼그린 자세로 서 있으면서 다리가 떨리기 시작할 때 비로소 흥미로워진다고 말한다.

　　당신의 다리는 언제 떨리는가? 당신은 어떤 일을 하기를 꺼리면서, 익숙한 안전지대에 머물려고 하는가? 진부한 표현이지만, 삶은 언제나 이런 안전지대 바깥에서 시작하고 개인의 성장도 마찬가지다. 게으름이나 나쁜 습관 같은 '내면의 개돼지'는 우리가 스스로 울타리 쳐둔 안전지대를 아주 잘 지키고, 우리가 이 사악한 세상으로 나가지 않도록 목숨을 걸고 우리를 향해 짖어댄다. 평범한 인지 행동 치료에서 두려움을 줄이기 위해 흔히 쓰는 바로 그 방법을 우리가 못 쓰게 하려는 것이다. 우리가 갑자기 안주하던 습관을 깨고 모든 것을 뒤바꿔서, 궁극적으로는 우리에게 주어질 수 있는 무한한 가능성을 차단한다. 위험을 감수하고, 고통을 껴안으며, 다리의 떨림 뒤에 무엇이 기다리는지 살펴보는 일은 가치가 있다. 때로는 실패할 것이다. 그러나 때때로 당신은 생각했던 것보다 훨씬 더 많은 일을 할 수 있다는 것을 깨닫게 될 것이다.

어떻게 하면 한 걸음을 내디뎌서 나의 한계를 시험하고 넘어설 수 있을까?	내면의 장애물을 극복하는 훈련을 하라. 스포츠처럼 과정과 결과를 한눈에 파악할 수 있는 활동으로 시작하라.	내 삶이 펼쳐지는 경기장이 안전지대 너머로 확장되는 모습을 상상해보라.

일상을 사랑하라

진정으로 놀라운 삶은 작고 눈에 띄지 않는 일상 속에서 싹튼다. 따라서 매일 반복되는 익숙한 일상에서 기쁨을 찾아야 한다. 이 책에서 아무리 거대한 목표를 역설하더라도, 우리 중 누구도 매일매일 완수해야 하는 수많은 평범한 일을 피할 수 없다. 우리가 가진 비전은 거대하고 그것에 도달하기까지는 오랜 시간이 걸릴 수 있지만, 그 비전의 성취는 결국 일상의 충실함에서 시작된다. 우리는 매일 이를 닦는다. 매일 침대를 정리하고, 옷을 입고 벗으며, 회계 업무를 처리하고, 서류 전쟁에 장군처럼 나서서 살아남아야 한다. 약속이 있으면 주차장에서 목적지까지 걸어가야하고, 먹기, 마시기, 샤워, 화장실 가기도 누구에게 떠넘길 수 없다. 이 지점에서 현재에 온전히 주의하고 집중하는 마음챙김의 힘이 다시 중요해진다. 실제로 일상의 필수 작업들을 '어떻게' 처리하느냐가 차이를 만든다.

　　이와 같은 원리는 거대한 비전을 실현하기 위해 거쳐야 하는 모든 지루한 과정에도 동일하게 적용된다. 음악가는 무대 위 영광의 두 시간뿐만 아니라, 연습과 리허설, 그리고 무대 뒤에서 대기하는 수많은 시간도 경험한다. 콘텐츠 제작자는 끝없는 편집 작업에 매달린다. 기업인은 제품 개발과 창의적 아이디어뿐만 아니라, 고객과 과부하가 걸린 컴퓨터도 인내심을 가지고 관리해야 한다. 비밀은 이런 활동과 느린 성장에서도 행복감을 느끼는 데 있다. 바로 이런 *꾸준하고 차분한 진전*이 당신이 꿈꾸는 삶을 위한 기초를 만든다.

일상의 작은 일에 담긴 아름다움을 인식하라. 어떻게 하면 평범한 것들을 소중하게 여기고, 그 순간들 속에서 미래를 위한 기초를 만들 수 있을까?

가끔 단순한 일을 명상하듯이 온전히 수행하는 연습을 해보라.

목표를 향한 여정에 필요한 수많은 노력의 단계들과 평화롭게 지내라.

주식시장에서 삶을 배운다

우리가 운영하는 HKCM은 매일 무슨 일을 하나? 우리는 엘리어트 파동 이론을 기반으로 국제 금융 시장 200개를 분석한다. 엘리어트 파동은 복잡한 구성물인데, 여기서 파동이란 단어가 특별히 중요하다. 파동은 가격이 오르내리는 일이 자연스러운 흐름이라는 것을 보여준다. 우리는 가격이 어떻게, 그리고 언제 오르내리는지 계산한다. 주식시장에서 통용되는 철칙은 삶에도 적용된다. 모든 것은 파동처럼 오르내린다. 어떤 것이 넘치도록 많다면, 언젠가는 반대 상태로 바뀔 것이다. 그렇게 과잉은 부족이 되고, 기쁨은 짜증이 될 것이다.

주식시장이든, 인생이든, 상승이 있으면 다시 하락이 있다. 우리 같은 애널리스트는 이를 조정이라고 부른다.

이 책에 나온 규칙을 잘 따르면, 조정은 상승분보다 크지 않을 것이다.

모든 것은 숨쉬기처럼 작동한다. 다음 단계로 올라가기 위해서는 우선 숨을 골라야 한다.

삶의 수준 vs 생활 수준

최상의 건강 상태에서 돈과 여가 시간이 있고 안전한 환경에서 살고 있다면, 높은 생활 수준이라는 개념에 상당히 근접한 삶이다. 그러나 많은 사람에게 이런 삶은 유토피아다. 이 사람들은 불행한 생활로 밀려날까? 아니다. 행복에서 중요한 것은 생활 수준이 아니라 삶의 수준이기 때문이다. 삶의 수준은 자신의 삶을 어떻게 해석하느냐에 따라 정의된다. 높은 생활 수준을 누리면서도 대단히 불행할 수 있다. 반대로 가난뱅이더라도 대단히 높은 삶의 수준에 도달할 수 있다. 행복을 어디서 어떻게 찾을지는 우리 스스로 결정한다.

무엇이 나를 행복하게 만드나?

1번 질문에 대답할 수 있다면, 나머지 과제는 식은 죽 먹기다.

목표 달성을 위해 그저 차근차근 한 걸음씩 노력하면 된다.

1년의 힘을 과소평가하지 마라

많은 사람이 하루에 할 수 있는 일을 과대평가하고, 한 해 동안 할 수 있는 일을 과소평가한다. 이 양극단에 있는 두 개의 시간을 조금 자세히 살펴보는 게 좋겠다. 우리는 보통 하루 24시간을 과대평가하지만, 실제로 중요한 프로젝트에 투입할 수 있는 순수한 시간은 예상보다 적을 수 있다. 의식적으로 일상에서 완전히 벗어나지 않는 한, 수많은 방해 요인이 하루를 쉽게 채우기 때문이다. 어떤 과제를 수행하면서 한 번 집중력이 깨지면, 다시 제대로 속도를 올리는 데까지 상당한 시간이 필요하다. 캘리포니아 대학교 어바인 캠퍼스 전산학 교수 글로리아 마크[Gloria Mark]는 과학 연구자들의 행동을 연구했다. 마크 교수의 최근 연구에 따르면, 우리 뇌가 원래 작업에 같은 깊이와 효율성으로 다시 새롭게 집중하기까지 무려 약 23분이 필요하다고 한다.

그러나 1년 전체를 계산하면 방해받지 않고 집중했던 시간들이 쌓이게 된다. 자발적 야근과 긍정적 광기에서 나오는 열정 넘치는 작업 시간도 더해지고, 새로운 지식으로 갑자기 발견하게 된 지름길도 생기는데, 이런 지름길은 말 그대로 '예상하지 못했던' 것이다. 인공지능이 시간이 많이 드는 작업을 우리 대신 이렇게 많이 처리해줄 거라고 누가 예상했겠는가? 목표를 염두에 두고 실행 계획을 세우고, 1년 동안 수많은 생산적 과정과 활동을 거치면, 삶 전체가 바뀔 수 있다. 매일 집중된 노력이 있는 1년이 기적을 낳을 수 있다.

1년 후 어디에 있고 싶은지 생각해보라. 변화를 위해 지금 내가 할 수 있는 첫 번째 걸음은 무엇인가?

각 과정을 단계별로 세분화하여 계획하라.

잃어버린 하루에 화내지 마라. 다음 날에 세 배 더 효율적일 수도 있다.

복합적 실수를 피하라

복합적 실수는 한 실수에 또 다른 실수로 대응하면서 생겨난다. 실수를 통제할 수는 없지만, 실수 후 어떻게 행동할지는 통제할 수 있다. 종종 우리는 다시 정신을 차리지 못하고, 실수가 일으킨 패닉 상태에 계속 빠져 있다.

복합 실수를 피하는 대표적인 사례를 하나 찾아보자면, 실수를 한 후 공이 그냥 튕겨 나가게 하는 축구 골키퍼를 들 수 있다. 침착하게 상황을 돌아보는 대신 패닉에 빠져 허둥대면서 공을 급하게 잡거나 쳐내려고 하면, 더 심각한 추가 실수로 이어질 수 있다. 골키퍼가 허둥대면서 상대 공격수를 넘어뜨리면 페널티킥이 주어질 수도 있다. 또는 자책골이라는 부끄러운 상황이 일어날 가능성도 높다.

경제와 일상에서도 같은 유형의 복합 실수들이 나타난다. 어떤 주식이 폭락하면, 불안한 투자자는 감정적으로 반응하여 성급하게 주식을 판다. 이럴 때 투자자는 상황을 이성적으로 평가하고, 원래 이 주식 매입이 실수였는지를 자문해야 한다. 대부분 처음 매입은 잘못이 아니고, 주가가 다시 오를 때까지 기다리는 게 더 낫다. 일상에서도 마찬가지다. 우리는 다툼과 갈등이 생기면 감정적으로 반응하면서 실수를 연발한다. 잘못을 인정하지 않으려고 하면서 일을 더 나빠지게 만든다. 반대로 실수를 만회하기 위해 또 다른 실수를 피할 수 있다면, 우리는 결국 승리하는 길을 찾게 될 것이다.

최근에 저지른 실수를 떠올려보라. 당시에 어떻게 반응했었나?	어떻게 해야 냉정을 유지하고 실수를 또 다른 실수로 이어가기를 막을 수 있을까?	실수의 순간에 냉정을 유지할 수 있도록 잠시 멈추어 숨을 고르는 데 도움을 주는 요령을 찾아보라.

그리고 지금: 노출 치료

거미공포증이 있는가? 그럴 때 노출 요법에서는 손에 커다란 거미를 올려준다. 치료법에 따라서 서서히 다가가기도 하고, 바로 마주하기도 한다. 어떤 방법이든 이 치료법에서는 공포를 유발하는 자극을 활용한다. 두려움에 더 잘 대처할 수 있도록 자신을 극복하는 게 노출 요법의 핵심이다. 두려움은 나쁜 것이 아니다. 두려움은 수천 년 동안 우리 인간의 생존을 보장해주었다. 그러나 두려움은 때때로 우리의 길을 가로막는다. 그래서 우리에게는 두려움을 다루는 방법이 필요하다. 권투 훈련에서 강적을 만났을 때, 나는 한겨울 아침 냉수욕을 시작할 때와 비슷한 두려움을 느낀다. 그러나 바로 그 순간, 두려움과 맞설 때만이 우리는 그것을 지배할 힘을 얻게 된다.

나는 매일 두려워하는 일을 하고 있나?

한 사람의 성공은 그가 얼마나 기꺼이 불편한 대화를 감수할 준비가 되어 있는지에 비례한다.

모든 노출 요법이 의미가 있는 것은 아니다. 예를 들어 고소공포증을 등반으로 이겨내려는 건 좋은 생각이 아니다.

나를 계속 발전시키는 것이 그저 즐거울 뿐이다

안나 폰 보에티처Anna von Boetticher가 한 인터뷰에서 한 말이다. 나도 이렇게 생각한다. 안나 폰 보에티처는 독일에서 가장 성공한 프리다이빙 선수다. 보에티처는 아무 장비 없이 무호흡으로 아주 깊이 잠수한다. 보에티처는 지금까지 34개의 독일 기록을 세웠고, 125미터 깊이까지 잠수하면서 세계 기록도 한 번 세웠다. 보에티처는 해군 특수 부대원, 지뢰 제거 잠수사, 정신적 도전에 직면한 사람들에게 조언한다. 프리다이빙의 핵심은 극한 상황에서 평정을 유지하는 법을 배우는 것이다. 보에티처는 배움의 기초를 이렇게 요약했다. "나를 계속 발전시키는 것이 그저 즐거울 뿐이다."

어려운 일이 생겼을 때 나는 평정을 유지할 수 있는가?

0(스트레스가 전혀 없는)에서 10(번아웃 직전)까지의 척도에서 나의 스트레스 수준은 몇 점인가?

나는 나를 계속 발전시키는 데 즐거움을 느끼는가?

자유가 진정한 목표다

자유란 자신이 원하는 일을 원하는 사람과 원하는 시간에 할 수 있는 것이다. 모든 사람은 자유를 가장 소중하게 여긴다. 이 주제를 아주 유명한 인스타그램 바이럴 영상이 있다. 영상에서 어떤 사람이 행인에게 통장에 지금 당장 1000만 유로가 들어오면 좋겠냐고 물어본다. 행인은 그렇다고 답한다. 이어서 1000만 유로의 대가는 다음 날 아침 깨어나지 못하는 것인데, 이 대가를 알고도 여전히 그렇게 생각하냐고 묻는다. 당연히 행인은 1초도 망설이지 않고 아니라고 대답한다. 질문자가 이렇게 말한다. "그러니까 내일 아침에 일어나는 일이 통장에 있는 1000만 유로보다 더 큰 가치가 있다는 말이군요?" 이 대화는 단순한 트릭에 불과하다. 아침에 눈을 떠서 빚 걱정에 뒤척거리는 사람이라면 대답이 쉽지 않을 것이기 때문이다. 그렇지만 이 장면에는 대단히 중요한 핵심이 담겨 있다.

　　사람들은 종종 자유와 돈을 혼동한다. 돈은 자유를 얻는 데 도움을 주는 도구다. 특히 가진 것이 너무 없어서 가난이 삶에 영향을 주고 신체와 정신을 망가뜨릴 때 그렇다. 돈은 행복을 주고 걱정을 덜어준다. 성공이 커질수록, 돈은 오히려 우리에게 점점 더 많은 것을 욕망하도록 우리를 부추기는 도구로 변질된다. 그러다가 어느 순간 우리는 애초에 무엇 때문에 이 모든 고생을 시작했는지를 잊어버린다. 사랑하는 사람들을 위해 더 많은 시간을 내고, 세계를 보고 여행하며, 자기 시간에 가장 가치 있는 것을 되찾는 일이 부자가 되고 싶은 꿈에 포함되었다는 사실도 잊어버린다.

자유는 나에게 무엇을 의미하는지 깊이 생각해보라.	물질적 목표에 의존하지 않고도 삶에서 더 많은 것을 성취하기 위해 내가 할 수 있는 조치는 무엇인가?	매 순간 흘러가는 시간은 세상의 어떤 이자나 거래로도 돌릴 수 없음을 마음에 새겨라.

특이하다는 말은 칭찬이다

만약 당신이 과거와 결별하고 스스로 변화하기 시작한다면, 일부 사람들은 그 변화를 달가워하지 않을 것이다. 그들은 당신에게 미쳤다고 하거나, 지루해졌다고 하거나, 아니면 자신들의 관점에 맞는 비슷한 수식어를 붙일 것이다. 만약 그들이 전형적인 중산층의 가치관을 따르며 안정적인 삶만을 지향하는 이들이라면, 틀림없이 당신을 미쳤거나 특이하다고 여길 것이다.

반대의 경우 있다. 당신은 매우 대안적인 삶을 살아가는 사람이다. 당신의 친구들은 영혼을 탐구하는 자, 삶을 예술로 승화시키는 자, 그리고 무정부주의자들이다. 그들은 50세에도 개조된 낡은 버스에서 독신으로 유랑하며, 버섯 하면 식용 대신 환각 버섯을 떠올리는 사람들이다. 하지만 당신은 지금 아내, 아이와 함께 떠나려 한다. 이럴 때, 그들 역시 당신을 보고 고개를 저으며, 당신의 배신과 변절을 끔찍해 할 수도 있다.

오늘날 대다수에게 해당하는 첫 번째 이야기의 경우, '정상'이라는 개념이 지나치게 과대평가된다. '정상'의 기준은 시대에 따라 달라지더라도, 그것이 과대평가되는 성질은 불변이다. 왜냐하면 '정상'은 언제나 그 사회의 다수가 결정하는 기준이기 때문이다. 그러나 세계는 더 이상 평범함을 요구하지 않는다. 특별해지고 달라져. 이런 다름은 당신이 자기 길을 가고, 자기만의 흔적을 남기고 있다는 징표다.

누군가 나를 '특이하다'라고 보았던 순간을 떠올려보라.	나의 고유한 특별함을 어떻게 인식하고, 삶의 강점으로 활용할 수 있을까?	다수가 '평범'을 규정하지만, 세상을 움직이는 어떤 자극도 이 다수에서 나온 적이 없다.

초대를 이유 없이 거절할 수 있는 사람

앙드레 코스톨라니는 20세기 주식시장의 선구자다. 그는 산전수전을 다 겪은 투자 전문가, 신사, 삶을 향유하는 사람이었고, 세계의 모든 증권 거래소와 여러 방송에서 활약했다. 그의 책과 칼럼은 여전히 읽을 가치가 충분하고, 그의 명언들은 시대를 초월한다. "나는 빨리 부자가 되는 법을 알려줄 수는 없다. 그러나 빠르게 가난해지는 법은 말해줄 수 있다. 빨리 부자가 되려고 노력하면 된다." 이 말은 그 어느 때보다도 지금 가장 유효하다. 내가 가장 좋아하는 그의 명언은 "주체적이고 독립적인 사람이란 초대를 이유 없이 거절할 수 있는 사람이다"라는 말이다. 이 말은 사회와 시대정신으로부터 자유로운 사람이 무엇인지 보여준다. 만약 당신이 이유 없이 초대를 거절할 수 있는 사람이라면, 코스톨라니는 이렇게 말해줄 것이다. "그렇다면 당신은 부와 명성도 얻게 될 것이다."

0(대단히 의존적)에서 10(완전히 독립적)까지의 척도로 평가할 때 나의 의존성은 몇 점인가?

내가 의존하는 사람이나 습관은 무엇인가?

어떻게 좀 더 독립적인 사람이 될 수 있을까?

나의 뇌는 쉼 없이 다음 도전을 계획한다

다른 사람이 한 일을 멋있게 생각한다고 해서, 그 사람의 모든 일을 따라 할 필요는 없다. 요나스 다이히만Jonas Deichmann이 한 거의 모든 일이 그렇다. 운동을 좋아하고 한계를 넓히려는 사람으로서 나는 요나스 다이히만의 업적에 깊은 존경을 보낸다. 몇 가지 예를 들어볼까? 요나스는 포르투갈 호카곶에서 러시아 블라디보스토크까지 1만 4,331킬로미터를 64일 만에 자전거를 타고 갔다. 그는 한 달 동안 독일 전역을 철인 3종 경기 방식으로 일주했는데, 철인 3종 경기 16배에 달하는 거리였다. 그다음에 요나스는 철인 3종 경기 세계 일주를 시작했다. 세계 일주에 이어서 미국 2회 횡단 프로젝트에도 도전했다. 자전거를 타고 뉴욕에서 로스앤젤레스까지 갔다가 달리기로 돌아오는 프로젝트였다. 뉴욕에 도착한 날에 하필 뉴욕 마라톤이 열렸는데, 그는 이 대회에도 바로 참가했다. 나는 이 모든 것이 멋지다고 생각하지만, 내가 이 모든 것을 따라 할 필요는 없다. 다만 요나스의 말을 나의 도전에 활용한다. "나의 뇌는 쉼 없이 다음 도전을 계획한다." 나 역시 끊임없이 내가 성장할 수 있는 새로운 과제를 만들고 있다. 멈추는 자는 녹슬기 때문이다.

나의 성장 잠재력은 어디에 있는가? | **나의 다음 도전은 무엇인가?** | **다음 도전이 끝난 후 나의 도전은 무엇인가?**

닭살 돋는 회고

1년 전 자신을 돌아보면서 조금도 부끄럽지 않다면, 자기 자신을 걱정해야 한다. 과거를 돌아볼 때 생기는 이런 부끄러움이 동반된 불편한 감정, '오글거림Cringe'은 당신이 성장했음을 보여주는 표시다. 1년은 너무 짧은 것 같다고? 좋다, 그럼 10년 전을 생각해보자. 아니면 아예 20년 전을 생각해보라. 그 정도 되면 대부분의 사람은 사진, 비디오, 추억을 돌아보면서 자문하게 된다. "어떻게 저렇게 입고 돌아다녔지?" 패션보다 좀 더 깊이 있는 주제를 보자면 이런 생각도 하게 된다. "어떻게 그런 것을 진지하게 믿었을까?" 고전 격언이 하나 있다. "20대에 좌파가 아니면 마음이 없는 사람이다. 40대에도 여전히 좌파면 이성이 없는 사람이다." 이 격언의 출처로 다양한 사람이 거론되지만, 누가 이 말을 했든 간에 이 격언은 생각하는 사람의 삶은 근본적이고 철저한 변화를 피할 수 없다는 점을 표현한다.

왜 나는 1년이라는 짧은 기간을 회고하면서 민망함을 느끼기를 바랄까? 왜냐하면 이 기간 안에 빠르게 성장해야 하고, 잘못된 판단들과 변화된 관점들에 열린 자세를 취해야 한다고 생각하기 때문이다. 좋은 사례가 코로나 시기다. 오늘날 우리는 그 시기에 빛나던 것이 모두 금은 아니었다는 점을 확실히 안다. 의도적인 기만도 있었고, 국가의 부당함도 분명히 존재했다. 이런 가까운 과거를 돌아보면서 관점을 조금도 바꾸지 않고 "모든 것을 완벽하게 처리했어!"라는 사람이 있다면, 당신은 이 사람을 어떻게 생각하겠는가? 회고 속에서 얻는 새로운 깨달음은 자기 관점에 대한 새로운 평가로 이어져야 한다. 그럴 때만 계속 발전이 가능하다.

최근의 과거를 돌아보라.

나는 어떤 분야에서 발전했는가? 내가 보기에 계속 성장할 수 있는 공간은 어디인가? 내가 계속 발전하기 위해 그 공간을 어떻게 활용할 수 있을까?

오랫동안 품어온 신념을 의심하라. 필요하면 그 신념을 버릴 수 있는 용기를 가져라.

모든 장애물을 기회로 여겨라

낙관주의란 장애물을 무시하거나 오랫동안 지속되는 장벽으로 여기는 대신, 기회로 바라보는 것을 의미한다. 당신은 인생에서 얼마나 많은 장애물을 성공적으로 넘었는지에 따라 보상을 받는다. 특히 당신의 해결책이 창의적이고 확장 가능할 때 더 큰 보상을 받을 것이다.

2007년 샌프란시스코에서 브라이언 체스키와 조 게비아는 함께 살고 있는 셰어하우스 월세를 더는 낼 수가 없었다. 동시에 두 사람은 시내에서 많은 사람이 방문하는 콘퍼런스가 열리는 동안 호텔 객실 가격이 터무니없이 폭등하는 것을 발견했다. 두 사람은 월세를 감당하지 못하는 개인적 어려움과 호텔 가격을 관찰하면서 알게 된 사실을 결합하여 한 가지 아이디어를 생각해냈다. 자신들이 사는 집을 저렴한 숙박업소로 내놓자는 아이디어였다. 그 이후 이 아이디어를 체계적으로 확장했고, 그 결과 오늘날 우리가 사용하는 가장 중요한 플랫폼 중 하나가 탄생했다. 당신도 한 번쯤은 이용해 봤을 것이다. 바로 에어비앤비다.

어려움을 대하는 이런 태도는 삶에서 겪게 되는 모든 단계와 활동에 적용될 수 있다. 좋아하는 과목에서 성적이 잘 나오지 않았다면, 공부법을 바꾸는 계기가 될 수도 있다. 사업의 재정 상태가 계속 엉망이라면, 숫자를 다루는 일에 재능이 없다는 것을 인정하고, 그 일을 위임하게 될 수도 있다. 어느 날 갑자기 어려움과 마주하게 된 사람들이 찾아내는 창의적인 방법들은 그 자체로도 책 한 권은 나올 것이다.

낙관주의는 현실을 왜곡하거나 어려움을 부정하는 것이 아니라, 어려움을 과정으로 받아들이고 거기에서 성장 방법을 찾는 것이다. 낙관주의는 현재의 어려움을 극복하게 도울 뿐만 아니라, 미래에 우리를 도와줄 건설적인 사고방식도 형성해준다.

지금의 난관을 직시하고, 그 어려움에서 무엇을 배울 수 있는지 생각해보라. 이런 난관이 어떤 새로운 기술이나 행동 방식으로 이어질 수 있을까?

비관주의자는 똑똑해 보이지만 낙관주의자는 부를 성취한다.

반려견의 눈에 비친 나의 모습 그대로 살게 해주세요

나는 이 문장을 어느 커피잔에서 봤는데, 잔에 담긴 커피보다 이 문구가 더 훌륭했다. 이 문장은 조건 없는 사랑에 관한 것이다. 개를 키우는 사람은 안다. 개는 주인을 사랑한다. 주인이 가난하든 부유하든, 아프든 건강하든, 찬사를 받는 영웅이든 최악의 루저든 상관없이 사랑한다. 우리는 이런 조건 없는 사랑을 어린 시절에 경험한다.

시간이 지나면서 조건들이 슬며시 삶 속으로 들어온다. 우리는 사랑받기 위해 뭔가를 해야 하고 성과를 내야 한다. 이런 변화는 우리 자신에게도 책임이 있다. 시간이 지나면서 우리는 타인의 사랑을 자기애보다 중요하게 여긴다. 타인의 칭찬이 자기 평가보다 더 중요해진다. 반려견의 눈에 비친 나의 모습 그대로 살게 해달라는 호소는 조건 없는 사랑과 자기애로 돌아가기 위한 첫걸음이다. 조건 없는 사랑은 많은 것을 필요로 하지만, 오직 조건만이 필요 없다. 우리 가족이 키우는 작은 반려견 볼프강이 매일 나에게 그 사실을 증명해준다.

나는 사랑을 조건과 연결하는가?	이 조건이 채워지지 않으면, 사랑하기를 멈추는가?	나는 조건 없는 사랑을 받고 있는가?

무너진 시스템은 다시 복구될 수 없다

우리는 시스템으로 가득 찬 세계에 살고 있다. 때때로 시스템은 '의료 시스템'처럼 특정 명사 속에 들어가기도 한다. 시스템은 식별하기가 어려울 때도 늘 존재한다. 민주주의 시스템, 피파 시스템, 협회의 시스템, 이웃 간의 시스템 등이 있다. 시스템이 존재한다는 사실을 이해한다면, 시스템이 무너질 때 어떤 일이 일어나는지도 이해하게 된다. 코로나바이러스 팬데믹 때, 작은 바이러스 하나가 우리가 의지해오던 수많은 시스템을 무너뜨렸다. 시스템 분석가들은 이런 상황을 '티핑 포인트Tipping-Point'라고 부른다. 무너진 시스템을 원래대로 되돌리는 것은 불가능하다는 사실을 알아야 한다. 옛것은 고장 나서 사라지고, 새것이 생겨난다. 비관주의자에게 무너진 시스템은 불행을 의미한다. 낙관주의자에게 그것은 활용해야 할 기회이다.

내 삶에 영향을 주고 있는 주변의 작은 시스템을 인식할 수 있는가?

내 삶에 영향을 주고 있는 세계의 거대 시스템을 인식할 수 있는가?

내 삶에 영향을 주고 있는 한 시스템이 무너진다면, 거기서 불행을 볼 것인가, 기회를 볼 것인가?

비생산적 산책의 생산성

때로는 비생산적으로 보이는 시간들이 가장 위대한 가치를 지닌다. 휴대전화나 다른 미디어의 방해가 없는 조용한 산책 시간은 놀랄 만큼 풍성하다. 이런 고요와 고독의 시간에 종종 가장 창의적이고 삶을 바꾸는 아이디어가 떠오르곤 한다. 이러한 시간은 책상에 앉아 일하거나 끊임없이 팟캐스트를 소비하는 행위와는 거리가 멀다. (맞다, 이 말을 하는 나 역시 팟캐스터다.) 인터넷의 훌륭한 콘텐츠는 분명 중요한 자극과 영감을 제공하지만, 그 모든 내용을 진정으로 소화하고 자신만의 결론을 끌어내려면 그만큼의 시간이 필요하다.

전설적인 불교 승려 틱낫한의 이야기는 고요와 고독의 의미를 명확히 이해하는 데 큰 도움을 준다. "우리는 아무것도 하지 않을 때 시간을 낭비한다고 믿습니다. 그렇지 않습니다. 시간은 무엇보다도 존재할 기회를 제공합니다. 어떤 존재일까요? 살아 있기, 평화가 되기, 기쁨이 되기, 사랑으로 가득 찬 존재가 되기. 이런 존재들이야말로 세상이 가장 필요로 하는 존재입니다. 그래서 우리는 존재하기 위해 훈련합니다. 만약 평화로 가득 찬 상태, 안정된 상태가 되는 기술을 터득한다면, 당신은 모든 행동을 위한 토대를 마련한 것입니다. 행동의 기초가 바로 존재이기 때문입니다. 존재의 질이 행동의 질을 규정합니다. 행위는 행위 하지 않는 것에 기초해야 합니다."

독일 철학자 리하르트 다비트 프레히트도 지루함의 창조적 의미를 끊임없이 계속해서 강조하면서 오늘날 정보의 홍수 속에서 지루함이 사라지는 일이 얼마나 치명적인지 반복해서 경고한다. 만약 당신이 명상과 같은 생산적 무위를 아직 완전히 익히지 못했다면, 그저 걷기만 하는 산책이 딱 맞은 대안일 것이다.

최고의 아이디어를 떠올렸던 순간들을 돌아보라.	일상 속에 더 많은 고요한 순간을 확보하여 창조와 성찰을 위한 공간을 만들려면 어떻게 해야 할까?	정보를 온전히 의식적으로 받아들이고, 입력된 내용들이 내면에서 깊이 작용할 수 있도록 충분한 시간을 확보하라.

'완벽한 순간'이라는 신화

완벽한 순간에 큰 결정을 내리는 일은 거의 없다. 가족에게 변화가 생기는 일이든, 직업 때문에 위험을 무릅써야 하는 일이든, 이사를 하든, 이런 결정들은 늘 불확실성을 동반한다. '완벽한 순간'은 이론적으로만 존재한다. 이런 의미에서 완벽주의도 행동하지 못하게 하는 장애물이다. 예를 들어 누군가는 새로운 가능성에 열광한다. 중개 과정을 거치지 않고도 누구나 직접 인터넷에 자신의 결과물을 발표할 수 있는 시대가 도래했다. 팟캐스트, 브이로그를 비롯해 새로운 음악 순위만을 다루는 전문 인터넷 방송에 이르기까지, 무수한 기회와 창작이 폭발적으로 늘어났다! 그런데 그다음에는? 어떤 사람들은 이미 앞서 있는 크리에이터들을 바라보면서 특정 수준에 도달하기 전에는 시작조차 꺼리고 있다. 그러나 시작했을 때만 그 수준에 도달할 수 있다.

출산 계획을 세우지만 아기는 정작 계획하지 않은 때 찾아온다. 최고의 프러포즈는 모든 것이 엉망이 될 수도 있는 연출된 '시간'이 아니라, 마음 깊은 곳에서 나오는 즉흥적 충동에서 탄생한다. 완벽한 순간을 탐색하느라 그저 다른 방향만 바라보다가는 기회를 놓치게 될 것이다.

불확실성은 모든 중요한 결정에서 자연스러운 구성 요소다. 이 사실을 받아들일 때, 우리는 완벽한 타이밍을 찾으려는 압박에서 벗어날 수 있고, 다음 단계로 갈 수 있는 용기를 얻을 수 있다. 당신이 할 수 있는 최선의 방법은 각 단계를 가능한 한 잘 준비하는 것이다. 결국에는 그냥 과감하게 뛰어내려야 한다. 어느 정도 안전하게 착지하는 데 필요한 준비는 모두 마쳤다고 믿어야 한다.

내가 미루고 있는 중요한 결정 사항을 생각해보라.

무엇이 나를 망설이게 하는가? 미지의 영역에 과감하게 뛰어들기 위한 준비는 어떻게 할 수 있을까?

'그냥 시작하기'가 최고의 방법이다.

작은 실수

뉴욕에 살 때 유엔 본부를 방문한 적이 있다. 본부 입구에는 회원국들이 기증한 귀중한 선물들이 전시되어 있었다. 예전에 우리 가족은 슈투트가르트에서 카펫 가게를 운영했으므로, 페르시아 수제 카펫에 눈길이 갔다. 이 카펫은 역사상 최고의 직공들이 만든 작품이라고 한다. 그전에도 그후에도 이보다 더 완벽한 카펫은 만들어진 적이 없다고 한다. 수백만 개 매듭을 정확히 제자리에 엮은 후, 직공들은 매듭 하나를 어긋나게 엮었다. 카펫 옆에 있는 안내판에 그 이유가 적혀 있었다. 오직 신만이 완벽하고, 인간은 그렇지 않기 때문이다. 바로 이런 작은 실수들이 우리 인간을 독특하고 유일하고 가치 있게 만들어준다.

모든 것을 할 수 있고, 모든 것을 알며, 외모마저 출중한 사람을 상상해보라. 과연 이런 사람이 진정으로 흥미로운 존재일까?

친구들과의 편안한 대화 자리에서, 나는 어떤 이야기에 끌리는가? 모든 일이 쉽게 풀린 친구의 완벽한 이야기인가, 열쇠를 찾다 주머니에서 발견한 친구의 실수담인가?

다른 사람들이 사랑스럽게 여기는 나의 작은 실수는 무엇인가?

마지막까지 버티는 사람이 이긴다

청소년 시절 '영원한 총리'도 이런 특성이 있었다. 협상에서 그가 보여주는 체력은 전설적이었고, 심지어 《뉴욕타임스》에서 1999년 기사로 이를 극찬할 정도였다. 다음은 기사에 나오는 문장이다. "독일 총리로 16년 재직하는 동안 헬무트 콜은 그의 '앉아서 버티는 능력^{Sitzfleisch}'으로 유명했다." 지츠플라이쉬^{Sitzfleisch}는 영어로 번역할 수 없는 단어다. 아마도 콜은 그 덕분에 독일 통일을 다룬 연합국들과의 2+4 협상 때 거의 모든 쟁점에서 서독 입장을 관철할 수 있었을 것이다. 다른 사람들이 오랫동안 바지가 닳도록 앉아 있을 때, 콜은 가장 좋아하는 팔츠 지역 전통 요리 자우마겐^{Saumagen}으로 기력을 채웠고, 크렘린 수장 미하일 고르바초프에게도 이 음식을 억지로 권하면서, 다이데스하임 호프 호텔에서 바로 협상을 이어갔다. 마치 술집 순례 같다. 모두 바닥에 쓰러져 있을 때, 아직 두 다리로 버티고 있는 사람이 승리한다.

나의 앉아서 버티는 능력은
얼마나 좋은가?

나는 오랫동안 문제를 참고
버틸 수 있는가?

연장에 연장을 거듭할 때,
나를 강하게 만드는 것은
무엇인가?

함께 즐겁게 아무것도 하지 않기

삶은 소셜 미디어에서 보는 화려한 순간들로만 구성되지 않는다. 단순하고 평온한 순간들이 훨씬 더 자주 있다. 당신을 정말로 사랑하고, 진심으로 함께하는 사람들과 있을 때 이런 순간들이 생겨난다. 인맥이나 일로 관계를 맺은 사람들과는 끊임없이 말을 이어가야 하고, 침묵의 시간을 견디기 어렵다. 그런 만남에는 목적이 있고 '수지가 맞아야 한다.' 그렇지 않으면 만날 수 없다. 그래서 민감한 사람들은 회의, 박람회, 혹은 '인맥형성'이 중심이 되는 행사 후에 지치고 공허함을 느낀다. 이와 반대로 오래된 친구와 함께 보내는 주말은 순식간에 지나가고 에너지가 아직 남아 있을 수 있다.

함께 아무것도 하지 않기의 좋은 예는 가족과 함께하는 아침 식사나 저녁 식사 같은 일상 루틴, 혹은 친구와 커피를 마시며 나누는 즉흥적인 대화다. 계획되지 않은 만남일 때 더욱 좋다. 시내에서 우연히 마주치고, 실제로는 다른 해야 할 일이 있지만, 이 할 일을 30분 뒤로 미룬다. 하지만 활력을 채워주는 30분이 될 것이다. 화려해 보이는 사건들은 생각보다 빨리 잊히지만, 이런 마주침은 아름다운 기억으로 오랫동안 머문다. 만약 당신이 아무 일도 하지 않음을 즐길 수 있는 누군가를 찾았다면, 당신은 삶을 나눌 수 있는 사람을 찾은 것이다.

특별한 일이 없어도 기꺼이 시간을 보내고 싶은 사람을 떠올려보라.

함께하는 고요한 시간들이 나에게는 얼마나 중요한가? 또 어떻게 하면 그 시간들을 더 소중하게 여길 수 있을까?

시간이 없다고 느껴질수록 이런 순간들을 위한 시간을 내라.

적은 것이 종종 더 낫다

뭔가 제대로 돌아가지 않을 때, 해결책은 종종 새로운 것을 추가하는 게 아니라 제거하는 것이다. 불필요한 짐이 어디에 있을까? 그것을 버리면 삶이라는 비행이 더 가볍게 지속되지 않을까? 문제의 진정한 원인이 되는 시간 도둑과 에너지 도둑은 어디에서 달라붙었을까?

사회적 의무들이 이런 도둑일 수 있다. 이런 의무들은 더는 행복을 주지 않고, 사회적 책임감 때문에 이 의무들을 그저 따를 뿐이다. 예를 들어, 흥미가 떨어진 동호회에서 여전히 회계나 서기를 맡는 경우, 혹은 이미 마음이 떠난 지인들과 하는 정기 모임 등이 이런 사회적 의무에 속한다.

스트레스와 의무의 소용돌이에서 빠져나와 두 사람이 처음 사랑에 빠졌던 때의 태도와 행동으로 함께 돌아간다면, 지금 맺고 있는 관계는 끝나지 않고 다시 처음처럼 아름다워질 수 있을 것이다. 의욕을 앗아가는 한두 가지 장애물을 제거하면, 막혀 있는 프로젝트도 여전히 잠재력을 가질 것이다.

이처럼 막혀 있는 곳의 매듭을 푸는 것이 새롭게 시작하는 것보다 낫다. 새롭게 시작하더라도 처음에만 매끄럽게 진행되고, 결국 문제를 만날 가능성이 높기 때문이다. 어려운 시기에 새로운 시도는 종종 역효과를 낼 수 있다. 무엇이 우리를 가로막는지 자세히 살펴보고 그것을 제거하는 것이 대부분 가장 효과적인 해법이다.

내 삶에서 부담을 주는 영역을 성찰해보라.

제거하거나 축소할 수 있는 것은 무엇인가?

새로운 비행을 시험하고 여전히 불필요한 짐이 남아 있는지 찾아보라.

브랜드는 결점이 있다

1960년대 중반, 중거리 선수 필 나이트와 트레이너 빌 바워먼이 바워먼의 아내가 준 다리미와 접착제를 이용해 첫 육상화를 만들었다. 이 순간, 나이키라는 브랜드가 세상에 탄생했다. 바워먼은 훌륭한 운동화 제조자였고, 나이트는 마케팅 천재였다. 오늘날 나이키는 시가 총액 1100억 달러가 넘는, 세계에서 가장 가치 있는 회사 중 하나다. 그러나 이 브랜드는 많은 결점도 가지고 있는데, 특히 인도네시아에서는 아동 노동 착취 의혹이 있었다.

코카콜라 브랜드 가치는 580억 달러이고, 나이키 브랜드 가치는 540억 달러다.

무언가가 되고 싶다면, 브랜드가 되어야 한다. 이를 개인 브랜딩Personal Branding이라고 부른다.

여기서도 작은 결점의 법칙이 적용된다. 브랜드는 성스러운 영역이 아니다. 브랜드는 결점이 있다. 코카콜라의 결점은 설탕이다. 그럼에도 사람들은 콜라를 좋아한다. 이를 잊지 마라.

누군가는 늘 기다린다

어젯밤 영화 〈옛날 옛적 서부에서〉 독일어판을 다시 봤다. 세르조 레오네 감독이 만든 고전 서부 영화이다. 이 영화에는 찰스 브론슨, 헨리 폰다, 클라우디아 카르디날레가 출연했다. 영화 끝부분에서 찰스 브론슨과 헨리 폰다의 결투가 끝난 후, 찰스 브론슨이 오두막에 들어선다. 그 오두막 안에서 눈부시게 아름다운 클라우디아 카르디날레가 그 남자를 강렬하게 처다본다. 카르디날레는 이렇게 말한다. "스위트워터가 당신을 기다리고 있어요." 찰스 브론슨은 "누군가는 늘 기다리지"라고 답한 후, 그냥 밖으로 나간다.

영어 원작에서는 결말이 좀 더 희망적이다. 카르디날레는 이렇게 말한다. "언젠가 당신이 돌아오길 바라요." 브론슨이 대답한다. "언젠간." 하지만 나는 독일에 있고, 독일어판에서처럼 누군가는 늘 기다리고 있다. 파업 종료를 기다리고, 철도가 정비되기를 기다리며, 정치인들이 팔 걷어붙이기를 기다린다. 그 무엇이든 늘 기다리고 있다.

다른 사람이 할 때까지 | 스스로 하라. | 그렇지 않으면 늘 기다리는
기다리지 마라. | | 사람이 될 것이다.

더 적게, 그러나 더 좋게

"더 적게, 그러나 더 좋게"라는 원칙은 만트라처럼 일, 건강, 관계 등 모든 곳에 활용 가능하다. 핵심은 더 많이 일하거나 소유하는 것이 아니라, 우리가 하는 작은 일, 우리가 가진 작은 것을 더 좋게 만드는 것이다. 직장에서는 사람들이 우선순위를 정하는 법을 배울 때 이 원칙이 드러난다. 끊임없이 새로운 프로젝트를 늘리거나 많은 프로젝트들을 한꺼번에 다루는 대신, 가장 가치 있는 업무를 찾아내고 전력을 다해 그 과제를 수행한다. 책, 팟캐스트, 사업 계획, 광고 문구 등 복잡하게 얽혀 있던 멀티 태스킹을 잊어라. 집중했을 때의 결과는 언제나 더 나을 것이다. 다른 사람들 역시 그 차이를 즉시 알아차릴 것이다. 많은 일을 분주하게 처리하는 행위는 사실 두려움에서 비롯된다.

"더 적게, 더 좋게" 원칙은 극단적 다이어트나 과도한 운동이 아니라, 꾸준히 균형 잡힌 식단을 하고 규칙적으로 운동하는 것 같은 단순하고 지속 가능한 방법을 활용하는 것이다. 산책, 계단 오르기, 짧은 거리는 걸어서 이동하기 같은 일상 활동들이 지방 감소와 신진대사에서 더 큰 역할을 한다고 많은 피트니스 연구들이 지적하고 있다. 인간관계에서도 될 수 있는 한 많은 사람을 '알기' 위한 노력보다 소수와 깊은 관계를 돌보는 일이 중요하다. 양보다 질이다.

'더 적게, 더 좋게' 원칙을 삶의 다양한 영역에서 어떻게 활용할 수 있을지 고민하라.

삶의 질을 높이기 위해 나는 어디서 더 적게, 그러나 더 잘 집중할 수 있나?

이 원칙을 틈틈이 활용하여 불필요한 것을 조금씩 정리해볼 것.

누군가를 바꿀 수 없다면 받아들여라

사람은 남들이 원해서 변하는 것이 아니라, 자신이 원해서 변한다. 이 사실을 미리 알았더라면, '언젠가는 변할 거야'라는 믿음에서 이어오던 수백만 개의 관계를 미리 피하거나 구할 수 있었을 것이다. 이러한 깨달음이 있었다면 세계 정치에서도 엄청난 고통, 통치자의 권력 남용, 심지어 전쟁과 내전까지도 막을 수 있었을 것이다. 독일에서는 메르켈 집권 중반부터 소위 넛지 원리를 도입한 후 이런 현상이 두드러졌다. 적어도 이 변화는 긍정적으로 평가할 만하다. 국민 전체를 폭력적으로 변화시키거나 강제적으로 전향시키려던 야만적인 관행보다는 낫지 않은가. 넛지는 겉보기에는 사람들의 자유를 제한하지 않으면서도 그들의 행동을 원하는 방향으로 유도하는 섬세한 자극처럼 보인다. '넛지 실행자'가 유도하는 행동 자체가 매력적이어야 하며, 때로는 사회적 낙인이나 배제에서 벗어날 수 있는 '보상'이 더해지기도 한다.

지금 우리는 이 실험이 어떻게 처참하게 실패했는지 목격하고 있다. 넛지를 향한 반발, 끊임없이 변화하고 교육받는 것에 대한 저항과 반감이 커지고 있다. 변화 의욕을 보이지 않는 사람을 바꾸기 위해 더는 에너지를 낭비하지 마라. 당신이 바꿀 수 없다는 사실을 받아들여라. 그리고 성장과 변화에 열려 있는 사람과 대상에 에너지를 집중하라.

변화를 끌어내려고 헛된 노력을 했던 관계들을 생각해보라.

성장 의지가 있는 사람과 프로젝트에 에너지를 집중시키려면 어떻게 해야 할까?

타인이 변화를 거부하는 것은 나쁜 일이 아니다. 사람들의 차이에서 진정한 다양성이 생겨난다.

모든 것이 가능하다

새천년이 시작된 지 얼마 되지 않았을 때, 빅토리아 시크릿이 천사들과 함께 시장을 정복하려고 하자 중국인들은 깜짝 놀랐다. 갑자기 빅토리아 시대 유곽을 흉내 낸 매장들이 중국 대도시 쇼핑 거리들에 등장했다.

상하이의 유명한 강변 산책로 '와이탄'에도 마찬가지였다. 와이탄에서는 페어몬트 피스 호텔 너머로 진 마오 타워, 동방명주탑, 그리고 632미터 높이의 상하이 타워까지 조망할 수 있다.

그러나 그곳에서는 광고판 위에서 자극적인 속옷을 입고 있던 지젤 번천이 다른 광고판 위에 있던 무하마드 알리의 딸 라일라 알리에게 패배했다. 당시에 막 권투 선수 경력을 시작했던 라일라는 단호한 눈빛과 손에 낀 글러브로 지젤을 압도했다. 그 사진 밑에는 나이키 로고와 함께 "모든 것이 가능하다Everything is possible"는 문구가 적혀 있었다. 이 광고 문구는 중국에서 성공의 만트라가 되었다. "모든 것이 가능하다."

"모든 것이 가능하다"는 무엇을 의미하나?

일론 머스크는 "모든 것이 가능하다"라는 모토로 하루 24시간을 살기 때문에 성공했다.

"모든 것이 가능하다"를 받아들일 준비가 되었는가?

당신 인생에서 가장 큰 사랑은 무엇인가?

알프레드 브렌델은 방대한 분량의 베토벤 소나타 전곡을 세계에서 처음으로 녹음한 피아니스트다. 이 국제적인 스타 피아니스트에게 "당신 인생에서 가장 큰 사랑은 무엇인가"라는 질문을 던졌을 때, 그는 이렇게 답했다. "첫째는 의미다. 둘째는 무의미다." 처음에 잠시 멈칫했지만, 곧 모든 것을 포괄하는 대답임을 알게 되었다.

　나는 끊임없이 이 질문을 스스로에게 던진다. 살아가면서 나의 대답이 달라진다는 것을 배웠기 때문이다. 머릿속에 온갖 터무니없는 생각이 들어 있던 젊은 시절에는 회사 대표이자 아버지인 지금의 나와는 다른 대답을 했다. 물론 이 질문에 늘 같은 답을 제시하는 사람들도 있다. 그 사람들은 보통 고집이 세고, 우물 밖을 내다보지 않으며, 더 이상 발전하지 않는다.

삶에서 가장 큰 사랑이 영원할 필요는 없다.	삶에서 가장 큰 사랑은 지금 모든 것을 채운다.	삶에서 지금 가장 큰 사랑은 누구(무엇)인가?

모든 사람이 겪는, 알려지지 않은 싸움들

당신이 보는 모든 사람은 당신이 결코 보지 못하는 싸움을 하고 있다. 우리가 밖으로 드러내는 겉모습 뒤에는 수많은 걱정, 불안, 도전이 숨어 있다. 친구와 가족들이 당신의 모든 문제를 알고 있는가? 확실히 그렇지 않을 것이다. 친구들과 지인들 사이에서는 어떤가? 오래된 상처와 트라우마, 관계, 재정, 건강과 관련된 문제가 전혀 없는 사람이 있다면, 그 사람은 유일무이한 존재로 박물관에 전시되어야 할 것이다.

최근 몇 년 동안 많은 유명인이 오랫동안 앓아온 심각한 우울증을 공개적으로 밝혔다. 특히 TV 프로그램 〈셰 크뢰머Chez Krömer〉의 한 에피소드가 크게 주목받았다. 진행자 쿠르트 크뢰머Kurt Krömer는 게스트 한 명을 초대하여 과감한 질문을 던진다. 2021년 3월, 크뢰머는 카바레티스트 토르스텐 슈트래터Torsten Sträter를 게스트로 초대했는데, 슈트래터는 오래전부터 우울증을 공개하고 공연 주제로 다루어왔다. 크뢰머는 슈트래터와의 대화 중에 자신도 극심한 우울증을 겪고 있음을 처음으로 공개적으로 고백했다. 그 이후 두 사람 사이에 대단히 솔직하고 세밀한 대화가 즉흥적으로 이어졌고, 이 대화는 겉모습 뒤에 숨겨진 내면을 볼 수 있는 뜻밖의 기회를 제공했다.

그러므로 타인의 삶에서 겉모습만 보고 성급하게 그를 판단하기 전에, 그 사람의 내면에 숨겨진 싸움을 기억하라. 이러한 통찰을 통해 당신은 긍정적이고 공감할 수 있는 삶을 꾸려갈 수 있다.

너무 성급하게 판단했던 것 같은 상황을 되돌아보라.	어떻게 하면 공감 능력을 키우고, 인내심과 이해심을 발휘할 수 있을까?	자기를 덮고 있던 허울을 용감하게 스스로 벗어던진 유명한 사례를 찾아보라.

산을 옮기는 친구들

의지할 수 있는 친구가 인생에 있다면 그것만으로도 이미 큰 성공이다. 친구란 당신이 외국 감옥에 갇혔을 때 당신을 구해줄 수 있거나, 최소한 석방을 위해 관련 당국에 연락하는 방법을 찾아내는 사람이다. 친구는 이런 일이 일어났을 때 당신 곁에 있을 뿐만 아니라, 당신을 돕기 위해 자기 계획과 안전지대를 포기할 준비가 된 사람이다.

이렇게 아무런 조건 없이 희생하는 우정은 J.R.R 톨킨의 소설 『반지의 제왕』에서 잘 표현되었다. 이 소설에서 주인공 샘은 친구 프로도가 위험한 여행을 안전하게 마칠 수 있도록 모든 것을 한다. 목적지인 운명의 산을 코앞에 두고 육체와 정신 모두 완전히 소진된 프로도가 여행을 포기하려는 장면은 잊을 수가 없다. 샘와이즈 갬지는 자신도 지쳤지만 우정 이야기에서 전설이 되는 말을 한다. "내가 너 대신 반지를 짊어지진 못해도, 너를 짊어질 수는 있어!"

현실에서는 이런 극적인 구조 활동이 항상 필요하지는 않을 것이다. 중요한 것은, 무슨 일이 일어나든 누군가 당신을 위해 존재할 것이라는 믿음이다. 아첨하지 않고 냉정하게 실수를 지적할 수 있다는 믿음, 직장에서 아첨꾼과 예스맨에게 둘러싸여 있어서 자기도 모르게 일어난 인격 변화도 단호하게 알려줄 수 있다는 믿음이다.

| 내 삶에서 누가 이런 역할을 할 수 있는지 생각해보라. | 어떻게 하면 이런 깊고 신뢰 넘치는 관계를 만들고 돌볼 수 있을까? | 나는 누구에게 이런 역할을 하는 사람인가? 나는 이 역할을 제대로 수행하고 있는가? |

한곳에 오래 살면 그곳이 되어버린다

인간은 두 종류로 나뉜다. 정착민과 유목민. 인류의 긴 역사를 고려할 때, 우리의 정착 생활은 얼마 되지 않았다. 정착 생활은 약 5000년 전 세계 곳곳에서 등장했다. 시리아의 알레포와 인도의 바라나시는 세계에서 가장 오래된 도시로 여겨진다. 그보다 훨씬 더 오랫동안, 10만 년 이상 인간은 유목민과 반유목민으로 살았다. 그래서 우리 안에는 여전히 방랑 본능이 숨어 있고, 오늘날에는 종종 '디지털 노마드'로 표현된다.

그러나 한곳에 오래 살아서 그곳이 되는 일이 잘못된 것은 아니다. 중요한 것은 내면에서 나오는 목소리에 귀를 기울이는 것이다. 그곳에서 당신을 끌어당기는 자석 같은 힘을 느끼는가, 아니면 떠나고 싶은 마음이 생기는가? "한곳에 오래 살면 그곳이 되어버린다"는 실베스터 스탤론의 영화 〈록키 발보아〉에 나오는 대사다. 록키는 정착민 유형에 속한다. 그는 고향 필라델피아를 거의 떠나지 않았다.

나는 정주형인가, 유목형인가?

나의 유형에 맞게 살아가고 있는가?

내 안에 숨겨진 유형에 따라 살기 위해 무엇을 할 수 있을까?

최고의 생산물이 아니라 최고의 이야기가 결정한다

선사시대에 호모 사피엔스는 어떻게 네안데르탈인을 제치고 생존할 수 있었을까? 두 인류 종은 약 1만 년 정도 공존했다. 네안데르탈인이 당시 생활 환경에 더 잘 적응했음에도 오직 호모 사피엔스만 살아남았다. 그 이유가 바로 스토리텔링의 힘이라는 대단히 흥미로운 과학적 주장이 있다. 호모 사피엔스는 네안데르탈인보다 언어 능력이 뛰어났다. 현생 인류는 이미 이야기를 할 수 있었다. 이런 이야기가 다시 집단 정체성을 형성했다. 매일 생존을 위해 싸워야 했던 소수의 사람들에게 이런 정체성이 중요했다. 그래서 사실상 더 우수한 생산품이었던 네안데르탈인이 호모 사피엔스를 이길 수 없었다. 호모 사피엔스가 더 나은 스토리텔링을 가졌기 때문이다.

나의 이야기는 무엇인가? | 다른 사람들이 나의 이야기에 동화될 수 있을까? | 다른 사람들이 나의 경험담을 듣고 이렇게 말할 수 있을까? "와, 그가 해냈다면, 나도 할 수 있겠다!"

반대에서 나오는 열정

누군가의 반대에 맞서 자신을 증명해야 하는 도전은 때로 특별한 열정의 불꽃을 지핀다. 상대방이 틀렸음을 입증하는 것보다 강력한 동기는 거의 없기 때문이다. 그렇게 오래되지도 않은 일이지만, 요즘에는 상상하기 어려운 이야기가 하나 있다. 1990년대 말, 세리나 윌리엄스와 비너스 윌리엄스가 프로 테니스계에 등장했을 때 많은 사람들은 그들이 큰 성공을 거두지 못할 것이라고 했다. 두 선수뿐만 아니라, 영화 〈킹 리차드〉에서 윌 스미스가 연기한 두 사람의 아버지도 (이 연기로 윌 스미스는 오스카상을 수상했다) 인종적 편견에 시달렸다. 폭력, 갱단, 가난으로 유명한 로스앤젤레스 컴프턴 지역에서 테니스 같은 종목의 선수가 나올 리 없다는 것이었다. 테니스는 백인과 부유층이 주로 지배하던 종목이기 때문이다. 심지어 당시 여성 선수로서는 전형적이지 않았던 신체적 강력함을 이용하는 경기 스타일도 전문가들의 비판을 받았다.

자신의 잠재력이 부정당하면, 그 사람은 그 반대를 증명하고픈 엄청난 자극을 받을 것이다. 이때 엄청난 최고의 성과를 낳을 수도 있지만, 때때로 사후에야 비로소 인정받기도 한다.

당대 미술계에서 거부당한 후, 빈센트 반 고흐는 창작욕을 불태우면서 요절하기 전까지 단 10년 동안 그림 900점과 드로잉 및 스케치 수백 점을 그렸다. 고흐는 사후에 현대 회화의 창시자 중 한 명으로 평가받았고, 모든 시대를 통틀어 가장 영향력 있는 인물 100인에 확실히 들어갈 것이다. 반대의 에너지는 자신을 뛰어넘게 하는 강력한 원동력이 될 수 있다.

나에게 반대했던 사람을 생각해보라.

어떻게 하면 나를 향한 의심을 원동력으로 활용할 수 있을까?

반발심에서 생겨나는 열정을 느끼고, 그것을 창조 에너지로 활용하라.

진정성은 눈에 띈다

겉치레와 허울이 지배하는 곳에서는 진정성이 돋보인다. 설명하기는 힘들지만 우리 모두 진실된 것, 왜곡되지 않은 것에 깊은 매력을 느낀다. 예를 들어 독일 사람들에게 존경하는 정치인에 관한 질문을 던지면, 대부분 빌리 브란트와 헬무트 슈미트를 떠올린다. 이 전직 총리들은 의회에서 자기 이익에만 관심을 쏟는 기회주의자들과는 반대의 모습을 보여주었다.

　1970년 브란트는 바르샤바 게토 봉기의 희생자를 기리는 기념비 앞에서 무릎을 꿇었고, 이때의 사진은 역사적 상징이 되었다. 브란트의 행동은 홍보를 위해 계획된 쇼가 아니라 진심 어린 참회에서 나온 것이었다. 브란트가 펼친 동방정책의 목표는 악마화된 동유럽 국가들과 대화하고 그 나라들을 이해하는 것이었다. 동방정책이 늘 호응을 받은 것은 아니었지만 깊은 확신으로 밀고 나갔다. 많은 사람들이 2000년대까지도 정치 토크쇼에 게스트로 나와 줄담배를 피우면서 이민, 사회국가, 외교정책 혹은 중국에 관해 이야기하던 헬무트 슈미트를 기억한다. 슈미트의 발언들은 오늘날의 관점에서 보면 캔슬 컬처의 표적이 될 수도 있겠지만, 항상 자기 생각을 말하고 시대 흐름에 휘둘리지 않는 그의 태도는 평생 존경을 받았다. 우리는 기대라는 바람에 흔들리는 깃발 같은 사람이 아니라, 자신의 생각에 따라 소신 있게 행동하는 사람들을 좋아한다.

삶의 다양한 영역에서 진정성을 보여줄 방법을 고민하라.

어떻게 하면 나 자신에게 솔직하면서, 이를 통해 의미 있는 관계를 키워나갈 수 있을까?

진정성 있게 행동하여 성공했던 롤 모델들을 찾아볼 것.

존재하는 모든 것은 끝이 있다

니벨룽겐 사가를 요약하면 이런 내용이다. 라인강에 황금이 반짝반짝 빛나고, 라인의 딸들이 금을 가지고 놀았다. 난쟁이 알베리히는 금을 훔친다. 도둑질은 신 보탄에게 모욕이었다. 거인들이 보탄에게 발할라성을 지어주었는데, 사랑스러운 프레이야를 보상으로 받기 위해서였다. 안타깝게도 프레이야가 이제 더는 황금 사과를 제공하지 못하게 되자, 신들은 다시 늙는다. 이 위대한 영웅 사가는 모든 생명의 어머니이자 대지의 여신인 에르다의 진실이 담긴 말로 더 압축할 수 있다. "존재하는 모든 것은 끝이 있다."

우리 삶은 시작이 있고, 끝이 있다.

우리의 사명은 그사이를 의미로 채우는 것이다.

이 사명을 기뻐해야 한다. 그래야 과제도 잘 해낼 수 있을 것이다!

창의성은 언제나 결핍에서 나온다

어린 시절 친구들과 함께 놀이를 발명하던 때가 기억난다. 당연히 이런 저런 장난도 쳤고, 부모님에게 늘 기쁨만 드렸던 것도 아니다. 우리의 상상은 경계가 없었다. 놀이와 장난을 위한 상상력 이외에 더는 필요한 것이 없었다. 다른 모든 것은 방해가 되었을 것이다. 바로 이것이 핵심이다. 패션 디자이너 볼프강 요프Wolfgang Joop는 창의성은 늘 결핍에서 생겨난다고 말한다. 타당한 지적이다. 아무것도 없다면, 우리는 무언가를 발명해야 한다. 진보를 가져오는 것은 예산이 아니라, '그렇다면 우리가 뭔가 해결책을 찾아야겠다'라는 생각이다.

나는 언제 가장 창의적이 되는가?

지금까지 내가 낸 최고 아이디어는 무엇인가?

사람들에게 부족한 것을 찾아라. 그 부족을 해결할 방법을 생각해라. 그 아이디어를 팔아라.

행동이 말보다 훨씬 중요하다

말은 부차적이다. 말은 단기적으로 영향을 줄 수 있지만, 장기적으로는 행동만이 영향을 준다. 이를 보여주는 안타까운 사례가 빚이다. 아마 모두가 한 번쯤 보았거나, 혹은 직접 경험했을 힘든 상황이다. 급한 사정으로 돈을 빌려 간 사람이 약속된 상환 날짜가 한참 지났는데도 곧 갚겠다는 말만 되풀이하는 경우다. 한동안 우리는 인내심을 발휘하며 그 약속을 믿고 싶어 한다. 하지만 결국 괴테의 『파우스트』에 나오는 생각을 하게 된다. "말은 이제 충분하니, 행동으로 보여줘!"

행동은 개인의 신뢰성을 판단하는 중요한 기준이다. 특히 개인의 이미지와 직결될 때 더욱 두드러진다. '물을 설교하고 포도주를 마시는' 위선자나 사기꾼들이 여전히 만연하다. 개인 전용기로 기후정상회담에 참석하는 재계 리더들이 떠오른다. 문제 학교와 소외 지역을 풍성한 다문화적 만남이라고 선전하면서 자기 아이는 비싼 사립학교에 보내는 정치인들도 있다.

혹시 당신이 채무자라면, 채권자에게 적은 금액이라도 변제하며 존중을 보여주어라. 이런 상황에서 당신이 지불하는 1유로는 천 마디 말보다 훨씬 가치가 있다. 말보다 행동을 보여주는 사람이 되어라. 행동이 말보다 당신과 당신의 신뢰성을 훨씬 더 많이 정의한다.

| 행동이 말보다 훨씬 더 많은 것을 전달할 수 있었던 상황에 대해 생각해보라. | 어떻게 하면 행동에 진정한 의도와 가치를 반영할 수 있을까? | 진짜 실천할 수 있는 원칙만 말하라. |

오뚝이 같은 사람과는 내기하지 마라

세상은 좌절을 겪고 모욕을 당하고 얼굴을 얻어맞아도 다시 일어설 용기와 끈기가 있는 사람들의 것이다. 이런 회복탄력성이 강인함과 성공의 진정한 징표다.

말랄라 유사프자이는 '얼굴을 맞는 것'보다 훨씬 더한 고통을 겪었다. 유사프자이는 어린 시절, 파키스탄에서 여성의 교육받을 권리를 위해 노력했다. 2012년 10월 탈레반 몇 명이 유사프자이가 타고 있던 학교 버스를 세웠고 권총으로 그녀의 머리와 목을 쏘았다. 유사프자이는 이 공격에서 살아남았다. 몇몇 동급생도 이 공격 때 함께 피해를 입었다. 유사프자이는 그 이후 활동을 멈추었을까? 아니다. 그녀는 위협에 주눅 들지 않았고, 계속해서 싸웠으며, 세계적으로 유명한 교육권 활동가가 되었다. 2014년 가을, 유사프자이는 카일라시 사티아르티와 함께 노벨평화상을 수상하면서 역대 최연소 수상자가 되었다. 2017년부터 유사프자이는 유엔 평화 대사로 활동하고 있다.

국제적 명성을 얻은 동기부여 강사 닉 부이치치는 태어날 때부터 주어진 저항에 맞서 싸웠다. 부이치치는 팔과 다리가 없이 태어났다. 부모님의 끊임없는 격려를 받으면서 그는 회계와 재무를 공부했지만, 삶에서 오랫동안 의미를 찾지 못했다. 그러다가 부이치치는 종교를 받아들이면서 자신의 장애를 저주가 아닌 일종의 축복이자, 신이 주신 도전과 사명으로 보게 되었다. 부이치치는 수영, 서핑, 골프를 배웠고, 지금은 자신이 만든 단체 '사지 없는 삶Life Without Limbs'를 통해 사람들에게 영감을 주고 있다.

삶에서 쓰러졌지만 다시 일어났던 순간들을 되돌아보라.	이런 경험들은 나에게 무엇을 가르쳐주었나? 어떻게 하면 회복탄력성을 키우고, 다른 사람들에게 영감을 줄 수 있을까?	훨씬 더 큰 장애물들을 극복한 타인의 사례에서 영감을 얻어라.

어둠을 응시하면 빛을 보지 못한다

빛이 있는 곳에는 그림자도 있다. 이것이 우리가 사는 이원적 세계의 법칙이다. 그러나 빛과 어둠 가운데 무엇을 볼지는 당신이 결정한다. 좋은 소식을 선택할지 나쁜 소식을 선택할지도 당신이 결정한다. 긍정적인 친구들을 사귈지 부정적인 친구들을 사귈지도 마찬가지다. 물잔이 절반 정도 찼다고 볼지 절반 정도 비었다고 볼지도 당신 선택이다. 많은 사람이 어둠을 응시한다. 그들은 성공으로 가는 여정에서 빛을 보는 사람들에게 추월당한다.

인간이 나쁜 소식에 귀를 기울이는 것은 유전적으로 만들어진 조건이다. 이 조건은 우리에게 경계심과 두려움을 가르쳤고, 수천 년 동안 인간의 생존을 지켜주었다.

오늘날에는 당신과 전혀 상관없는 전 세계 나쁜 소식들이 당신에게 쏟아지고 있다.

이런 소식들은 에너지를 죽인다. 당신의 활력을 앗아간다. 이런 뉴스들을 멀리하라.

잡초가 자라지 않는 곳을 조심하라

얼마 전 가족과 함께 산책을 나갔다가 관리가 안 된 것처럼 보이는 정원 옆을 지나게 되었다. 정원에 이런 표지판이 있었다. "잡초가 자라지 않는 곳을 조심하라." 앞치마를 입은 여성이 정원에서 이런저런 일을 하고 있었다. 그녀는 나에게 이런 말을 들려주었다. "사람들이 잡초라고 여기는 풀들은 사실 귀중한 식물이에요. 쐐기풀은 비타민 C가 많이 들어 있고 맛도 아주 좋아요. 참나물에는 단백질, 각종 미네랄, 비타민 A가 가득 들어 있죠. 코감기에 걸리면 긴병꽃풀을 드세요. 효과가 아주 놀랍답니다!"

　아쉽게도 나는 원예에는 소질이 없지만, 주식시장은 잘 안다. '월스트리트의 늑대' 조던 벨포트는 페니 스톡을 이용하여 처음에는 합법적으로 수백만 달러를 벌었다. 비유적으로 말하자면, 거의 가치가 없던 주식이 대부분의 주식 투자자에게는 잡초에 불과했다.

다른 사람들이 잡초라고 여기는 것이 나에게는 귀중한 것일 수 있다.	잘 관리된 잔디는 아름다워 보일 수 있지만 거기에는 생명이 없다.	삶에 약간의 잡초가 자랄 수 있게 마음을 써라.

나이가 들면서 자기가 드러난다

나이가 들어가면서 우리 모두 조금씩 더 특이해진다. 진정한 자기 자신을 포용할 만큼 성숙해지는 것일 수도 있겠다. 나는 자라면서 종종 부모님이 그렇게 창피하게 느껴지는 이유를 자문하곤 했다. 부모님이 그냥 창피스러운 행동을 한다고 생각했지만 내가 틀렸다. 나이가 든다고 반드시 창피한 사람이 되는 것은 아니다. 그저 나이가 들면서 우리는 진정한 자아를 좀 더 자신 있고 편안하게 대할 뿐이다.

이런 변화를 볼 수 있는 곳이 음악, 영화, 책, 취미 같은 취향이다. 아이일 때 우리는 자신의 선호가 다른 사람에게 어떻게 보일지 생각하지 않는다. 우리는 좋아하는 것을 좋아하고 거리낌 없이 보여준다. 시간이 지나면서 우리는 쿨함을 보여주는 특정 코드가 있다는 것을 '배운다'. 자신이 속한 친구 무리와 하위문화에 따라 우리는 한때 좋아했던 것을 부정하는데, 심지어 어느 정도는 스스로에게도 부정한다. 우리는 어른들과 또래 중에 쿨하지 못한 이들에게 반항하고, 그 대가로 좋아해야 하는 모든 것이 사실 속으로는 그리 만족스럽지 않다는 것을 감수한다.

취향에 적용되는 원리는 취미에도 적용될 수 있다. 많은 사람이 나이가 들면서 액션 피규어를 다시 수집하고, 어릴 때 하던 운동을 다시 시작하며, 또는 밤늦게까지 보드게임으로 보내는 시간을 더 이상 나쁘게 생각하지 않는다. 그들은 자신이 좋아하는 것과 좋아하지 않는 것을 분명히 드러낸다. 타인의 판단에 맞추어 살아가기에는 삶이 너무 짧다는 것을 배웠기 때문이다. 이렇게 해야 한다. 우리는 자기 개성을 받아들이고 보호하는 법을 배워야 한다.

나의 '창피한' 성격이나 취향을 떠올려보라. 그런 성격이나 취향이 시간이 지나면서 어떻게 발전해갔나?

어떻게 하면 그런 것들을 자아의 일부로 받아들일 수 있을까?

어릴 때 아무 거리낌 없이 즐겼던 것은 무엇인가? 그것을 다시 찾아서 즐겨라!

당신 사람들을 먼저 보호하라

당신이 이 세상에 더는 존재하지 않는다고 상상해보라. 당신은 지금 본인 장례식에 와 있다. 사람들이 몰려오고 눈물을 흘리며 서로를 껴안는다. 그들이 자리에 앉는다. 누가 처음 도착할까? 이 사람들이 정말로 당신에게 중요한 사람들이다. 이들이야말로 당신 삶에 가장 큰 영향을 미쳤고, 당신을 가장 사랑하고 지지했다. 그들은 잠시 스쳐 가는 지인이거나 좋은 시절에만 함께 했던 사람들이 아니다. 그리고 인생에서 잠시 알았거나 접촉했던 '중요한', 혹은 '유명한' 사람들도 절대 아니다. 그런데 주목 경제 시대에는 많은 사람이 이런 스쳐 가는 유명인을 점점 중요하게 생각하는 것 같다. 대부분 이런 접촉은 대단히 피상적이거나 일시적인 관계에 불과하다. 그런데도 사람들은 이런 만남에 너무 큰 의미를 부여한다. "나는 이 사람을 만났고, 저 사람과 악수도 했어… 이제 그녀가 나를 팔로우해!" 그러나 그들은 당신의 장례식장 근처에도 오지 않을 것이다. 내 말을 믿어라.

장례식장에 부모님, 형제자매, 배우자, 아이 등 가족이 있다. 아주 가까운 친구들도 있다. 그들은 수십 년 동안 '제2의 가족'이었다. 그들은 우리의 승리를 함께 기뻐하고 우리의 좌절을 함께 견뎠다. 그들은 우리의 진정한 본질과 겉모습 뒤에 숨겨진 이야기를 알고 있다.

내 삶에서 이런 사람은 누구인지 생각해보라.	그들에게 어떻게 고마움을 표현할 수 있을까?	용기를 내어 유언장을 작성하라. 이런 감사의 마음을 반영하라.

뮤즈는 부지런한 사람에게만 입을 맞춘다

이 말은 넬레 노이하우스가 토르스텐 오토^{Thorsten Otto}가 진행하는 바이에른 라디오 팟캐스트 〈파란 소파^{Die Blaue Couch}〉에 출연하여 한 말이다. 넬레 노이하우스는 '범죄 소설의 여왕'이며, 집필한 책은 늘 모든 베스트셀러 목록에 올라간다. 그러나 시작은 어려웠다. 어떤 출판사도 노이하우스의 소설을 출판하려고 하지 않았다. 모두 '안 된다'라고 했다. 그래서 넬레 노이하우스는 직접 나서서 자비로 이 책을 출판했고, 직접 사람들에게 이 책을 알렸다.

노이하우스는 두 번째 책을 썼고, 그다음에 세 번째, 네 번째 책을 썼다. 오늘날 노이하우스의 작품들은 도서관을 채우고 있고, 그 많은 책을 보면 마치 아이디어들이 저절로 노이하우스에게 떠오르는 것처럼 보인다. 그녀는 인터뷰에서 그렇지 않다고, 뮤즈는 부지런한 사람에게만 입을 맞춘다고 말했다. 게으른 자들은 외면당한다.

"나는 부지런하다"라는 말을 어떻게 정의하는가?	지금보다 더 부지런해질 수 있나?	이 이야기에서 배울 수 있는 또 다른 교훈도 있다. '안 된다'라는 말에 좌절하지 말 것.

인간은 갤리선에서 노 젓는 노예처럼 일해야 한다

부지런함을 조금 더 강조하고 싶다. 여기서는 이 과제를 디터 볼렌에게
넘긴다. 디터 볼렌은 세계적으로 성공한 독일 대중음악가이자 프로듀서
이며, 〈독일은 슈퍼스타를 찾습니다 Deutschland sucht den Superstar〉를 한 번도 본 적
이 없는 사람들도 디터 볼렌은 안다. 〈독일은 슈퍼스타를 찾습니다〉는
2002년부터 매년 제작되는 독일의 인기 오디션 방송이다. 이 프로그램의
진정한 슈퍼스타는 심사위원 디터 볼렌이다. 그는 부유한 집안 출신도
아니고, 대학 교육을 받지도 않았으며, 세련된 매너를 갖추지도 못했다.
대신 그는 정말 뼈 빠지게 일한다. 그는 이렇게 말한다. "노력 없이 성공
한다는 착각은 대부분의 사람들이 저지르는 치명적인 오류다." 디터 볼
렌의 비결은 딱 하나다. "갤리선에서 노 젓는 노예처럼 일해야 한다."

갤리선 형벌을 받은 사람은
쇠사슬에 묶인 채 육중한
배의 노를 저었다.

디터 볼렌의 이 비유는, 일은
엄청나게 힘들다는 뜻이다.

아무도 감시하지 않을 때도
나는 그렇게 엄청나게 열심히
일하나?

뒤를 돌아보고 이해하기, 앞을 향해 살기

"인생은 뒤를 돌아볼 때만 이해할 수 있지만, 우리는 앞을 향해 살아야 한다." 철학자 쇠렌 키르케고르의 이 심오한 말은, 삶은 돌이켜볼 때 비로소 이해된다는 점을 상기시켜준다. 삶을 향해하는 동안 많은 사건과 결정이 어지럽게, 심지어 뒤죽박죽 나타난다. 우리는 상황에 반응하며 계획한 적 없는 길로 들어간다. 우리는 장소와 생활 방식, 문화를 계속 바꾸며 뒤죽박죽 지그재그처럼 보이는 길을 걷는다. 그 길을 걷는 도중에는 그 여정이 훗날 펼쳐 보일 논리적이고 극적인 구성을 깨닫기 어렵다. 누군가와의 첫 만남을 떠올려보라. 그 사람이 나중에 평생 친구, 혹은 인생의 동반자가 될 거라고 알아차리는 경우는 거의 없다.

최근에 나온 포르노 중독 방지 공익 광고가 이 원리를 상징적으로 보여준다. 사실 이 광고는 다른 모든 중독에도 잘 들어맞을 것 같다. 광고 속 현재의 남성은 이 습관을 처음 시작했던 어린 시절 그때로 시간 여행을 떠난다. 그 습관이 질병으로 커질 것을 전혀 모르던 그때로. 안타깝게도 그는 볼 수는 있지만 행동할 수는 없다. 이미 모든 일이 일어났기 때문이다. 뒤를 돌아볼 때 비로소 퍼즐 조각들이 맞춰지고 명확한 그림이 형성된다. 이것을 안다고 해서 용감하고 단호하게 앞으로 나가기를 주저해서는 안 된다. 앞을 향해 살기란 비록 우리가 그 결과를 완전히 알지 못하더라도, 결정하고 위험을 감수하면서 미지의 세계를 받아 안는 것을 의미한다.

삶의 여정을 돌아보라.

시간이 지난 후에 진정한 가치나 의미가 드러났던 사건이나 결정은 무엇인가?

이런 통찰을 어떻게 활용하면 더 큰 확신과 열린 마음으로 미래를 바라볼 수 있을까?

작은 발걸음의 기술

성공과 변화는 거대한 도약이 아니라 작지만 꾸준한 걸음에서 나오는 결과다. 매일 조금씩 끈기 있게 꾸준히 실천하는 것이 바로 오랫동안 지속되는 변화를 이끌어내는 기술이다. 이런 작은 발걸음은 끊임없이 떨어지는 물방울과 같다. 물방울은 눈에 띄지 않지만, 시간이 지나면서 돌을 뚫을 만큼 강력하다. 이런 과정은 성장, 운동, 경력, 인간관계 등 삶의 모든 영역에서 일어난다. 성공한 사람 대부분은 하룻밤 사이가 아니라, 수년 동안의 헌신과 작지만 꾸준한 성장을 통해 성공에 도달했다.

물리학자 피터 힉스는 1960년대에 기본 입자들이 질량을 갖는 이유를 설명하는 힉스-보손 이론을 제시했다. 그러나 힉스는 이 '신의 입자'를 증명하지는 못했다. 그는 이 책에서 이미 찬양했던 직관을 따랐다. 이 입자는 어쩌면 우리 세계라는 직물의 수수께끼 같은 공백을 임시로 이론적으로 채워주는 순수한 발명품일 수도 있었다. 무려 40년에 걸친 힘겨운 단계적 이론 연구와 실험 끝에, 2012년 제네바 CERN 연구소 입자 가속기에서 힉스-보손 입자의 존재를 증명하는 데 성공했다. 이 입자 가속기의 건설 자체가, 수십 년 동안 수천 명의 전문가가 함께 무엇을 해낼 수 있는지 보여주는 또 다른 사례다.

| 삶의 장기 목표들을 고민해보라. | 이 목표들에 도달하기 위해 매일 할 수 있는 작은 발걸음들은 무엇인가? | 어떻게 하면 이 작은 행동들을 일상의 루틴으로 만들 수 있을까? |

나는 사람들 눈에 보여야 한다

"나는 사람들 눈에 보여야 한다. 그래야 사람들이 내 존재를 믿는다." 엘리자베스 2세 여왕이 한 말이다. 이 말에는 지혜와 진리가 가득 담겨 있다. 엘리자베스 알렉산드라 메리는 1952년부터 2022년 96세로 세상을 떠날 때까지 그레이트브리튼 및 북아일랜드 연합왕국의 여왕이자, 56개 국가가 속한 영연방 국가연합의 수장이었다. 엘리자베스 2세는 영국 왕실령의 영주이자 영국 국교회의 세속적 수장이었으며, 그 밖에도 내가 전혀 모르는 훨씬 많은 직위를 가지고 있었다. 70년 동안 여왕으로 살기는 쉬운 일이 아니다.

1990년대 초, 엘리자베스 2세는 '특별히 힘들고 끔찍했던 한 해'를 의미하는 '아누스 호리빌리스Annus horribilis'라는 라틴어 표현을 만들었다. 600개가 넘는 조직의 후원자로서 엘리자베스 2세는 무수한 공개 행사를 소화해냈다. 여왕은 자신의 권력이 '존재 자체'와 '대중의 인식'에 기반하고 있다는 사실을 명확히 알고 있었다. 나는 여왕의 성공 비법을 활용한다. 이 글을 쓰면서 나는 내가 출연한 비디오 수만 개를 떠올려본다. 이 비디오들에 내가 등장하기 때문에, 사람들은 나를 믿는다. 사람들이 나를 믿기 때문에, 우리는 이 책에서 만날 수 있다.

당신은 눈에 띄는 존재인가?	더 눈에 띄기 위해 무엇을 할 수 있을까?	눈에 띄기는 힘들다. 눈에 띈 상태를 유지하기도 힘들다. 상관없다. 당신은 눈에 띄어야 한다. 그래야 사람들이 당신을 믿는다.

당신의 묘비에는 어떤 글귀가 들어갈까?

스페인에서 묘지를 방문한 적이 있는가? 그곳에서는 묘비에 고인의 사진을 넣는 전통을 이어간다. 사진 아래에는 고인의 삶을 요약하는 몇 마디 문구가 적혀 있다. 이베리아반도에서 내가 가장 좋아하는 도시 중 하나인 사라고사에서 묘지를 방문했을 때, 나는 한 남자의 묘비를 발견했다. 사진은 이미 많이 바래서 거의 알아볼 수가 없었다. 사진 아래에 그의 삶을 요약한 단 하나의 단어가 적혀 있었다. '올레^{olé}'였다. 이 말은 스페인에서 감탄할 때 사용하는 단어다. 이 신사는 틀림없이 대단히 멋진 삶을 살았을 것이다! 당시에 나는 자문했다. 나의 묘비에는 어떤 글귀가 들어갈까?

나의 묘비에는 어떤 글귀가 들어가야 할까?

그것을 알고 있다면, 3번 질문은 넘어가도 된다.

나의 묘비명을 말할 수 없는가? 끊임없이 시도하라. 성공할 때까지 계속 시도하라.

계획과 즉흥성 사이의 균형

계획과 목표 설정도 중요하지만, 즉흥성과 예측 불가성을 위한 공간을 남겨두는 일도 중요하다. 너무 경직된 계획은 새로운 기회를 방해할 수 있다. 삶은 예측할 수 없고, 때로는 전혀 예상하지 못했던 전환이 우리를 특별한 길로 이끌기도 한다. 해리슨 포드는 처음부터 배우를 목표로 했지만, 1964년에 꾸린 가족을 부양할 만큼 일찍 성공하지는 못했다. 생계를 위해 해리슨 포드는 그때부터 목공소에서 목수로 일했고, 록밴드 도어스의 무대 스태프와 카메라 보조로도 일했다. 전혀 계획하지 않았던 목수 일 덕분에 포드는 안정적 수입을 얻게 되면서 작고 흥미 없는 역할을 거절할 수 있었다. 그렇게 그는 의미 있는 영화에 조연으로 참여할 수 있는 여유와 안목을 갖게 되었다. 바로 조지 루카스의 〈청춘낙서〉다. 조지 루카스는 훗날 〈스타워즈〉를 만들었고, 포드는 이 영화에서 한 솔로 역을 맡으면서 세계적 명성을 얻게 되었다.

과학에서는 알렉산더 플레밍의 페니실린 발견이, 뜻밖의 일이 역사적 발견으로 이어질 수 있음을 보여주는 좋은 사례다. 플레밍은 페니실린을 찾으려고 노력했던 것이 아니라, 배양 접시에서 곰팡이가 박테리아를 죽이는 것을 관찰하다가 우연히 이 항생제를 발견했다. 이 뜻밖의 발견은 수백만 명의 생명을 구한 의료 혁신으로 이어졌다. 만약 플레밍이 경직된 실험 계획을 고수하면서 부수적 관찰을 무시했더라면, 이런 혁명적 발견은 일어나지 않았을 것이다.

삶에서 계획과 즉흥의 균형을 가져올 방법을 고민하라.	나는 어떤 부분에서 더 유연해질 수 있고, 어떻게 하면 예상치 못한 기회에 더 개방적이 될 수 있을까?	나는 언제 이런 개방성을 보여주었나? 이런 개방성이 낳은 결과는 무엇인가?

경청의 깊이

진정한 경청은 단순한 듣기를 넘어선다. 경청은 타인의 상황과 감정 속으로 들어가보고, 말 너머에 있는 것까지 이해하려는 노력도 포함한다. 달리 전화할 사람이 없는 이들이 언제든지 전화를 걸 수 있게 24시간 자원봉사로 운영되는 활동을 괜히 '마음 돌봄 전화'라고 부르는 것이 아니다. 이 활동은 몸을 돌보는 것도, 정신이나 심리를 돌보는 것도 아니다. 이 전화 봉사는 마음을 돌본다. 마음 돌봄의 첫 단계인 공감 어린 경청만으로도 충분하다. 경청은 충분한 시간을 할애하고, 휴대전화를 보거나 딴 생각에 빠지지 않으며, 판단도 단죄도 하지 않는다.

　현대 사회에서 가장 사랑받은 왕족 다이애나 왕세자비는 자선 활동뿐만 아니라, 사회에서 무시되거나 주변화된 사람들에게 귀 기울이는 것으로도 유명했다. 다이애나는 에이즈가 여전히 큰 낙인으로 여겨지던 시대에 병원들을 방문해 에이즈 환자들과 대화를 나누었다. 편견 없이 사람들에게 다가가는 다이애나의 능력은 당시에 에이즈에 관한 인식을 바꾸고 에이즈 환자들의 대중적 이미지를 개선하는 데 크게 기여했다.

　깊이 있는 경청을 통해 우리는 관계를 개선할 수 있고, 또한 우리 자신의 이해와 관점도 넓힐 수 있다.

최근 나눈 대화에서 나는 정말로 경청했는가, 아니면 말할 기회만 기다리고 있었나?

어떻게 하면 깊이 경청하는 능력을 키워서 나의 관계와 이해를 개선할 수 있을까?

화자 없이도 편안하게 경청 능력을 연습할 수 있다. 다른 일을 하지 않고 긴 오디오 콘텐츠에만 귀 기울이면서 연습하라.

친구에게 가는 길 위에 풀이 자라서는 안 된다

어떤 통계들은 숨이 멎을 만큼 놀라운 결과를 담고 있다. 그중 한 통계는 임종을 앞둔 사람들을 대상으로 한 설문조사에 기반한다. 이 설문조사는 가장 후회하는 일이 무엇인지 물었다. 친구들과 좀 더 많은 시간을 보냈어야 했다는 답변이 가장 위에 있었다. 아프리카 속담 "친구에게 가는 길 위에 풀이 자라서는 안 된다"를 따른다면, 언젠가 이런 후회를 하지 않게 될 것이다.

에니드 블라이턴의 『유명한 다섯 친구들The Famous Five』은 세계적으로 성공한 어린이 소설 시리즈일 뿐 아니라, 많은 사람들이 이상적으로 여기는 절친한 친구의 숫자이기도 하다.

나의 다섯 친구는 누구인가?

가는 길 위에 풀이 자라지 않을 만큼 그들과 자주 만나나?

너에게 나의 헬기를 보여줄게

메디마이스터샤프텐은 해마다 열리는 독일어권 의대, 치의대, 수의대생들의 축제다. 축제 행사 중에 노래 및 댄스 경연 대회가 있다. 2017년 이 대회에서 마인츠 대학교 '메디마이스터 마인츠'가 응급의료 헬리콥터를 주제로 패러디 댄스곡을 불렀는데, 이 노래가 스포티파이 바이럴 차트에서 1위를 차지했다. 메디마이스터 마인츠의 스포티파이 1위 히트곡은 이렇게 시작한다. "너에게 나의 헬기를 보여줄게. 부가티는 희생자들의 것이니까." 그러나 이 가사는 사람들이 생각하는 것보다 더 많은 진실을 담고 있다. 슈워제네거는 1980년대에 1억4700만 달러를 주고 보잉 747을 구매했다. 사람들이 고급 자가용 비행기인 걸프스트림 비행기를 자랑하기 시작하면, 슈워제네거는 느긋하게 말했다. "걸프스트림도 나쁘지는 않지. 그런데 이제 나의 보잉 747에 대해 이야기해볼까?" 그다음에는 모두 꿀 먹은 벙어리처럼 침묵했다. 가끔은 어쩔 수 없이 자신이 그 어디에서도 가장 크고, 가장 멋지고, 가장 강력한 사람임을 증명해야 할 때가 있다. 이런 세계에서 겸손으로는 절대 멀리 가지 못한다. 그러니 당신의 747을 이야기하라. 당신의 헬기를 이야기하라. 당신에게 있는 무엇이든, 군중 속에서 당신을 돋보이게 해주는 것을 이야기하라.

나는 무엇을 자랑할 수 있을까?

어릴 때부터 겸손이 미덕이라고 배웠나? 잊어버려라!

동물들도 겸손하지 않다. 가슴을 두드리며 힘을 과시하는 고릴라를 보라. 화려하게 깃털을 펼치며 아름다움을 자랑하는 공작새를 보라.

자기수용의 기술

끊임없이 완벽을 추구하는 세상에서 자신의 모든 결점과 불완전함을 받아들이는 능력은 진정한 저항이다. 이런 능력을 갖추는 일은 점점 더 어려워지고 있다. 인터넷이 삶의 모든 영역을 도달할 수 없이 높은 기준을 설정하는 롤 모델들로 가득 채웠기 때문이다.

이런 문제는 외모, 날씬함, 피트니스, 패션 분야의 인플루언서들에게서 명백하게 드러난다. 이들은 젊은 여성들에게 완전히 잘못된 자기 인식을 심어준다. 젊은 여성들은 인터넷 속 우상들이 필터와 포토샵을 활용하고, 영상을 조작한다는 사실을 알고 있을 것이다. 그들은 이 사실을 머리로는 이해하지만, 가슴으로 느끼지는 못한다. 일부는 계속해서 그 상상 속의 이미지에 자신을 맞춘다.

이런 자기수용의 부족을 오직 젊은 여성들의 문제로만 보는 것은 오만하고 순진한 태도일 것이다. 남성들도 순식간에 경제적 성공을 이룰 수 있다는 터무니없는 환상에 빠진다. 소위 자수성가했다는 백만장자들이 두바이 빌딩 옥상에 있는 인피니티풀을 단지 몇 분 동안 대여했을 뿐이라는 사실을 알면서도 말이다. 텔레비전 리얼리티 쇼의 스타들은 현실과는 완전히 동떨어져 있는 삶을 보여준다. 포르노그래피는 모든 사람을 깊은 콤플렉스 속으로 몰아넣는다. 오직 자기수용만이 내면의 평온과 균형을 잡아주는 열쇠다. 자기수용을 통해 우리는 타인이나 비현실적인 롤 모델의 인정을 받으려고 끊임없이 노력하는 대신, 개인의 성장과 만족을 향한 길을 걸어갈 수 있게 된다.

나의 불완전함은 나의 고유한 인간성을 구성하는 일부이다.

나를 있는 그대로 사랑하는 법을 배우되, 동시에 최고의 자신이 되기 위해 노력하라.

타인의 완벽함 가운데 많은 것이 가짜다.

일상에서 마음챙김의 의미

마음챙김은 단순한 명상 수련법이 아니라 삶의 태도다. 정신을 끊임없이 산만하게 만드는 멀티태스킹 시대에 지금 여기를 의식적으로 경험하는 것에는 매우 중요한 의미가 있다. 마음챙김을 연습하는 가장 간단한 방법은 그냥 오감을 따라 질문하는 것이다. 나는 지금 무엇을 보고 있는가? 무엇을 듣고 있는가? 어떤 냄새를 맡고 있는가? 만약 맛볼 것이 있다면, 온전히 의식을 모아 커피, 차, 과일의 모든 미묘한 맛을 느껴보라. 촉각도 제대로 활용해보자. 나무껍질, 키 큰 풀, 다양한 건물의 벽들을 만져보라. 내면에 귀 기울이고 느끼는 것도 마음챙김에 도움을 준다. 이런 연습을 새로 시작하는 사람은 자신이 실제 얼마나 긴장하고 있는지, 정확히 어디가 긴장되어 있는지를 우선 확인하게 된다. 또한 내면의 압력이 감지되자마자 이 압력을 어떻게 해소할 수 있는지도 알게 된다.

마음챙김은 때때로 한 가지 작업을 싱글태스킹 모드로 실행하는 것을 의미한다. 아주 간단한 일들도 그렇게 실행한다. "마당을 쓸 때는 마당만 쓸어라"는 불교의 격언이 있다. 운전할 때도 이런 주의 집중을 훈련할 수 있다. 마지막으로 그냥 운전만 했던 적이 언제였나? 휴대전화를 보지 않고, 라디오나 팟캐스트를 듣지 않고, 큰 소리로 독백도 하지 않으면서 운전만 했던 적이 언제인가? 교통표지판에만 주의를 기울이고, 오직 교통 상황과 주변 환경만을 인지하면서 운전에만 집중해보라. 마음챙김은 우리에게 현재의 순간을 모든 면에서 소중하게 여기고, 우리가 진정 살아가고 영향을 미칠 수 있는 유일한 곳이 바로 지금 이 순간임을 이해하도록 가르친다.

감각을 온전히 지금 이 순간에 집중해보는 시간을 가져라.

먹고, 걷고, 들을 때도, 온전히 지금의 활동에 집중하여 마음챙김을 실천하라.

이런 실천이 얼마나 나의 경험을 더욱 깊게 만들고 명료함과 평온함을 가져다주는지 발견하라.

질문하는 사람이 주도한다

많은 사람이 질문하기를 주저한다. 다른 사람이 자기를 어리석다고 생각할까 봐 두렵기 때문이다. 그러나 질문은 성공의 강력한 비결이다. 첫째, 질문을 통해 대화를 주도하고 대화 방향을 지배할 수 있다. 둘째, 질문을 통해 지식의 우위를 확보한다. 아이들은 말 그대로 상대가 지칠 만큼 질문한다. 왜 그럴까? 아이들은 알고 싶기 때문이다. 당신도 그렇게 해야 한다. 질문하고, 또 질문하라. 절대 질문을 멈추지 마라.

나에게 가장 중요한 단어는 "왜"인가?

오늘 나는 질문 열 개를 던졌는가?

가장 어리석은 질문은 하지 않은 질문이다.

연꽃처럼 하라

아름다운 연꽃은 진흙에서 자란다. 이 사실만으로도 깊이 생각해볼 가치가 충분히 있다. 연꽃은 화려한 색채 이외에도 특별한 표면으로 주목받는다. 연꽃잎 위에서는 물방울이 구슬처럼 굴러떨어진다. 연꽃의 이런 자기 정화 과정 덕분에 꽃잎을 더럽힐 수 있는 모든 것은 씻겨 내려간다. 화, 다툼, 비난이 쏟아질 때, 연꽃처럼 그것들을 흘려보내라.

나는 샤워할 때, 나를 괴롭히는 모든 것이 씻겨 내려가서 배수구로 흘러 사라진다고 상상한다.

시각적 상상이 중요하다. 상상을 통해 무의식이 활성화되고 스트레스가 사라진다.

대체의학에서 연꽃은 심장을 튼튼하게 하고, 열을 내리며, 최음제로도 사용된다. 진흙에서 자라나는 식물치고는 대단하지 않은가.

유머와 아이러니의 역할

유머와 아이러니는 삶의 예측 불가능성에 대처하는 핵심 도구이다. 유머와 아이러니 덕분에 우리는 어려움을 가볍게 받아들이고, 도전을 미소로 극복할 수 있다. 특별히 어렵고 출구가 보이지 않는 상황에서 유머는 분위기를 누그러뜨릴 수도 있다. 유머는 내면에도 도움을 주지만 타인과의 상호관계에서도 중요하다. 유머가 없다면 상황은 더 심각해지고, 격렬한 다툼이 일어날 수도 있다. 적절한 농담으로 종종 순식간에 긴장이 풀릴 수도 있다. 유머의 강력한 갈등 완화 잠재력은 스스로를 웃음거리로 만들 수 있는 능력에서 비롯된다. 자신은 제외하고 오직 타인만을 조롱거리로 삼는 유머는 기껏해야 악의적인 조롱과 비아냥일 뿐이다.

지크문트 프로이트는 농담 속에서 무의식적 욕망과 두려움을 내보내는 일종의 배출구를 보았다. 농담은 일종의 카타르시스, 즉 정신적 긴장을 해소하게 한다. 억압된 내용이 의식으로 떠올라 유머스러운 방식으로 처리된다. 이 덕분에 불안이나 공격 형태로 분출될 수 있는 심리적 에너지가 해소된다. 사회적 관계에서 유머는 권위를 약화하고, 부당하거나 터무니없는 현실을 드러내는 데 도움을 준다. 오늘날 많은 코미디언들의 레퍼토리에서 사라진 기능이기도 하다. 자신과 삶의 부조리함을 보고 웃을 수 있는 능력은 강인함과 정신적 유연성을 보여주는 표시다.

어려운 상황에 유머스럽게 대응하려고 노력하라.

유머를 긴장을 풀고 관점을 바꾸는 도구로 활용하라.

웃음이란 종종 삶의 굴곡에 대처하는 최고의 치료제임을 인식하라.

감사의 힘

감사는 덕목이 아니라 삶의 태도다. 끊임없이 더 많은 것을 추구하는 세계에서 감사함은 우리가 이미 가진 것의 가치를 소중하게 여기라고 상기시켜준다. 감사함은 어려운 시기에도 삶에서 긍정적인 것을 인식하도록 도와준다. 감사함은 일시적 감정이 아니라 전반적이고 의식적인 결정이다. 일단 몸에 익혀 세상을 보는 긍정의 필터로 삼으면, 감사의 실천은 우리의 행복에 깊은 영향을 미친다. 연구들에 따르면 감사하는 사람들이 더 행복하고 더 만족하며 스트레스에 덜 민감하다. 그들은 실제로 자신의 뇌를 긍정의 주파수로 다시 프로그래밍하기 때문이다. 앞에서도 언급했지만, 생각은 비물질적인 것이 아니라 우리 두 귀 사이에 있는 경이로운 기관에서 일어나는 생화학적 활동이다. 신경생물학 연구들은 감사함이 기쁨, 행복, 사회적 유대감과 관련된 뇌 영역의 활성을 강화하는 것을 보여주었다.

감사 일기를 쓰면 우리 삶의 긍정적인 면을 더욱 의식적으로 자각하게 된다. 매일 감사한 일 세 가지를 기록하면 긍정적인 태도가 조금씩 자리 잡게 될 것이다. 최소한 회복탄력성은 개선될 것이다. 나쁜 일이 닥치더라도, 언제나 그에 맞설 좋은 것이 존재하기 때문이다.

감사한 일 세 가지를 적어보라. 좋은 대화에서부터 아름다운 일몰까지 모든 일이 될 수 있다.

가지지 못한 것이 아니라 가진 것에서 시작하라.

부정성이라는 관성의 힘에 맞서 싸워라. 감사를 근육으로 여겨라.

회피 유형과 접근 유형

많은 사람이 평생을 도망치며 산다. 자신을 옥죄는 가족 환경으로부터, 증오하는 직업으로부터, 자신의 기대와 전혀 맞지 않는 생활로부터. 이들의 삶은 회피 유형을 대표한다. 회피형 인간은 싫어하는 현재 상태에서 벗어나 어딘가에 닿기 위해 에너지를 쏟는다. '어딘가'는 명확히 정의하지 못한다. 회피형 인간은 결코 목표에 도달하지 못한다. 접근형 인간은 다르다. 접근형 인간은 자신이 원하는 것을 안다. 아직 그 길을 모를 뿐이다. 그런 건 중요하지 않다. 접근형 인간은 한 걸음씩 앞으로 나가기 때문이다. 성공한 축구 선수들이 한 경기, 한 경기에만 집중하고, 우승에 대해서는 말하지 않는 것과 같다. 접근형 인간이 인내심을 잃지 않는다면, 결국 우승을 하게 될 것이다.

나는 무엇으로부터 도망치는가?

나는 어디로 가고 싶은가?

회피형 인간도 접근형 인간으로 바뀔 수 있다. 나도 그런 과정을 겪었다. 나는 오랫동안 내 여정이 어디로 향해야 하는지 몰랐지만 목표를 정의할 수 있게 되면서, 그 목표를 향해 한 걸음씩 나아가는 것이 쉬워졌다.

결정하라!

논이 지평선까지 펼쳐진 모습을 보게 된다면, 그 목가적 풍경에 감탄하게 될 것이다. 그러나 벼농사는 엄청나게 힘든 노동이다. 높은 기온 속에서 농부들은 모기떼에 뜯기면서 허리를 굽힌 채 일하고, 그 사이에 팔과 다리에는 거머리가 달라붙는다. 벼농사는 밀농사보다 20배 더 노동집약적이다. 그래서 벼농사를 짓는 농부는 연간 3,000시간을 일하지만, 서양의 농부는 1,800시간을 일한다. 그러나 벼농사를 짓는 농부들은 자신들의 노동에 만족한다. 독일 농민 시위를 보면 서양은 상황이 다르다.

이런 차이의 원인을 찾기 위해 여러 연구가 수행되었다. 복잡하고 불투명한 관료주의의 굴레가 없는 자영 노동이 동아시아 농민들이 만족하는 이유라고 모든 연구는 결론지었다. 벼농사를 짓는 농부들은 온전히 스스로 결정하는 자기 사업체를 운영한다. 그들은 직접 종자를 선택한다. 둑을 어디에 만들고 관개시설을 어떻게 관리할지 스스로 결정한다. 그들은 다음 파종을 준비하면서 수확 계획을 세운다. 물론 벼농사도 시간의 압박을 받고, 해충, 질병, 둑의 붕괴 때문에 작업 과정에 차질이 생기기도 한다. 그럼에도 벼농사 농부를 다룬 연구들은 진정한 자기결정권, 성공, 행복은 서로 분리될 수 없이 연결되어 있음을 보여준다. 매일 많은 결정을 내리는 사람만이 자기 잠재력을 온전히 펼칠 수 있다.

많은 사람들이 결정 내리기를 꺼린다.

그들은 오히려 다른 사람들이 자기 대신 결정하게 하고, 타율적인 삶을 산다.

자신이 결정하는 삶을 살고 싶다면, 스스로 결정하라. 그래야 잠재력을 온전히 펼칠 수 있다. 자기결정이 성공과 행복을 북돋아준다.

혼자 있기의 가치

초연결사회에서 우리는 혼자 있음의 의미를 자주 잊어버리곤 한다. 혼자 시간을 보내는 일은 외로움과 전혀 다른 의미다. 오히려 자기 성찰과 개인적 성장의 기회를 제공한다. 혼자 있음은 생각을 정돈하고, 목표를 숙고하면서 내면의 목소리를 들을 수 있는 시간이다. 혼자 있음은 자기돌봄의 행위다.

　예술가들은 혼자 있음의 의미를 알고 의식적으로 이런 시간을 가지려고 했다. 작가 버지니아 울프는 『자기만의 방』의 필요성을 강조했다. 고요 속에서 창조적으로 자기 생각을 자유롭게 펼칠 수 있는 공간이 필요하다는 것이다. 토마스 만은 매일 아침 철저한 규율 속에서 글을 썼고, 어떤 방해도 허용하지 않았다. 독일 힙합 밴드 디 판타스티셴 피어Die Fantastischen Vier의 즈무도Smudo나 펑크록 밴드 디 토텐 호젠Die Toten Hosen의 캄피노Campino와 같은 성공한 팝스타들은 새로운 노래를 만들기 위해 호텔 방에 칩거하면서 심지어 벽에 걸린 그림까지 떼어내거나, 명상과 자기 성찰을 위해 한동안 수도원에 은둔하기도 한다.

　오늘날 의식적인 혼자 있음은 소셜 미디어와 디지털 연결 때문에 생기는 끊임없는 과잉 자극에 맞서는 중요한 대응책이다. 끊임없이 들어오는 개인 메시지에 자극받고, 끝없이 이어지는 수많은 릴스에 유혹당하면서 우리는 자신에게 돌아갈 기회를 갖지 못한다. 혼자 있기는 세상으로부터의 도피가 아니라 내면으로 들어가는 것이다. 우리를 단단하게 만들어서 더 명료하고 평온하게, 자신감을 가지고 삶으로 돌아가게 해준다. 혼자 있기는 타인과의 끊임없는 연결 속에서도 자신과의 연결을 잃어버리지 않게 도와주는 소중한 실천이다.

자신만의 시간을 의식적으로 가져라.	휴대전화를 끄고, 방해 요소들을 차단한 채 고요한 시간을 보내라.	이 시간을 내면의 자아와 연결하고, 개인적 가치와 목표를 깊이 생각해보는 시간으로 활용하라.

아니오의 힘

'아니오'라고 말하는 능력은 우리의 개인적 경계와 행복을 지키는 데 대단히 중요하다. 우리는 종종 무례해 보일까 봐, 기회를 놓칠까 봐 두려워서, 자신의 이익이나 가치에 어긋나더라도 '예'라고 말한다. 속으로는 그 결정이 자신에게 좋지 않다는 것을 느끼면서도, 결국 장기적으로 막대한 대가를 치르게 된다. 그 대가란 다름 아닌 에너지, 동기, 내적 명확성의 상실이다. 특히 직장에서는 경제적인 이유나 '모든 기회를 활용해야 한다'는 생각 때문에 모든 과제를 수용하려는 유혹을 자주 받는다. 결국 이런 행동은 과부하와 번아웃으로 이어지고, 노력과 성과가 비례하지 않을 때 그 정도는 더 심해진다. 우리는 자신을 지치게 할 뿐만 아니라 진정한 자기 목표나 가치에도 부합하지 않는 프로젝트를 맡게 될 수도 있다. 그 대가로 우리는 계좌에 소액을 더할지언정, 존엄성은 한 겹 한 겹 침식된다.

아니라고 말할 수 있는 능력은 용기와 자신감을 요구한다. 이는 자신의 경계를 먼저 인식하고 존중해야만 다른 사람들 앞에서도 그 경계를 효과적으로 지켜낼 수 있음을 의미한다. 그러나 여러 가지 이유로 많은 이들이 가장 중요한 자존감과 의식적인 자기돌봄을 소홀히 하고 있다. 적절한 상황에서 '아니오'라고 말하는 것은 단순한 거절이 아니라, 우리를 풍요롭게 하는 프로젝트 또는 절실히 필요한 휴식 등, 우리에게 가장 가치 있는 일에 집중할 수 있는 시간을 확보하는 의식적인 선택이다.

삶의 어떤 영역에서 "아니오"라고 말하기 어려운지 생각해보라.

죄책감 없이 경계를 설정하는 연습을 하라.

다른 사람에게 "아니오"라고 말하는 것은 자신에게 "예"라고 말하는 것임을 깨달아라.

우회로가 지리 감각을 높인다

가끔은 내가 아날로그 시대 출신이라는 게 기쁘다. 예를 들어 나는 종이 지도를 사랑한다. 짝 펼쳐서 앞에 두고 살펴보는 지도 말이다. 나는 오랫동안 아주 행복하게 지도를 살펴볼 수 있다. 지도를 살피면서 가보고 싶은 곳과 주변 지역을 함께 본다. 구글 지도는 이런 감각을 절대 제공하지 못한다.

돌아가는 길도 괜찮다. 목표로 바로 가는 길이 늘 가장 아름다운 것은 아니다. 왜 그런 길을 택해야 하나? 겨우 5분 일찍 도착하려고? 나는 이 전략을 자주 활용한다. 나는 내가 어디로 가고 싶은지 안다. 그런데 좌우로 많은 길이 열릴 때, 왜 군이 가장 빠른 길을 선택하는가? 다른 길을 활용하면, 비유적 의미로 나의 지리적 감각과 시야를 넓힐 수 있다. 그렇게 목표에 도달하면, 나는 가장 빠른 길을 선택했을 때보다 훨씬 많이 알게 될 것이다.

목표를 향해 가는 길에서 좌우 시야를 가리는 눈가리개를 벗어라.

직관에 귀 기울여라. 직관이 "멈추고 내려라"라고 말하면, 멈추고 내려라.

목표에 도달한 사람들은 종종 깨닫게 된다. 사실은 그 여정이 목표였다고.

모든 사람은 에너지 100퍼센트를 가지고 있다

모든 사람은 각자 사용할 수 있는 에너지 100퍼센트를 갖고 있다. 에너지 수준은 사람마다 다르지만, 모든 사람이 에너지 100퍼센트를 갖고 있다는 사실은 변함이 없다. 취미 생활에 몰두하고, 파티를 하고, 느긋하게 세상 돌아가는 대로 살기 위해 에너지 100퍼센트를 투입할 수 있다. 혹은 직업적으로 성장하고, 가정을 꾸리고, 삶을 의미 있게 만들기 위해 에너지 100퍼센트를 투입할 수도 있다. 두 가지 모두 가능하다. 둘 모두 찬성과 반대 논리가 있다. 나는 직업, 가족, 삶의 의미를 선택했다. 나는 여기에 사용할 수 있는 모든 에너지 100퍼센트를 쏟을 것이다.

나는 어떤 활동에 몇 퍼센트의 에너지를 투입하는지 계산해보라.

나는 정말 중요한 일에 에너지를 집중할 수 있는가?

에너지를 투입하지 않고 성공하는 것은 불가능하다.

주고받기의 균형

인생에서 중요한 것은 주고받기 사이의 균형을 찾는 일이다. 우리는 종종 주는 데만 너무 집중하거나, 돌려줄 수 있는 것보다 더 많은 것을 받는다. 이러한 역동성 사이에서 조화로운 균형을 찾는 일은 건강한 관계와 충만한 삶을 위해 매우 중요하다. 자기 욕구를 돌보지 않고 주는 일에만 지나치게 집중할 경우, 결국 자신을 소진시킬 위험이 있다. 본성상 돌봄형 인간에 속하고, 본성에 맞게 도움을 주거나 돌봄을 제공하는 직업에 종사하는 사람들에게 이런 일이 많이 일어난다. 가정 내에서 "내가 할게"라며 책임을 지려는 가족 구성원에게서도 찾아볼 수 있다. 더 정확히 말하자면, 반쯤은 스스로, 반쯤은 떠밀려 맡게 되는 역할이다. 한편 돌려주지 않고 주로 받기만 하는 사람들 가운데 매우 활동적이고 성공 지향적인 사람들이 많다. 그들은 이런 행동이 나쁘다고 여기지 않을 수도 있고, '기회 활용'으로 평가하기도 하며, 자신들이 얼마나 이기적인지, 이런 행동이 다른 사람들과의 관계에 얼마나 큰 부담을 주는지 이해하지 못한다.

주는 사람은 종종 이기적으로 여겨질까 봐 두려워한다. 받는 사람은 늘 손해를 볼까 봐 두려워한다. 이런 행동은 비즈니스에서도 큰 문제가 되지만, 특히 친구들과 가족 사이에서도 불공정과 불화를 낳는다. 이타심과 자기돌봄 사이에 균형이 잡힐 때, 우리는 도움을 주면서도 받을 수 있게 된다.

나의 관계들을 깊이 생각해보라. 주기와 받기 사이에 균형이 있는가?

균형 잡히고 건강한 역동성을 만들기 위해, 어디에서 더 주고, 어디에서 더 받아야 할지 인식하라.

주변에서 일방적으로 주기만 하거나 받기만 하는 사람을 파악하고, 그들의 행동 습관을 무의식적으로 악용하지 않도록 노력하라.

작은 친절의 원칙

작은 친절은 큰 효과를 낳는다. 부정성과 자기중심성으로 규정되는 세계에서 선의와 배려를 담은 작은 행동이 긍정의 물결을 일으킬 수 있다. 미국에서는 '무작위 친절 베풀기 재단Random Acts of Kindness Foundation, RAK'이 설립되었다. 이 재단은 학교, 가정, 직장에서 친절을 평범하고 당연한 일로 만들려 노력한다. 이 재단은 '격려하기, 응원하기, 행동하기, 성찰하고 공유하기'라는 모토 아래 친절을 확산하고 이를 기록하여 긍정적 파급 효과를 일으키려고 한다.

소셜 미디어에서는 친절한 행동이 자기 과시로 변질되었다. 예를 들면 노숙자들에게 뭔가를 기부하고 동의 없이, 혹은 부드러운 압박으로 그들을 전시한다. 여기서는 허영심이 진정성을 대체한다. 그러나 작은 친절의 원칙은 여전히 타당하고 옳다. 길거리에서 전혀 모르는 사람에게 칭찬 한마디를 건네는 것은 어떨까? 노숙자에게 작은 기부와 함께 가치 있는 것을 선물하면 어떨까? 자기 시간 몇 분을 투자하여 사람 대 사람으로 대화를 나누는 것이다. 이런 작은 행동은 타인의 하루를 밝혀주고, 팔로워들의 좋아요가 없이도 행복감을 높일 수 있다.

의식적으로 작은 친절을 실천하려고 노력하라.

주변 사람들에게 관심을 기울여라. 주변 환경에 긍정적 영향을 미칠 수 있는 방법을 찾아라.

의무감이 아니라 마음에서 우러나오는 행동을 하라.

항상성 법칙

항상성의 법칙은 우리가 수행 능력을 올릴 수 있는 방법을 설명한다. 인간이라는 유기체는 환경의 요구와 수행 능력 사이에 역동적 균형을 유지한다. 요구 수준을 높이면 우리는 피곤해진다. 그러나 그다음에 우리 몸은 그 부하에 적응하게 된다. 이런 방식으로 우리는 초과 회복이라고 하는 효과를 얻는다. 반대의 경우도 마찬가지다. 환경의 요구를 줄이면 우리 몸의 수행 준비 수준도 낮아진다. 쉽게 말하자면, 당신은 소파에서 일어나 헬스장으로 가야 한다. 당신의 수행 능력을 더 높이 끌어올리고 싶다면, 더 열심히 일하고 박차를 가하라.

나를 둘러싼 환경의 요구 수준은 높은가? 중간인가? 낮은가?

수행 능력을 높이기 위해 환경의 요구를 어떻게 높일 수 있을까?

아직 더 할 수 있다! 우리의 수행 능력이 정점에 도달하기까지는 오랜 시간이 걸린다.

말의 힘

1950년대 칠레 시인 파블로 네루다는 이탈리아의 한 작은 섬에서 망명 생활을 했다. 섬의 우체부는 네루다의 시를 공부했고, 어느 날 용기를 내서 처음에는 네루다의 시로, 그다음에는 자신의 말로 섬에서 가장 아름다운 여인에게 사랑을 고백했다. 파블로 네루다의 동료 작가 안토니오 스카르메타는 소설『네루다의 우편배달부』에서 이 멋진 사랑 이야기를 들려준다. 마이클 래드포드 감독은 이 소설을 기반으로 오스카상을 받은 영화 〈일 포스티노〉를 만들었다. 당신은 이 일화에서 말로 모든 것을 이룰 수 있다는 것을 배운다. 여기서 핵심은 '모든 것'이다.

말의 힘을 여는 열쇠는 읽고, 많이 읽고, 더 많이 읽는 것이다.

나는 하루에 얼마나 많이 읽는가? 책, 문자메시지부터 콘플레이크 상자 뒷면까지?

더 많이 읽을수록 말을 더 잘 다룰 수 있다. 말을 더 잘 다룰수록, 더 많은 것을 성취하게 될 것이다.

통제할 수 없는 것을 놓아주는 기술

삶을 통제하려 애쓰다 보면, 종종 힘의 한계에 부딪힌다. 모든 것을 통제할 수 없다는 사실을 받아들여라. 내면의 평화로 가는 첫걸음이다. 당연하게 들리지만 이 사실을 받아들이기는 힘이 든다. 우리는 세상의 불의, 심각한 갈등, 전쟁과 분쟁을 목도하고는 지금 당장 그 문제를 끝낼 수 있을 것처럼 행동하려 한다.

장기적으로 보면 여론의 압력과 시민의 참여로 분명히 많은 것을 이룰 수 있다. 그러나 우리는 참을성이 없고, 세상은 화염에 싸여 있는데, 자기 일만 챙기고 있다는 것에 왠지 부끄러움을 느낀다.

우리 자신의 일조차도 우리는 모든 것을 완전히 통제할 수는 없다. 예를 들어, 우리는 실수했던 과거를 바꿀 수 없다. 다른 사람의 행동에는 극히 제한적인 영향만 행사할 수 있다. 경청, 공감, 친절처럼 이 책에서 설명하는 좋은 방법들로 긍정적 영향을 미칠 수는 있다. 그러나 다른 사람의 행동 하나하나를 관리하는 통제권은 없다. 국제적으로 유명한 알코올 중독자 자조 모임인 '익명의 알코올중독자들'에서도 사용하는 평온을 비는 기도가 정확히 이 문제를 말하고 있다. "바꿀 수 없는 것을 받아들이는 평온함을 주시고, 바꿀 수 있는 것을 바꾸는 용기를 주시며, 그것을 구별할 수 있는 지혜를 주소서." 바꿀 수 없는 것을 놓아줄 때, 실제 영향을 미칠 수 있는 일에 집중할 수 있다.

삶에서 헛되이 통제하려고 노력했던 영역을 돌아보라.	놓아주기를 연습하고, 에너지를 실제 바꿀 수 있는 일에 집중하라.	세상에서 일어나는 거대한 갈등으로부터 독립적인 삶을 살아라. 그 갈등들이 해결되지 않더라도, 당신은 계속 살아도 된다.

유연한 사고의 중요성

유연한 사고를 통해 우리는 변화하는 환경을 받아들이고 창의적인 해답을 찾을 수 있다. 끊임없이 변하는 세상에 적응하면서 자신의 관점과 전략을 조정하는 능력은 이제 선택이 아닌 필수다. 가치와 원칙을 내팽개치라는 말이 아니다. 경직된 사고 속에서는 해결이 불가능해 보이는 예상치 못한 도전에 더 잘 대응하라는 뜻이다. 경제계에서는 변화에 방어적으로 대응하는 대신, 강점을 활용하여 공격적으로 대응하는 기업들이 생존하거나 성장했다.

IBM은 1990년대 초까지 하드웨어를 바탕으로 하는 컴퓨터 시장의 거인이었다. 이미 당시에 시장은 소프트웨어와 서비스 쪽으로 옮겨가고 있었고, 이 거대 기업은 이 변화를 받아들여 그에 맞게 구조를 개편했다. 심지어 IBM은 클라우드 컴퓨팅과 인공지능 분야에서 개척자 역할까지 했다.

유연한 정신은 성장을 가져온다. 유연한 정신은 낡은 사고방식을 내려놓고 혁신, 새로운 아이디어, 예상치 못한 변화에 열린 자세를 취할 수 있게 해준다. 유연한 사고는 창조성, 독창성, 개인적 성장의 발판을 만든다. 우물 안 개구리에서 벗어나는 일은 그 자체로 막대한 이점이 있다. 삶의 불확실성을 극복하게 할 뿐만 아니라, 급변하는 환경에서도 성공과 만족이 가득한 삶을 지속할 수 있게 돕기 때문이다.

내 생각이 너무 경직되어 있었던 것 같은 상황을 떠올려보라.

관점을 더 유연하게 만들고, 새로운 해결책에 개방적인 자세를 취하려면 어떻게 해야 할까?

생각의 유연성을 발휘하고 열린 자세를 취하여 성공했던 경험을 떠올려보라.

내가 있는 곳이 곧 독일이다

이 말은 토마스 만이 미국에서 한 말이다. "내가 있는 곳이 곧 독일이다 Where I am, there is Germany." 노벨문학상 수상자인 토마스 만은 나치 정권에 독일 시민권을 박탈당한 후, 프랑스와 스위스를 거쳐 미국으로 망명했다. 토마스 만은 1933년부터 1945년 사이 미국이 받아들인 독일 시민 13만 2천 명 가운데 한 명이었다. 다른 많은 망명자들과 달리 토마스 만은 미국에서, 파시스트 독재 정권 이상의 가치를 지닌 나라인 독일의 대표자로 자신을 드러내야 한다는 사명감을 갖고 있었다. 토마스 만은 이런 주제를 가지고 미국 전역에서 수만 명의 청중 앞에서 강연했다. 그는 '현존하는 가장 위대한 문인 The Greatest Living Man of Letters'이라는 수식어와 함께 소개되곤 했다. 토마스 만은 한 편지에서 "폭풍처럼 몰려드는 청중과 그들이 보내는 감사"에 대해 전했다. 미국은 암흑의 시대에 독일의 전통과 문화까지 붕괴되는 것을 원치 않았기 때문이다. 토마스 만이 나치를 '잘못된' 독일이라고 부른 것은 지극히 정당했다.

독일은 풍부한 문화와 전통이 있는 나라다.	독일은 경제 및 사회 분야에서 풍부한 성취를 거둔 나라다.	선조들이 이런 풍요로움을 이루어냈다. 이를 유지하고 더 발전시키는 것이 우리의 의무다.

개척 식물처럼 하라

산불이 난 후 무슨 일이 일어날까? 얼마 되지 않아 새싹이 대지를 뒤덮는다. 이렇게 황무지에 제일 먼저 다시 자리를 잡는 식물을 개척 식물이라고 부른다. 이 식물들은 특별히 강한 생명력을 품고 있다. 독일에서는 참나물이 개척 식물로 유명하고, 남아프리카에는 면역력을 높여주는 서덜랜디아가 있다. 오피니언 리더는 이러한 개척 식물의 잠재력을 활용할 줄 아는 사람이다. 그는 가장 먼저 현장에 도착하고, 상황을 파악하며, 군중을 이끈다. 오피니언 리더가 이처럼 앞서 나갈 수 있는 비결은 자신의 역량을 올바르게 사용하는 데 있다.

나는 개척 식물인가? 오피니언 리더인가? 선구자인가?	나는 얼리 어답터인가? 얼리 어답터는 선구자 뒤에 붙어서 바로 따라가는 사람들이다.	아니면 뒤처져 따라가는 다수에 속하나?

자기돌봄의 중요성

끊임없이 성과와 성공을 강조하는 세상에서 자기돌봄은 자주 무시된다. 그러나 오랫동안 생산적이고 행복하기 위해서는 자기 자신에게 시간과 관심을 쏟아야 한다. 헌신적인 사람은 프로젝트를 '위하여'라는 이유로 다른 것들은 생략하는 습관에 쉽게 빠진다. 대충 건강하지 못한 음식을 먹고, 너무 적게 자며, 어떤 루틴도 없이 하루를 시작하고 끝낸다. 하루가 시작, 중간, 끝이 있는 시간이 아니라, 활동을 담는 그릇 같다. 쏟아지는 업무량에 비해 그 그릇은 언제나 너무 작다.

이렇게 사는 사람은 대의를 위해 자신을 희생하는 것이 아니라, 자발적으로 자기 착취의 배에 몸을 싣고, 너울에 이리저리 심하게 흔들리는 것과 같다. 파도가 칠 때마다 그는 자존감, 자기애, '어른이 된 나는 스스로 잘 헤쳐나가고 있다'라는 내면의 아이의 신뢰를 조금씩 더 잃어간다. 이런 방식으로 너무 오랫동안 살게 되면 결국 언젠가는 날카로운 절벽에 부딪혀 난파하고 만다. 건강하고 자기 주도적인 사람은 파도치는 바다에 굳건히 자리 잡은 바위가 되어, 폭풍과 너울에도 끄떡없다. 자기돌봄은 의식적으로 휴식을 취하고, 건강을 챙기며, 마음의 안녕을 증진하는 활동이다. 착취, 괴롭힘, 다그침은 다른 사람들도 얼마든지 충분히 할 수 있기 때문이다.

의식적으로 자신을 위한 시간을 갖고 '아무리 바쁘더라도' 지킬 수 있는 루틴을 만들어라.

기쁨을 주거나 긴장을 풀어주는 활동을 계획하라.

자기돌봄은 사치가 아니라 필수다.

건설적인 갈등의 기술

갈등은 인간관계의 자연스러운 한 부분이다. 갈등은 다른 의견, 다른 욕구, 다른 관심이 충돌할 때 주로 생긴다. 갈등을 두려워하는 대신 유익하게 활용하는 법을 배워야 한다. 갈등을 잘 관리하면 서로를 더 깊이 이해하게 되며 혁신적인 아이디어와 더욱 단단한 유대를 형성하는 바탕이 될 수 있다. 이를 위해서는 열린 마음을 갖고 존중하는 태도로 소통하고, 적극적으로 경청하며, 함께 해결책을 찾는 것이 중요하다. 텔레비전 정치 토론 프로그램이 실제 이렇게 진행된다고 한번 상상해보라. 토론 참가자들의 구성이 균형을 이루고, 세 명이서 한 명을 소수의견이라고 매도하는 대신, 각자 자기 견해를 대변한다. 서로의 말을 끊지 않고, 서로 경청하면서, 상대를 이해하고 공동의 해법을 찾으려고 노력한다. 시청자에게 영향력을 행사하기 위해 맞서는 대신, 시청자 앞에서 자연스럽게 대화를 나눈다.

대중 매체에서도 국회에서도 환상에 지나지 않는 이 일을, 우리가 연습해볼 수 있다. 마셜 B. 로젠버그가 '비폭력 대화'에서 발전시킨 방법론처럼, 자기 견해를 완고하게 지키려 들지 말라. 치열하지만 공정한 논쟁이 양쪽 모두를 성장시키는 창의적 해법의 토대를 만든다는 점을 인정하자. 갈등이 반드시 파괴적인 것은 아니다. 갈등은 솔직하고 열린 의사소통을 촉진하고, 신뢰와 협력의 문화를 조성해 관계를 더 깊게 만들 수 있다.

최근에 겪었던 갈등을 떠올려보라. 어떻게 했으면 그 갈등을 좀 더 유익하게 만들 수 있었을까?

어떻게 하면 앞으로 갈등을 성장과 개선의 기회로 활용할 수 있을까?

상대가 오직 자신의 승리나 대외적인 이미지에만 관심이 있다면, 그 논쟁에서 당장 빠져나와라.

중국에서 쌀 한 포대가 엎어진다면

19세기 중반, 불안한 소식들이 슈바르츠발트 가장 외딴 오지까지 침투하기 시작했다. 갑자기 말을 탄 배달부가 《마인처 알게마이네 차이퉁Allgemeine Zeitung》 같은 일간지를 가장 외진 곳에 있는 농가에까지 배달하기 시작했기 때문이다. 당시에도 신문에는 가장 잘 팔리는 기사가 실렸다. 바로 나쁜 뉴스였다. 그동안 주변 지역만 보고 살던 사람들이 이제 세계 곳곳의 전쟁, 고향에서 한참 먼 곳에서 벌어지는 봉기, 낯선 대륙의 태풍 소식을 듣게 되었다. 이런 변화에 사람들은 혼란에 빠졌다. 전국 곳곳에서 밭일이 중단되었다. 걱정이 너무 커져 아무도 농사를 돌보지 않았기 때문이다. 많은 사람이 정말로 병에 걸렸다.

　어쩐지 익숙하지 않은가? 오늘날에도 대부분의 사람들은 쏟아지는 나쁜 뉴스들의 홍수를 감당하지 못한다. 우리는 150년 전 슈바르츠발트 산골 농부들과 조금도 다르지 않다.

중국에서 쌀 한 포대가
엎어진다고 해서 화가
나는가?

세상의 모든 고통을 내가
짊어질 수 있다고 믿는가?

나의 작은 세계를 돌보고
정돈하라. 모두 그렇게 하면,
큰 세계도 정돈될 것이다.

72시간 법칙

이 책에 나오는 성공 전략 가운데 최대 10개를 당신 삶에 적용하기로 마음먹었는가? 축하할 일이지만 잠시 보류하겠다. 어떤 일을 하겠다고 마음먹는 것과 그것을 실행하는 것은 별개의 문제이기 때문이다. 여기서 72시간 법칙이 등장한다. 72시간 안에 하지 않은 일은 그 이후에도 결국 하지 않는다. 쇠도 뜨거울 때 두드려야 한다.

성공 전략에 열광했는가? 즉시 실행하라.

복잡한 일에도 72시간 법칙은 적용된다.

72시간 안에 구체적인 행동 계획을 정확히 세워야 한다. 무엇을 언제 할 것인가? 언제까지 완료할 것인가?

기술의 파도에 올라타라

급속한 기술 발전 시대에, 시대의 흐름을 따라가며 새로운 기술에 적응할 줄 알아야 한다. 삶의 어느 분야든, 새로운 디지털 도구와 혁신을 적극 활용하려는 자세가 경쟁 우위를 확보할 수 있다. 처음에는 새로운 기술이 버거울 수 있다. 새로운 앱, 방법론, 장비를 배우자마자 다음 툴이 나타난다. 그러나 끊임없는 학습은 충분한 가치가 있다. 자세히 살펴보면, 꽤 많은 도구들이 어느 정도 시간이 지나면서 작업을 쉽게 만들어주고 우리의 잠재력을 끌어내주기 때문이다.

인공지능 덕분에 최근에 우리 같은 일반인도 할 수 있게 된 일을 대다수 사람이 아직 전혀 의식하지 못하는 것 같다. 업무 자동화부터 개인 맞춤형 학습을 거쳐 완전히 개인화된 애플리케이션에 이르기까지, 인공지능은 우리 일상생활을 혁명적으로 바꿀 잠재력을 가지고 있다. 오늘날 우리가 당연하게 활용하는 기술들을 과거 사람들이 받아들이지 않았더라면 어떤 일이 일어났을까? 낯선 도시를 여행할 때, 우리는 커다란 종이 지도를 들고 다니는 대신 온라인 지도의 보행자 경로를 보면서 다닌다. 새로운 기술은 새로운 가능성과 지평을 열어줄 뿐만 아니라, 정신까지 젊고 활기차게 유지해준다.

새로운 기술이나 디지털 기술을 배워라. 앱이든, 소프트웨어든, 새로운 기기든 상관없이 그것이 나의 삶을 어떻게 풍성하게 하고 단순하게 만들 수 있는지 탐구하라.

이 기술에 익숙해질 때까지 한동안 이 기술을 파고들어라.

뉴스가 제공하는 공포 포르노에 빠지는 대신, 주기적으로 기술 혁신을 다룬 글을 읽는 습관을 들여라.

싸움을 현명하게 골라라

모든 경쟁이 이길 가치가 있는 것은 아니다. 가끔은 의식적으로 한 걸음 물러서서 허울뿐인 승리를 상대에게 양보하는 것이 더 현명할 때도 있다. 특히 감정적, 정신적, 사회적 비용을 크게 지불해야 하는 승리는 더욱 그렇다. 직장이든, 가족 사이의 다툼이든, 친구 관계에서든 마찬가지다. 직장에서는 개별 전투에서 승리할 때 얻는 이점과 결국 완전히 지쳐서 전쟁에서는 패배할 수 있다는 단점이 서로 맞선다. 개인적으로 치러야 할 대가가 너무 클 때는 승진이나 프로젝트를 다른 사람에게 양보하는 것이 전략적으로 더 현명한 상황도 있다. 이런 양보는 포기가 아니라, 지금 자신의 삶을 어떻게 꾸려갈지 의식적으로 선택하는 것이다.

가족 사이의 다툼이나 친구 사이에서도 승리를 고집하는 일이 늘 현명한 것은 아니다. 자기가 옳다고 고집하는 것이 아니라, 갈등 속에서도 함께 앞으로 나갈 공동의 길을 찾는 것이 더 중요하다. 다툼이 있을 때 가끔은 의식적으로 한발 물러서거나, 양보하거나, 포기하는 것이 더 큰 이익으로 이어진다. 이것이 관계를 지키고 이해를 증진시키는 방법이다. 양보가 언제 실제로 이익이 되는지를 알아차리는 능력은 감성 지능과 전략적 사고의 수준을 나타낸다. 나약함을 변호하는 게 아니다. 자신의 에너지와 자원을 정말 중요한 일에 집중하라는 것이다.

나의 주장을 관철시키려는 욕구가 들었던 상황을 돌이켜보라. 정말로 싸울 가치가 있는 상황이었나?

때로는 강함을 보여주는 최고의 표시는 싸우지 않는 것이다.

싸움을 피한 덕분에 발전했던 상황들을 기록하라.

웃는 사람은 친구다

어린 시절 활과 화살을 가지고 놀아본 적이 있는가? 맨활은 조준기나 다른 조준 보조 장치가 없는 활이다. 몽골족, 사라센족, 라코타족에 이르기까지 전 세계 거의 대부분의 토착 부족들에게는 이런 맨활이 있었다. 숙련된 사수는 80미터 거리에서도 목표물을 맞힐 수 있다. 여기서 흥미로운 사실은, 인간은 90미터 밖에서도 웃는 사람을 식별할 수 있다는 것이다. 이 두 가지 사실 사이에 무슨 관계가 있을까? 수천 년에 걸쳐 인류는 웃는 사람은 적이 아니라는 것을 학습했다. 웃는 사람 역시 원거리 무기인 활의 사정거리 10미터 밖에서도 우호적 신호를 보낼 수 있다는 것을 알았다. 이렇게 모두 이익을 봤다. 한쪽은 웃으면서 친구임을 드러낸다. 다른 쪽은 그가 적이 아니라는 것을 인식한다. 이 모든 것을 우리 DNA가 기억한다. 웃는 사람은 친구다.

말이 통하지 않는 외국에 갔다고? 친절하고, 웃고, 미소 지어라. 모든 것이 순조롭게 풀릴 것이다.

아는 사람이 한 명도 없는 회의에 참석했다고? 친절하고, 웃고, 미소 지어라. 그러면 빠르게 새로운 관계를 만들게 될 것이다.

찡그린 얼굴은 모든 문을 닫지만, 상냥한 표정은 문을 연다.

오늘은 종이 완성되어야 한다

가슴에 손을 얹고 말해보라. 마지막으로 시를 읽은 게 언제인가? 시를 한 편이라도 읽어본 적이 있는가? 여기 두 가지 진실이 있다. 시가 꼭 운율을 맞추어야 하는 것은 아니다. 시를 뜻하는 독일어 Gedicht에는 '촘촘한, 밀도 있는'을 뜻하는 형용사 dicht가 숨어 있다. '촘촘하다'는 말은 압축된 언어를 뜻한다. 그것을 단단하게 담금질된 진실이라고 상상해보라. 요즘은 그렇게 잘 벼린 것이 드물다. 그러므로 시를 읽지 않으면, 무언가를 놓치고 있는 것이다.

　프리드리히 실러로 시작하는 건 어떨까? 실러의 시 「종^{Die Glocke}」은 교회 종을 주조하는 과정을 묘사한다. 섭씨 1100도의 청동 10톤이 틀로 흘러 들어갈 때, 누구도 졸거나 딴짓을 하면 안 된다. 그래서 실러는 이렇게 말한다. "자 힘차게, 동료들아, 준비하라."

결정적 순간에 나는 믿을만한 사람인가?	종을 주조할 때 1세기에 개발된 공정이 사용된다. 가치 있는 전통은 사라지지 않는다.	종은 금요일 오후 3시에 주조되는데, 이는 예수 그리스도가 임종한 시각이다.

의식적인 침묵의 힘

모두가 자기 의견을 큰 소리로 내세우는 세상에서 의식적인 침묵은 강력한 메시지가 될 수 있다. 누군가 명백한 헛소리를 퍼뜨리더라도 아무 말도 하지 않고 충동을 억누르는 것이 더 현명한 순간이 있다. 침묵은 성숙함과 자제력의 표시일 수 있고, 쓸모없는 논쟁에 휘말리는 것도 막아준다. 우리 모두 젊은 시절에 겪었을 미성숙하고 자제력이 부족했던 시절을 생각해보자. 누군가 우리 관점에서 전혀 말이 안 되는 의견을 말했을 때, 우리는 격앙을 억누르지 못했다. 그 모습이 당당해 보였을까? 사람들이 우리를 인정해주었을까?

침묵은 존중을 전달한다. 상대방뿐만 아니라 자신에 대한 존중도 보여준다. 침묵은 자기 반응을 통제하는 능력과 논쟁을 격화시키지 않겠다는 의식적 결정을 보여준다. 역설적이게도, 이런 태연함이 상대로 하여금 자신의 말을 되돌아보게 하거나, 역동적인 대화 분위기를 자연스럽게 가라앉히기도 한다. 논쟁이나 갈등을 벗어나면, 침묵은 자기 권위를 높이는 강력한 도구가 되기도 한다. 회의나 콘퍼런스에서 오랫동안 한마디도 하지 않고 경청하면서 다른 사람들의 넘치는 열변들이 끝나기를 기다리다가, 마지막에 상황을 뒤집는 결정적인 몇 마디를 하는 사람을 많이 봤다.

최근 너무 빨리 반응했던 상황을 떠올려보자. 의식적으로 침묵했다면, 그 상황에 어떤 긍정적 영향을 줄 수 있었을까?

올바른 순간에 침묵하는 기술을 익혀라.

미래를 위해 침묵이 도움이 되었던 상황을 기억해둘 것.

좋을 때나 나쁠 때나 재정 관리하기

어려운 시기에 절약하기뿐만 아니라, 좋은 시기에 계획하는 일도 돈 관리의 지혜. 많은 사람이 상황이 좋을 때는 재정 관리를 소홀히 하고, 상황이 바뀌면 비로소 대비가 부족했다는 것을 깨닫곤 한다. 오랫동안 안전하고 안정된 생활을 하려면, 좋을 때나 어려울 때나 지속적이고 균형 잡힌 재정 계획이 필요하다. 균형 잡힌 재정 전략에는 옛날부터 써왔던 비상금 만들기, 현명한 투자, 현재 재정 상황과 관계없이 지속적인 지출 관리가 포함된다.

　여러 가지 일로 바쁜 일상에서는 지속적인 지출 관리가 쉽게 소홀해지기 마련이다. 어떤 일을 하든 돈과 직접 연관된 직종이 아니라면, 우선순위를 정할 때 회계나 재정 계획에 시간을 내기보다는 본업에 더 많은 시간을 내려고 할 것이다. 그러나 재정 관리는 여러 면에서 가치가 있다. 재정을 꾸준히 점검하고 심리적 안정감과 자신감을 얻을 수 있다. 재정 안정은 한순간에 이루어지지 않는다. 현재와 미래를 준비하는 지속적이고 의식적인 결정을 통해 이루어진다.

현재 재정 상황과 관계없이, 시간을 내어 재정을 점검하라.	좋을 때나 나쁠 때나 지속될 수 있는 저축 계획, 투자 및 지출 목표를 정하라.	재정 관리를 짜증스러운 의무가 아닌 진정한 즐거움으로 키워라.

안장을 얹고 떠날 준비가 된 말

4개국이 2,000킬로미터에 이르는 알타이산맥과 국경을 접한다. 중국, 몽골, 러시아, 카자흐스탄. 선조들이 수천 년 동안 그랬던 것처럼, 이 외딴 지역에서는 유목민들이 여전히 말을 타고 떠돈다. 말은 유목민에게 가장 소중하고 충실한 동반자이며, 가족이나 다름없는 존재다. 이런 알타이의 일상에서 나온 속담이 하나 있다. "모든 알타이 사람은 언제든지 타고 출발할 수 있게 말 한 마리에 늘 안장을 채워둔다." 나는 이 속담에 담긴 정신이 마음에 든다. 우리에게는 연료를 가득 채우고 짐을 실어둔 오토바이나 자동차가 될 수 있겠다. 언제든 떠날 준비가 되었다! 목표에 도달하려면 빠르고 유연하게 움직여야 한다.

독일인들은 이사를 싫어한다. 독일인의 40퍼센트가 더 나은 직장이 있다고 해도 다른 도시로 이사하지 않겠다고 한다. 독일인은 세계에서 가장 이동성이 낮은 노동자들이다.

나는 얼마나 이동성이 있는가?

커리어를 위해 다른 도시로 이주할 의향이 있는가? 다른 나라로는? 다른 대륙으로는?

순례 여행을 떠나라

순례는 수천 년 된 오랜 전통이다. 성지들을 순례할 수도 있고, 유명한 장소나 큰 행사가 있는 곳을 순례할 수도 있다. 목성, 태양, 달이 정해진 방식으로 정렬할 때 열리는 힌두교 순례 행사인 쿰브 멜라에는 4천만 명이 모인다. 순례는 혼자서도 떠날 수 있다. 길은 현관 앞에서 시작되기 때문이다. 순례 여행에서 우리는 무엇을 만나게 될까? 새로운 경험, 친구, 깨달음, 비전이다. 집에서 헛되이 기다리게 되는 모든 것이 순례 여행에서 온다. 해마다 순례하는 사람은 자신의 지평을 넓힌다.

순례는 도보로도, 자전거로도, 자동차로도 할 수 있다. 무엇이든 상관없다. 중요한 것은 익숙한 것을 뒤로 하고 새로운 것을 발견하는 것이다.

도보 여행은 더 오래 걸린다. 하지만 그 경험은 더 강렬하다.

가볍게 출발하라. 작은 배낭만 메고 순례를 떠나라.

작은 걸음, 큰 효과

매일 조금이라도 운동을 하면 건강과 행복에 폭넓은 긍정적 효과를 가져온다. 연구에 따르면, 규칙적으로 적당한 강도의 신체 활동을 하면 만성 질환의 위험이 낮아지고, 정신이 건강해지며, 기대수명이 늘어난다. 규칙적인 운동이 갖는 또 다른 장점은 정신 건강이다. 운동은 스트레스를 줄이고 기분을 좋게 만들어주는 자연 물질 엔도르핀을 분비한다. 신체 활동이 마음의 병을 치유할 수는 없겠지만, 병에 걸릴 위험은 확실히 줄여준다.

장수 연구자이자 노벨상 수상자인 벤키 라마크리슈난의 연구에서 확인할 수 있듯이, 깊고 편안한 수면은 균형 잡힌 식단, 규칙적인 운동과 함께 건강한 삶과 장수의 기초로 여겨진다. 평소에 가볍게라도 움직이거나 적당한 운동을 하는 사람이 더 깊고 편안한 잠을 잘 수 있다. 핵심은 꾸준함이다. 틈틈이 하는 산책부터 짧은 스트레칭까지 작은 활동들을 하루 일과에 골고루 포함하는 것이다. 모든 발걸음이 중요하다. 강도가 아니라 꾸준함이 중요하다.

어떤 형태로든 신체 활동을 루틴에 포함하라. 처음 시작은 10분부터.

산책, 요가, 간단한 스트레칭 등 나에게 맞는 활동을 찾아서 매일의 습관으로 만들어라.

달리기를 목표로 정했다면, 한동안 체중이나 지구력 같은 측정 가능한 발전을 기록하여 작은 운동이 얼마나 도움이 되는지 확인하라.

잘못된 선물을 조심하라

반짝이는 것이 모두 금은 아닌 세상에서 다른 사람의 행동 뒤에 있는 의도 역시 알아차릴 수 있어야 한다. 겉보기에 후한 선물이나 호의를 제공하는 사람들, 특히 배경이 의심스러운 사람들을 조심하라. 종종 그런 '선물'은 숨겨놓은 요구가 있어, 장기적으로 비싼 대가를 치를 수도 있다. 고대에도 "선물을 들고 오는 그리스인을 조심하라"는 속담으로 이런 함정들을 경고했다. 이 속담은 로마 시인 베르길리우스의 〈아이네이스〉에 나오는 트로이 목마 이야기에 관련된 이야기다.

오늘날 트로이 목마는 겉보기에 후한 대출이나 투자 형태로 나타날수 있다. 숨겨진 비용이 발생하거나, 자금을 지원하는 쪽이 약속과 다르게 프로젝트나 기업 활동에 과도하고 비생산적인 방식으로 개입하는 경우가 빈번하다. 합법성이 모호한 회색지대에서 '인맥을 활용'해 줄 누군가를 찾고 싶은 유혹에 빠질 수 있다. 이런 거래에 발을 들이는 사람은 결국 나중에 불편한 일을 해줄 각오를 해야 한다. 특히 사회 운동이나 정당으로 돈이 흘러 들어갈 때는 겉으로는 이타적으로 보이는 사적인 욕심이 두드러진다. 돈과 함께 미래의 의제와 프로그램에 영향력을 행사해야한다는 암묵적인 의무가 따라오기 때문이다. 진정한 친구와 당신을 함정에 빠뜨리려는 자들을 구별하는 법을 배워야 한다.

주변에 있는 사람들을 평가하라.

나에게 진정한 도움을 주는 사람과 교활한 의도를 숨긴 사람을 구별하라.

친절한 행동의 이면에 대해 신중하게 질문하는 태도와, 의도가 불분명하거나 해를 끼칠 수 있는 사람을 멀리하는 법을 익혀라.

왜 우리가 그 일을 직접 하지 않지?

로버트 드니로가 세기의 배우라는 사실은 누구나 안다. 그런데 그는 어떻게 세기의 배우가 되었는지 궁금하지 않나? 어떻게 그는 1960년대부터 오늘날까지 그렇게 많은 영화에 함께할 수 있었을까? 〈택시 드라이버〉, 〈좋은 친구들〉, 〈브롱스 이야기〉, 〈카지노〉, 〈대부 2〉, 〈조커〉 등 그가 출연한 명작을 다 나열하는 것은 불가능하다.

권투 선수 제이크 라모타의 생애를 다룬 〈성난 황소〉에서 로버트 드니로는 경기 장면을 위해 프로 권투 선수와 같은 근육을 만들어냈고, 그다음에는 살이 찐 제이크 라모타를 사실적으로 재현하기 위해 살을 30kg이나 찌웠다. 드니로는 성공한 영화 제작자이자 투자자이며, 사업가이면서 저명한 뉴욕 트라이베카 영화제의 공동 설립자이기도 하다. 이런 성취는 일찍 일어나서 하루를 활용하는 사람만이 이룰 수 있다. 늦잠꾸러기, 망설이는 사람, 반대하는 이들의 참견을 기다리지 않고 움직이는 사람만이 이런 성취에 도달할 수 있다. 로버트 드니로는 이렇게 말한다. "왜 그 일을 직접 하지 않지?" 다른 사람들이 입장을 정하는 데 지나치게 오랜 시간이 소요된다면, 스스로에게 이 질문을 던져야 한다.

나를 둘러싼 세상이 너무 느러터져서 참을 수가 없는가?

그렇다면 직접 해라! 다른 사람이 허락할 때까지 기다리지 마라.

스스로 하는 사람은 자기 인생을 만들어가는 기업가가 된다. 이것이 부자와 유명인이 되는 최고의 전제조건이다. 그리고 잠을 적게 자게 되는 조건이기도 하다.

모든 개를 밖으로 내보내라

베르너 헤어초크는 나에게 태고의 원초적 생명력 같은 존재다. 독일에서 가장 성공한 영화감독인 헤어초크는 전 세계에서 80편이 넘는 영화를 찍었는데, 대부분 극악한 환경이었다. 헤어초크가 페루의 정글에서 클라우스 킨스키와 함께 만든 작품들은 전설이다. 어느 날 헤어초크는 페루에서 비행기를 탈 계획이었는데, 몇 분 차이로 예약했던 비행기를 놓쳤고, 그 덕분에 목숨을 구했다. 비행기가 정글에 추락했기 때문이다. 유일한 생존자는 4000미터 상공에서 밀림으로 떨어진 17세의 율리아네 쾨프케Juliane Köpcke였다. 29년이 지난 후 헤어초크는 쾨프케와 함께 〈희망의 날개〉라는 영화를 찍으면서 사라졌던 비행기의 잔해를 찾았다.

청년 시절부터 헤어초크는 단호하게 자기 길을 갔다. 1974년 겨울, 헤어초크는 자신이 존경하던 영화사학자 로테 아이스너Lotte Eisner가 죽어가고 있다는 소식을 듣고, 뮌헨에서 파리까지 도보 행진을 시작했다. 자신이 파리까지 걸어서 도착하면 아이스너는 살아날 것이라고 확신했다. 그리고 계획은 성공했다.

헤어초크는 어떤 틀에도 맞지 않는 사람이다. 그것은 기회이자 동시에 문제점이다. 우리 주변 사람들은 정해진 틀 안에서 사고하기 때문이다. "모든 개를 밖으로 내보내라. 한 마리는 사냥감을 물고 들어올 것이다." 나는 헤어초크의 조언을 활용한다. 당신이 어떤 범주에도 맞지 않는 사람이라면, 그것으로 성공을 거둘 수 있다.

무엇이 나를 독특하게 만드는가?

다른 사람이 어떻게 생각하든지 나만의 길을 단호하게 가고 있는가?

명심하라. 모든 개를 내보내는 것은 한 마리만 내보내는 것보다 훨씬 힘들다. 그러나 그럴 만한 가치가 있다. 나는 필요 이상으로 노력할 준비가 되었는가?

현혹되지 마라

생존자 편향은 널리 퍼져 있지만 간과되기 쉬운 사고 오류로, 성공 사례에만 집중하고 알려지지 않은 수많은 실패를 무시할 때 발생한다. 이 편향은 실제 성공 확률을 무시하고 눈에 보이는 결과만 보게 해서 우리를 잘못된 이해로 이끈다. 우리는 오직 '생존자들'만 보고, 성공하지 못한 수많은 사람을 무시한다.

생존자 편향의 고전적인 사례가 스타트업 문화다. 스타트업으로 큰 돈을 벌어 롤 모델로 여겨지는 유명한 기업가들의 이야기 수십 개가 있다. 그러나 그런 성공담의 반대편에 실패한 수천 개의 스타트업이 있고, 성공한 기업들이 성공했던 바로 그 이유로 실패한 기업들도 많다. 실패한 기업 가운데 많은 회사 제품의 성능이나 질이 성공한 기업들과 거의 같았다. 단지 시장 상황이나 타이밍이 그들의 편이 아니었던 것이다.

모든 프로축구선수 반대편에는 프로로 도약하지 못한 선수 수백 명이 있다. 모든 래퍼, 배우, 인플루언서, 강연자, 사업가도 마찬가지다. 요즘 젊은 사람들이 많이 선망하는 직업이다. 그들에게는 성공한 사람들만 눈에 띄기 때문이다. 코칭 비즈니스와 수많은 '성공담'이 여기에 한몫하고 있다. 우리가 보지 못하는 수많은 실패 사례도 소수의 성공 이야기에 못지않게 의미가 있다.

성공 이야기 뒷면에 있는 수많은 실패 이야기를 생각하라.

모든 성공 이야기는 빙산의 일각이며 진정한 통찰은 드러나지 않는 곳에 숨어 있다.

전설과 진실을 구별하는 법을 배워라.

진정한 친구와 동승자

삶이라는 여정에서 친구라고 부르는 사람이 전부 진정한 자기편은 아니다. 많은 사람이 친구라기보다는 함께 차를 타는 이용자, 즉 동승자다. 그들은 여정 가운데 이익을 주거나 즐거움을 주는 구간에만 함께 탄다. 추가 이익을 얻을 수 없게 되면 그들은 성공 사다리의 다음 계단이 될 사람을 찾아 옮겨간다. 우리가 지루해지면, 그들은 신선하고 새로운 모험을 선사할 다른 모임을 찾는다. 이런 깨우침은 냉혹하지만 해방감도 준다. 폭풍 속에서도 배에 남을 사람과 곧장 뛰어내릴 사람을 알아보게 해주기 때문이다.

　진정한 친구는 보답을 바라지 않고 당신을 지원한다. 그들은 결코 계산하지 않는다. 공동의 추억을 즐기기 위해 기억을 사용할 뿐, 기억을 조작하여 언젠가 당신을 위해 '했던' 일이나 감정적 협박의 최고라 할 수 있는 '희생'을 상기시키려 하지 않는다. 그들은 당신과 함께 웃고 울며 경청하고 해결책을 제시한다. 그들은 당신을 존중하고 배려한다. 당신이 청하면 솔직한 비판을 해준다. 그들은 입에 발린 달콤한 말이 아니라, 오히려 쓰지만 있는 그대로의 진실을 건넨다. 몇 달, 심지어 몇 년 동안 만나지 못한 친구를 다시 만났을 때 느낌을 주의 깊게 살펴보라. 마치 어제 만난 것 같은 느낌이 든다면, 견고하고 진정한 우정을 보여주는 또 하나의 증거다.

잠시 시간을 내어 우정을 되돌아보라. 정말로 나를 위해 있는 사람은 누구인가?

진정한 친구를 소중하게 여겨라. 동승자 무리에 둘러싸여 있는 것보다 진짜 친구 몇 명이 더 낫다.

연락이 끊어진 친구에게 안부를 전하라.

당신은 마약이 필요 없다

스티븐 킹은 성공으로 가는 비결을 아낌없이 알려준다. "마약은 필요 없다"는 킹이 전하는 가장 중요한 조언이다. 세계에서 가장 성공한 작가인 스티븐 킹은 청소년 시절 뉴욕 수학여행에서 처음 술에 완전히 만취한 후, 알코올에서 벗어나지 못했다. 나중에는 각성제와 코카인까지 더해졌다. 자서전 『유혹하는 글쓰기』에서 킹은 글을 쓰는 동안 코카인 때문에 코피가 키보드에 떨어지는 바람에 아내의 탐폰을 코에 꽂았다고 솔직하게 고백한다. 당시에 그는 소설 『샤이닝』을 쓰고 있었다. 술과 마약 때문에 광기의 끝으로 달려가는 작가 이야기다. 소설의 영화판에서는 이 배경을 다루지 않는다.

킹은 자신의 삶에서 그 시절을 기억하지 못하는 것을 최대의 후회로 꼽는다. 아내 타비사의 강력한 권유로 킹은 중독 치료를 받았다. 알코올과 마약 없이는 창의력을 발휘할 수 없을 것 같은 두려움이 컸지만 결과는 정반대였다. 스티븐 킹의 창의력이 제대로 폭발하기 시작했다. 킹은 60편이 넘는 장편 소설, 수백 편에 이르는 단편 소설, 중편 소설, 시나리오를 쓰며 좋은 작품을 만드는 데 마약은 필요 없다는 것을 몸소 증명했다.

맑은 정신을 유지하는 일이 가끔 쉽지 않다.

약물에 손을 대고 있다면, 왜 그런 일을 하는지 자문하라.

약물에서 벗어나는 일을 혼자서 할 수 없다면 도움을 청하라.

다른 사람 마음에 들기 위해 시간을 낭비하지 마라

스티븐 킹은 또 다른 조언도 추가로 권한다. "다른 사람을 기쁘게 하려고 시간을 낭비하지 마라"라는 말은 내 생각과 정확히 똑같다. 나는 다른 사람의 마음에 드는 일이 가장 큰 걱정거리인 사람들을 많이 만난다. 이런 걱정 속에서 그들은 자기 자신을 완전히 잃어버린다. 이 무슨 시간과 에너지 낭비란 말인가! 이래서는 자기만의 무언가를 결코 성취할 수 없다. 대부분의 사람은 당신을 자신들보다 더 작게 만들고 싶어 한다. 그들의 의견을 무시하고 당신의 일을 하라.

"...하는 거 어떻게 생각해?"라는 문장이 당신의 레퍼토리에 속하면 즉시 지워라. 이 질문에 대한 일반적인 대답은 의심이나 거절에 머물 뿐이다.

오늘 나를 마음에 들어 했던 사람도 내일 나를 싫어하게 될 수 있다. 이것은 변하지 않는 규칙이다.

조건 없이 나를 지지하는 사람들과 어울려라. 이런 사람들은 드물기 때문에 관계를 신중하게 선택하라.

목표는 눈에, 길은 마음에

성공을 추구하면서 우리는 가능한 한 빠르게 목표에 도달하기 위해 시선을 목표에 고정하곤 한다. 그러나 지나치게 한 곳에만 집중하면 더 늦어질 수도 있다. 한쪽 눈을 목표에만 고정하면, 여정을 이끌어갈 눈이 하나밖에 남지 않는다. 아이러니하게도 결과에 덜 집착할수록 결과는 더 빠르고 예기치 않게 우리에게 다가온다.

축구에서 어떤 팀이 1대2로 뒤지고 있다. 한 골이면 안전한 동점이 되고, 두 골이면 놀라운 역전승이다. 경기 시간은 10분이 남았다. 이들이 오롯이 자신들의 능력과 경기 자체에, 순간순간 열리는 공간과 기회에만 집중한다면, 두 골을 충분히 넣을 수 있을 것이다. 이들이 불안과 긴장 속에 10분 동안 다가오는 패배의 그림자만을 응시한다면, 거의 확실하게 패할 것이다. 여정 그 자체는 수많은 가르침, 자기 발견의 기회와 성장의 순간을 품고 있다. 우리가 목표만을 응시할 때 그것들을 놓치게 된다. 과정에 집중하는 태도 덕분에 적응력은 커지고, 경험에서 배울 수 있게 되며, 결국 뜻밖의 방법으로 우리를 목표에 더 가깝게 데려가는 풍요로운 길을 걸어가게 된다.

목표를 향한 집착에서 벗어나 여정의 아름다움과 가르침에 눈을 열어라.

길 자체가 목표의 일부이다. 목표와 길을 동시에 보는 균형 잡힌 의식이 더 의미 있는 경험이다. 때로는 꿈도 더 빠르게 실현된다.

조급함을 극복하기 위해서는 더 빨리 도달할 수 있는 작은 단계별 목표를 설정하라.

자기 운명의 주인

자기 생각을 지배하는 힘을 얻는 것이 자기 통제의 첫 단계다. 생각을 통제하는 법을 배우면 마음을 통제하는 힘을 얻는다. 마음을 지배하면, 삶을 지배하는 힘을 획득하게 된다. 자기 통제의 사슬이 운명의 주인이 되는 열쇠다.

　　자기 통제의 과정은, 생각이 현실을 만드는 건축가라는 사실을 깨달을 때 시작된다. 생각을 의식적으로 조절하고 방향을 정하면 태도, 감정, 그리고 행동에도 영향을 미칠 수 있다. 이를 위해서는 연습과 자기 절제가 필요하다. 특히 자동으로 떠오르는 부정적인 생각에서 벗어나려는 자세가 필요하다. 마음을 통제한다는 말은 일시적 감정이나 외부 상황에 휘둘리지 않고 어떻게 반응할지, 삶을 어떤 방향으로 이끌지, 매 순간 의식적으로 선택한다는 뜻이다. 이런 내면의 강인함 덕분에 우리는 평정심을 유지하면서 삶의 도전에 맞서고, 명료하고 단호하게 목표를 추구할 수 있다.

　　삶을 완전히 통제하는 힘이 생기면, 진정한 운명의 주인이 되는 문이 열린다. 통제력은 모든 상황을 자기 뜻대로 만드는 힘이 아니다. 어떤 일들은 통제 범위 바깥에 존재하기 때문이다. 중요한 것은 우리 내면세계, 그리고 그에 따른 우리 반응과 결정을 조절할 수 있다는 것이다. 그렇게 우리에게 일어나는 일에 수동적으로 반응하는 대신, 삶을 능동적으로 펼쳐가게 된다.

시간을 내서 생각을 관찰하라.

어떤 생각을 키울 것인지, 어떤 생각에 나를 지배할 힘을 주지 않을 것인지 선택하라.

작은 단계들을 밟아가며 사고방식과 삶의 방향을 의식적으로 조절하라. 운명의 주인이 되는 여정을 시작하라.

아무도 당신이 무엇을 위해 헌신하는지 모른다

아무도 예수 그리스도나 무함마드의 이야기를 기록하지 않았다고 상상해보라. 그랬다면 기독교나 이슬람교를 믿는 사람 45억 명이 신봉하는 정체성의 핵심이 사라졌을 것이다. 당신이 인생에서 무엇을 위해 헌신하든, 그것을 아무도 모른다면, 당신의 영향력은 0이다. 사람들이 당신의 이야기를 접하게 하라. 죽은 후에도 계속 살아갈 수 있게 하라.

세상은 나에 대해 무엇을 알고 있나? | 나는 무엇을 위해 헌신하는가? | 나의 확신이 다른 사람들에게 도움이 된다고 믿는가?

묻지 않으면 대답은 늘 '아니오'다

무언가를 원하면 물어봐야 한다. 대답은 예일 수도, 아니오일 수도 있다. 괜찮다, 확률은 반반이니까. 묻지 않으면 대답은 자동으로 아니오가 된다. 당신의 기회는 0퍼센트다. 그러니 물어보라.

아빠, 차 좀 빌려줄래요? 사장님, 월급 인상이 가능할까요? 나와 결혼해줄래? 묻지 않으면 차를 빌리지 못하고, 돈도 더 받지 못하고, 연인과 결혼할 수 없다.

사람들은 거절당하는 것을 두려워한다. 거절을 개인적으로 받아들이고 자신을 의심하게 된다.

거절을 결코 개인적으로 받아들이지 마라. 거절뿐만 아니라 승낙도 마찬가지다.

아침이 결정한다. 일어나서 승리하라!

변화와 성공을 여는 열쇠는 복잡한 전략이 아니라 단순하면서도 강력한 행동에 있다. 예를 들어 2주 동안 매일 새벽 5시에 일어나 헬스장에 가는 것이다. 얼핏 보면 직업적 성장과 무관해 보일 수 있지만, 더 깊은 진실을 내포하고 있다. 바로 자신에 대한 믿음이 성공에 결정적이라는 사실이다. 일찍 일어나서 운동하기는 통제 가능한 도전 과제를 완수하는 일이다. 의지와 규율을 실천하는 과정 자체가 자신이 승리자임을 입증하는 증거가 된다.

일찍 일어나서 운동하는 이 단순한 행위가 긍정적인 연쇄 작용을 일으킨다. 이런 행동 하나가 신체 건강에 긍정적 영향을 주고, 정신력과 자신감도 강화한다. 도전을 극복하고 목표를 달성할 능력을 갖췄다는 점을 매일 상기시켜준다. 이런 점을 제쳐두고라도, 이른 아침이 얼마나 아름다운지 알고 있는가? 새벽 공기의 내음, 신비한 여명, 밤과 낮의 경계 속에 있는 고요만으로 이미 특별한 경험을 선사하지 않는가? 한번 시도해보라. 그러면 고양된 감정과 평온함이 혼합된 독특한 느낌을 경험하게 될 것이다.

자기 자신을 이기는 것으로 하루를 시작하라. 아침의 승리는 자신감과 단호함으로 하루를 헤쳐갈 힘찬 첫걸음이다. 단순하지만 변화를 가져오는 습관이다. 내 인생의 설계자는 나다.

일찍 일어나고, 몸과 마음을 단련하라. 그러면 가능한 것의 경계가 생각보다 훨씬 넓다는 사실을 바로 깨닫게 될 것이다.

신비롭고 고요하며 세상의 광기를 잠시 막아주는 아침의 분위기를 즐겨라.

에너지는 무한하다

우리가 가진 에너지는 한계가 있고, 하루 종일 배터리처럼 소모만 된다는 생각은 오해다.

일상에서 작은 결정을 내릴 때마다 인간의 의지력이 소모된다는 착각 때문에 이런 오해가 더욱 강화되고 있다. 마크 저커버그나 스티브 잡스 같은 전설적인 워커홀릭이자 억만장자들이 매일 같은 옷을 입었던 것도 이런 이유 때문일 것이다. 이들은 옷장에서 옷을 고를 때부터 결정에 쓰일 에너지를 절약하고 싶었던 것이다. 과정의 단순화는 늘 좋은 일이다. 그러나 만약 이 믿음이 사실이라면, 아무리 좋은 소식을 듣거나 멋진 일을 경험해도, 우리의 배터리는 낮 동안 전혀 충전될 수 없을 것이다.

에너지는 고정된 것이 아니라 역동적이다. 우리의 행동과 결정에 따라 변화한다. 어떤 활동은 에너지를 공급하고, 어떤 활동은 에너지를 유지하며, 어떤 활동은 에너지를 빨아들인다. 핵심은 어떤 활동이 우리를 충전하고 어떤 활동이 우리를 소진시키는지 파악하는 것이다. 우리는 지나치게 에너지를 소모하는 활동에 집중하면서, 활력과 영감을 주는 활동도 있다는 사실을 잊어버리곤 한다. 활력을 불어넣는 활동을 통해 우리는 자신의 진정한 능력을 확인할 수 있다. 취미, 열정적인 몰입, 고요한 휴식 같은 활동은 우리의 에너지를 회복시키고, 가능성의 한계를 바라보는 시야를 넓혀준다.

어떤 활동이 에너지를 주고 어떤 활동이 에너지를 빼앗아 가나?

에너지를 생성하는 활동에 의식적으로 더 많은 시간을 투자하라. 에너지를 의식적으로 관리하면 무한한 잠재력과 창의성의 문을 열게 될 것이다.

에너지를 지혜롭게 활용하면, 에너지는 상상을 훨씬 뛰어넘어 확장될 수 있다.

각자도생하면, 모두가 잘 된다

'이런! 너무 이기적이군! 자기만 생각하잖아!' 하지만 당신도 그렇게 하기를 진심으로 바란다. 불평과 부정으로 가득 찬 이들이 도덕적 잣대를 휘두르며 비난할 때, 그들의 말에 귀 기울이지 마라. 이 격언을 문자 그대로 받아들여라. 각자 자기 건강을 생각한다면, 모두가 자기 건강을 위해 뭔가를 할 것이다. 각자 자기 연금을 생각한다면, 모두가 자기 연금을 위해 뭔가를 할 것이다. 각자 자신의 성공을 생각한다면, 모두가 성공할 수 있을 것이다. 트집쟁이들은 단지 당신을 고립시키고 싶을 뿐이다. 자신에게 집중하고, 다른 사람들 역시도 그들의 삶에 집중하도록 내버려두어라.

　이 말이 다른 사람을 생각하지 않거나, 다른 사람의 안녕에 신경을 쓰지 말라는 뜻은 아니다. 다만 당신 자신을 우선순위에 두어야 한다는 뜻이다.

우리가 자신을 소홀히 여기면, 우리라는 유대감은 생기지 않는다.

자신의 가치를 알고 인생의 과제들을 수행하면, 모든 사람이 혜택을 받는다.

비행기에서는 기압이 떨어질 때 다른 사람을 돕기 전에 먼저 자신의 산소마스크를 쓰라는 안내를 받는다. 의식을 잃으면 아무 도움도 되지 못하기 때문이다.

동기는 어떻게 작동하는가?

의욕도 없고, 무기력하며, 앞으로 나갈 힘도 없다고 느끼는가? 이런 상황이 바로 동기 부족이다. 동기부여를 위해서는 세 가지가 필요하다. 첫째, 할 수 있다. 둘째, 해도 된다. 셋째, 하고 싶다.

　내가 당신에게 에베레스트산에 함께 갈 의향이 있는지 묻는다고 가정해보자. 그 등반을 할 수 있고, 해도 되며, 하고 싶다는 것을 알 때, 진짜 동기가 생기게 된다. 이 조건 가운데 하나라도 사라지면 동기에 금이 간다. 할 수 있는 일과 해도 되는 일은 쉽게 점검할 수 있다. 미묘하고 어려운 것은 세 번째다. 많은 사람이 자신이 그것을 원하는지 잘 모른다.

내가 하는 모든 일을 이 세 가지 기준으로 점검해보라.

할 수 없는 일은 배울 수 있다. 하면 안 되는 일은 허락을 받을 수 있다.

그 일을 하고 싶은가, 하고 싶지 않은가? 이것이 핵심 질문이다. 0점(하고 싶지 않다)부터 10점(정말 하고 싶다)사이에서 점수를 매겨보라. 결과가 분명해질 때까지 이 작업을 반복하라.

불완전성의 비밀

인생이라는 한정된 시간 속에서 나는 대단히 인상적인 인물을 여럿 만나는 특별한 행운을 누렸다. 그들은 나보다 훨씬 큰 성공을 거두었고, 각자의 분야에서 거물로 인정받는 사람들이었다. 그 만남에서 나는 뜻밖의 깨달음을 얻었다. 누구도 모든 것을 통제하지는 못한다는 사실이다. '성공'했을 때 무엇이 되고 싶은지 진정으로 아는 사람은 없다. 어떤 사람들은 자신감을 드러내고, 호기심을 따라가며, 미지의 세계로 나가는 데 더 능숙했을 뿐이다.

당신 인생의 모든 우상, 롤 모델, 길잡이들도 이와 다르지 않다. 그 중에는 성공한 사업가도 있을 것이다. 겉보기에 그는 모든 실권을 완벽하게 쥐고 있지만, 사실은 그의 조용하고 내성적인 비서가 천재적인 관리자이고, 그를 그 분야 전문가로 내세워 자신의 강점을 발휘하도록 했을 수도 있다. 흠잡을 데 없는 네트워킹 전문가가 있을 것이다. 수많은 일을 동시에 성공적으로 해내지만, 하나씩 끝날 때마다 실제로는 이틀씩 쉬어야 하는 사람이다. 대다수 사람들에게 경력의 중요한 순간들이 계획 밖의 일이었다. 효율적이면서도 때로는 낯선 지그재그 여정의 결과였다. 이런 깨달음은 놀랍도록 마음을 편안하게 해준다. 이러한 깨달음은 삶과 미래를 완전히 꿰뚫어 보아야 한다는, 우리가 스스로에게 지운 부담을 덜어준다. 삶은 끊임없는 학습의 과정이다. 이 과정에서 중요한 것은 모든 것이 이해되고 모든 것이 완전히 통제되는 최종 상태의 도달이 아니라, 새로운 것을 발견하고 꾸준히 발전하는 것이다.

불확실성을 기꺼이 포옹하라. | 길이 어디로 이어지는지 모른다는 것이 인간 경험의 본질적 요소다. | 모든 것을 알아내야 한다는 생각에 집중하기보다는, 매일 미지의 것을 만나는 여정, 호기심, 그리고 용기를 소중히 여겨라.

목표가 보이지 않아도 경로를 유지하라

목표가 아니라 과정이 중요하다. 출항할 때 콜럼버스는 정확한 목적지를 정하지 않았다. 다만 지구가 둥글다는 전제 아래 서쪽으로만 가면 결국 동쪽에 도달할 것이라는 믿음만 있었다. '웨이파인딩Wayfinding'이라고 불리는 이런 길 찾기 방식은 궁극적 목표보다 방향의 중요성을 강조한다. 기본적으로 웨이파인딩은 '실행을 통한 학습'의 한 형태다.

정확한 목표에 도달하겠다는 일념으로만 살아가는 것은 불가능할 뿐만 아니라 오히려 불안감을 증폭시킬 수 있다. 미래는 원래부터 불확실하고, 정확한 경로를 미리 정하려는 시도는 실패하기 마련이다. 대신 우리는 나침반을 올바른 방향으로 맞추는 데 집중해야 한다. 나아가고 싶은 방향만 대략 정하고, 필요할 때 진로를 바꿀 준비를 갖추는 것이다.

이런 웨이파인딩의 철학은 유연성과 적응력의 중요성을 역설한다. 삶의 여정에서 중요한 것은 모든 세부 사항을 아는 것이 아니라, 우리의 가치, 관심, 목표가 우리를 이끌어가게 하는 것이다. 고정된 목표 대신 현재 나아가는 방향에 집중할 때, 우리는 삶의 다채로움과 여정 곳곳에서 펼쳐지는 수많은 가능성을 기꺼이 받아들이게 될 것이다.

특정 목표에 대한 집착을 줄이고, 내가 나아가는 방향에 더 큰 가치를 부여하라.

여정에서 배우고 경험한 것을 바탕으로 경로를 조정하라. 이런 경로 조정이 당신을 있어야 할 곳으로 안내할 것이다.

여정을 즐겨라. 흥미진진한 삶은 계속될 것이다.

예측적 행동을 연습하라

'경기를 읽을 줄 아는' 축구 선수들이 두각을 나타낸다는 말을 틀림없이 들어봤을 것이다. 그들의 능력은 예측적 행동이다. 동료 선수 A와 상대 선수 B가 어디로 움직이고 공은 어디로 갈 것인지를 안다. 다른 말로 표현하면, 그들은 미래를 고려하는 능력이 있다. 이런 능력은 축구할 때, 자동차를 운전할 때, 협상할 때, 마음에 드는 사람과 로맨틱한 저녁을 보낼 때 등 모든 상황에서 장점으로 작용한다. 예측적 행동은 연습할 수 있다. 이 능력을 갖추면 당신도 군중 속에서 두각을 나타낼 것이다.

전화벨이 울린다. 액정화면을 보기 전에, 먼저 누구일지 생각해본다. 틀려도 상관없다. 뇌 속에서 뉴런들이 연결되었다. 미래의 예측적 행동을 도와줄 것이다.

이를 위해 직감을 훈련한다. 이성적 결정을 내릴 때 감정에게도 물어본다. 감정은 미래를 고려하는 능력을 도와준다.

예측적 행동은 빠른 결정을 원한다. 갈팡질팡하면서 망설이는 사람은 '경기를 읽는' 능력이 없다.

우리는 매일 자신을 판매한다

성공하기 위해서는 자신을 팔아야 한다. 많은 사람들이 이 말을 아주 싫
어한다. "내가 나를 판다고? 절대 있을 수 없는 일이야!" 이런 반응도 적
지 않다. "그건 품위를 손상시키는 짓이야." 그러나 이 순간에도 이 말을
하는 사람은 자신을 팔았다. 다만 형편없이 팔았을 뿐이다. 자기 판매는
이른 아침부터 시작된다. 깨끗하게 샤워를 한 후 멋진 옷을 입고 건강한
아침을 먹는다. 당신은 수많은 사람과의 경쟁에서 유리한 상황을 차지
하기 위해 뭔가를 한다. 당신은 열심히 일하고 피트니스 센터에 간다. 이
것도 역시 당신의 상품 가치를 올린다. 이상형을 차지하거나 인생의 동
반자를 만나기 위해서 사람들은 최고의 모습을 보여주려고 한다. 이것이
바로 완벽한 자기 판매다. 이 책에 우리는 우리의 팁과 요령들을 담았다.
그리고 우리는 이 책을 아름답게 꾸몄다. 왜? 우리는 우리 자신을 팔기
때문이다. 당신도 그렇게 해야 한다.

판매가 곧 성공이다.

세계에서 가장 부유한 사람들
중에 세계 최고의 판매자들이
있다. 리처드 브랜슨, 일론
머스크, 제프 베이조스의
전기를 탐구해보라.

모든 사람의 이상형이자
최고의 인생 동반자가 나를
선택하는 순간 "내가 나를
정말 잘 팔았구나" 하고 알게
될 것이다.

중요한 것은 '어떻게'가 아니라 '누가'이다

'어떻게' 목표에 도달할까 혹은 '어떻게' 성공할까처럼, '어떻게'에 이토록 자주 집착하는 세계에서, 나는 관점의 전환을 경험했다. 중요한 것은 '어떻게'가 아니라 '누가'였다. 나는 이제 여정이나 목표에 집중하기보다 나를 둘러싼 사람들에게 주의를 기울인다.

영감을 주는 사람들로 둘러싸여 있다면, 여정은 더 가치가 있고 목표는 더 밝게 빛난다. 진짜 마법은 우리가 선택하는 동행자들, 즉 함께 시간을 보내고 싶은 사람들을 통해 생겨난다. 지금 서 있는 곳에서 완벽한 여정을 계획할 수 있다고 믿는 것은 환상이다. 삶은 예측하기가 힘들고 이런 세밀한 예상을 하기에는 너무 복잡하다. 대신 그 힘은 공동체에, 즉 '누가' 우리와 동행하는지에 달려 있다.

열린 마음과 호기심으로 세상을 여행하는 사람들과 시간을 나누면, 우리는 숨겨진 장소와 새로운 가능성들을 발견할 수 있다. 계획과 안전에 집착하고 완고한 동행자들과 함께했다면 결코 발견하지 못했을 보물들이다. 동반자들이 유머와 인생의 기쁨, 그리고 잘 다듬어진 날카로운 이성을 갖추고 있다면, 불평 많은 의심쟁이가 발목을 잡는 것보다 훨씬 도움이 된다. 우리가 올바른 사람들에게 둘러싸여 있는 한, 여정은 자연스럽게 전개되고 적절한 순간에 그 의미를 드러낸다. 긍정적이고 풍요로우면서 영감을 주는 사람들과 함께하면 절대 실패할 수가 없다. 우리와 '같은 부류'에 속한 사람들이야말로 우리의 길을 밝혀주고 의미로 채워준다.

내 여정의 동반자들은 누구인지 생각해보라.

나에게 영감을 주고, 나의 비전을 공유하며, 나의 노력을 지지해주는 사람들을 적극적으로 찾아라.

관계를 소중히 여겨라. 나와 같은 부류를 찾아 그들을 단단히 잡아라.

행운의 잠재력을 넓혀라

신경학자 제임스 오스틴[James H. Austin]은 1978년에 행운을 네 가지 종류로 구분하는 이론을 제기했다. 네 가지 행운이란 우연한 행운, 행동에서 오는 행운, 주의 깊음에서 오는 행운, 독특함에서 오는 행운이다.

　　행동을 통한 행운은 우리가 능동적으로 자신의 소명에 따라 살면서 그 결과로 큰 성공을 거둘 때 오는 만족을 의미한다. 과정 자체를 즐기는 것도 이 행운에 포함된다. 주의 깊음에서 오는 행운은 뜻밖의 기회를 포착하는 예리한 눈을 갖는 것이다. 독특함에서 오는 행운은 타고난 고유한 재능이나 특성을 진정으로 살리고 풍성하게 만들 때 생겨난다.

　　'행운의 면적'을 넓힌다는 이 개념은 우리 삶에서 뜻밖의 행운을 맞이할 기회를 높이는 실용적 접근법이다. 의식적인 결정과 행동은 새로운 기회에 열린 태도와 긍정적 우연을 만날 확률에 영향을 준다. 행운의 잠재력을 줄이는 영향들은 제거할 필요가 있다. 부정적인 사람들, 나쁜 환경들, 스스로 주저하게 만드는 신념들이다. 언제나 더 큰 '행운의 면적'을 제공하는 길을 고민하고 선택하는 것이, 행운의 잠재력을 넓히는 방법이다. 어떤 길이 행운을 만날 가능성을 높여주는지 스스로에게 묻고, 그에 맞는 길을 선택하는 것이 중요하다.

내 앞에 놓인 길들을 성찰하라.

행운의 잠재력을 어떻게 넓힐 수 있을까? 새로운 인맥 만들기, 새로운 전문 지식이나 기술 익히기, 미지의 경험에 도전하기 등 우연한 행운의 기회를 높여주는 모든 것이 행운 면적을 넓혀준다.

인생에서 행운의 면적을 지속적으로 좁히는 영향력을 제거하라.

왕이 죽었다. 왕이여 만세!

"왕이 죽었다. 왕이여 만세!^{Le roi est mort, vive le roi!}" 프랑스에서는 이전 왕이 죽고 왕관이 후계자에게 넘어갈 때 전령이 이렇게 외친다. 이를 통해 권력의 연속성이 저항 없이 보장되었다. 연속성은 오늘날에도 여전히 유효한 현대적 사고다.

나는 시계를 수집한다. 내가 좋아하는 한 스위스 브랜드는 이렇게 광고한다. "평생 이 시계를 누리십시오. 그리고 다음 세대를 위해 보존하십시오." 우리가 선조들의 성공에서 혜택을 누리듯이, 다음 세대도 당신의 성공에서 혜택을 받아야 한다. 왕이 죽으면, 다음 왕이 만세를 누릴 수 있어야 한다.

내가 얻은 것을 즐겨라. 다음 세대를 위해 보관하라. | 연속성이 번영의 가장 중요한 기둥이다. | 인생에서 연속성을 만들어라.

행위가 전부이며, 명성이란 아무것도 아니다

독일의 대문호 요한 볼프강 폰 괴테가 한 말이다. 정확히 말하면, 『파우스트』 2부에 나오는 인물을 통해 이렇게 말했다. 무슨 뜻일까? 물론, 당신이 하고 있는 일에 대해서는 당연히 이야기해야 한다. 우리는 이미 '7월 22일 아무도 당신이 무엇을 위해 헌신하는지 모른다'와 '7월 31일 우리는 매일 자신을 판매한다'에서 이 주제를 다루었다. 그러나 당신은 명성 속에 뒹굴어서는 안 된다. 명성은 덧없는 것이기 때문이다. 행위 없는 명성은 없다. 행동이 첫 번째 자리에 있다. 당신이 하는 일을 판매하는 것은 두 번째 자리다. 명성은 세 번째 자리에 뒤따라온다.

팔로워는 행위보다 명성을 앞세운다.	사람들은 자신이 팔로우하는 사람들이 성공했다고 믿는다. 대부분은 그렇지 않다.	매일 힘차게 살고 그것을 솔직하게 알린다면, 명성은 반드시 찾아온다.

실존이라는, 끝없는 할 일 목록

한 등반 가이드가 아침마다 오르고 싶은 봉우리 이름이 적힌 긴 목록을 본다. 그는 매일 하나를 선택하지만, 다음 날 아침이면 두 개가 목록에 새로 추가된다. 우리의 계획, 목표, 소망은 우리가 그것을 줄이려고 애쓰는 동안 더 자라나는 살아 있는 존재다.

목록이 절대 완결되지 못한다는 통찰은 우리의 시간과 에너지가 유한하다는 깨달음일 뿐만 아니라, 평온함으로의 초대이기도 하다. 우리 중 누구도 평생 매일 양치와 샤워를 해야 한다고 불평하거나 놀라지는 않을 것이다. 우리는 집 정리와 서류 정리를 끊임없이 반복해서 새로 하고, 단한 번에 완전히 '끝나는' 일이 없다는 것을 안다. 1년 치 양치질을 한꺼번에 하고, 편안하게 기대앉아서 이렇게 말할 수는 없다. "드디어 끝냈고, 할 일 목록에서 영원히 지워졌군."

그러므로 결코 끝나지 않는 목록과 싸우는 대신, 무엇에 노력을 쏟을지 우선순위를 매기는 법을 배워라. 가장 중요하거나 가장 시급한 일에 집중하라. 중요한 것은 모든 산을 정복하는 게 아니라, 등반을 즐기고 그 과정에서 오르지 못한 봉우리들과 화해하는 것이다.

은유적 의미로 나의 등반 목록을 살펴보라.

모든 산을 오르는 것은 불가능하다. 나의 에너지와 시간을 쏟고 싶은 봉우리를 선택하라. 선택을 통해서 오르지 못한 수많은 봉우리에 압도되지 않으면서 나의 등반에서 만족을 찾게 된다.

내가 끊임없이 계속해서 올라야 하는 봉우리들과 화해하라.

좋았던 시절은 바로 지금이다

"지금 좋았던 옛 시절을 보내고 있다는 걸 그 시절이 지나가기 전에 아는 방법이 있으면 좋겠다." 마크 트웨인이 한 말로 잘못 알려진 말이다. 미국 드라마 〈오피스〉에 나오는 앤디 버나드의 애타는 이 대사는 아주 깊은 진리를 건드린다. '좋았던 옛 시절'은 미화된 과거 속 한 장면이 아니라, 바로 지금 여기다. 우리는 지금 바로 이 순간을 살고 있다. 우리가 오늘 꾸려가는 삶은 우리가 한때 꿈꾸었거나 감히 꿈꾸지도 못했던 그런 삶이다.

우리는 앞으로 생길 일이나 과거에 했더라면 좋았을 일에 집착하면서, 지금 이 순간의 아름다움과 가치를 놓친다. 날마다 우리는 다양한 기회와 새로운 가능성을 마주한다. 되돌아보면, 우리가 언젠가 '좋았던 시절'이라고 부르게 될 시절의 본질이 거기서 생겨난다. 오늘날 당신이 아련한 향수로 떠올리는 시절을 한번 돌아보라. 그 시절로 다시 되돌아가 보라. 그때도 오늘처럼 여기저기서 세상에 대해, 다른 사람들에 대해, 그리고 사물들의 발전에 대해 불평하지 않았는지 스스로에게 물어보라. 지금은 파라다이스로 회상하는 그 시절의 한가운데 있었을 때조차 당신은 그렇게 불평하고 있었던 것이다. 현재 삶의 성취와 기쁨을 과소평가하기가 쉽다. 그러나 잠시 멈추고 성찰하면, 이미 많은 것을 이루고 높은 곳을 정복했다는 것을 깨닫게 된다. 우리가 극복한 도전들, 우리가 갈고 다듬어낸 우정들, 우리가 경험한 작은 기쁨들이 우리의 '좋았던 시절'의 초석이다.

지금을 소중하게 여겨라.

현재의 모든 순간이 미래에 간절히 그리워하게 될 소중한 시간의 일부라는 것을 명심할 것.

일상의 경이로움을 찾기 위해 의식적이고 열린 눈으로 살아라. '좋았던 시절'은 과거에 잃어버린 것이 아니라, 지금 이 순간에 기록되고 있다.

모든 돌덩어리 안에는 조각상이 들어 있다

혹시 로마에서 성 베드로 대성당의 거대한 돔과 시스티나 경당의 프레스코화들을 보고 경탄한 적이 있는가? 이 작품들은 수백 년 전에 미켈란젤로가 만든 걸작들이다. 피렌체에 있는 그의 다비드상은 독보적인 걸작이며, 전 세계에서 관람객들을 끌어들인다. 조각가 미켈란젤로는 자기 작품들이 이미 대리석 덩어리 안에 들어 있다고 확신했다. 미켈란젤로는 그것들을 발견하고 해방하는 것을 자신의 임무로 보았다. 그래서 특정한 대리석을 선택하기 위해 몇 주나 시간을 들이곤 했다.

　　나도 그렇게 하고 있다. 나의 임무는 진실을 밝히는 것이다. 진실은 존재하지만 어둠 속에 숨어 있다. 대리석 앞에서 작업하는 미켈란젤로처럼, 나도 사람들이 진실을 인식할 수 있도록 어둠을 한 조각씩 쳐낸다. 품이 많이 드는 작업이다. 어둠도 대리석처럼 단단하기 때문이다.

내 삶에서 작업하고 있는 돌덩어리는 무엇인가?

그 돌덩어리 안에 숨어 있는 것을 인식하고 있는가? 그것을 밖으로 드러낼 수 있는가?

미켈란젤로는 올바른 대리석 조각을 찾는 데 충분한 시간을 들였다. 진정한 임무를 찾기 위해 시간을 들여라. 나도 인생에서 내 임무를 뒤늦게 발견했다.

기적? 언제나 계속해서 존재한다!

"믿음이 산을 옮긴다"라는 속담이 있다. 당연히 기적은 존재한다. 우리가 보지 못할 뿐이다. 본다고 해도 의심이 일어난다. 이해하지 못하는 것을 늘 부정하는 과학도 한마디 거든다. 그러나 자연을 한번 보라. 그 속은 기적으로 가득 차 있다. 남아프리카공화국에는 웰위치아 미라빌리스라는 식물이 있다. 이 식물은 천 년 넘게 살지만, 과학은 어떻게 그것이 가능한지 설명하지 못한다. 낙타가시나무는 물 없이도 수년 동안 생존하지만, 누구도 그 원리를 설명하지 못한다. 우리가 설명할 수 없는 한 그것은 기적이다. 모든 일이 그렇다. 일론 머스크는 독일의 관료주의 늪에서도 아주 짧은 시간 안에 자동차 공장을 지을 수 있었다. 머스크는 이 기적을 믿었고, 이를 위해 산을 옮겼다.

나는 삶에서 기적을 원하는가?

다른 모든 사람이 믿지 않더라도, 굳건하게 그 기적을 믿어라.

기적을 실현하기 위해 필수적인 단계들을 실행하라.

모든 재화 가운데 가장 귀중한 시간

어린 시절 우리는 시간 억만장자다. 문자 그대로 시간이 넘쳐난다. 그러나 이 자산이 고갈될 때에야 비로소 진정한 가치를 깨닫는다. 삶의 덧없음을 받아들이고 일상의 순간에서 기쁨을 찾아라.

목표지향적인 우리는 삶의 대부분을 미래를 위해 일하며 보낸다. 우리가 하는 모든 일은 미래에 일어날 일을 기대하면서 이루어진다. 기대했던 일이 일어나면, 우리는 곧 새 목표를 세운다.

"18세가 되어 'X'를 하게 되는 날이 너무 기다려진다."

"25세가 되어 'Y'를 하게 되는 날이 너무 기다려진다."

"45세가 되어 'Z'를 하게 되는 날이 너무 기다려진다."

이 과정은 자연스럽지만 위험한 순환이다. 결국 우리가 패하게 되는 게임이다. 우리는 많은 에너지를 과거와 미래에 낭비하지만, 정말로 확실한 것은 현재뿐이다. 우리는 끊임없이 더 많은 것을 추구하지만, 자신의 '충만함'을 찾는 법부터 배워야 한다. 시간을 가장 소중한 가치로 다루어라. 시간은 당신이 가진 전부이며, 결코 되돌려 받을 수 없는 자원이다. 시간을 지혜롭게 활용하라. 사랑하는 사람들과 함께, 결코 후회하지 않을 방식으로.

잠시 멈춰 시간을 어떻게 사용하는지 돌아보는 시간을 가져라.

스스로에게 물어보라. "나는 내가 진정 마음에 품고 있는 사람과 활동에 시간을 투자하고 있는가?"

앞으로 후회하지 않을 방식으로 최소한 한 시간을 보내겠다는 목표를 세워라. 사랑하는 사람과 보내든, 개인 프로젝트를 진행하든, 고요한 시간을 즐기든, 매 순간의 가치를 깨닫고 그 시간을 충만하게 보내라.

처음에는 천천히, 그다음에는 갑자기

성장은 예상보다 더 큰 인내심을 키워주는 과정이다. 그러다가 갑자기 가속하면서 우리를 놀라게 한다. 성장은 단계별로 전개되다가 갑자기 빠르게 진행된다. 이런 현상은 개인 발전에서 재정 투자에 이르기까지, 삶의 다양한 영역에서 나타난다. 몇 년 동안 목표로 거의 나아가지 못하는 듯하다가, 어느 순간 매듭이 풀리면서 '하룻밤 사이에' 모든 일이 해결된다. 당연히 이런 일은 '갑자기' 성공한 음악가들과 마찬가지로 사실이 아니다. 첫 히트곡이 나오기까지 수년간의 작업이 선행되었다. 재정적으로 단단한 기반을 만드는 데 꽤 오랜 시간이 걸리지만, 일단 성공하고 나면 자산이 순식간에 불어난다. 진부하지만 진실이 담긴 문장이 이 원리를 이렇게 설명한다. "처음 100만 달러가 가장 어렵다."

　　모순처럼 보이는 이 현상의 비밀은 복리의 힘이다. 점진적 축적이 기하급수적 성장을 불러온다. 이 원리는 우리가 노력하여 얻게 되는 모든 종류의 결실에도 적용된다. 인생에서 가장 귀중한 성취들은 이런 과정을 지난다. 성취는 인내, 끈기, 그리고 꾸준한 노력의 가치에 대한 믿음을 요구한다. 진정한 성장은 모습을 드러내는 데 시간이 필요하다. 진정한 마법은 끈기에 있다.

인내심을 가져라.

목표를 향해 작지만 꾸준한 걸음을 내디뎌라. 거대한 변화는 보이지 않게 시작한다.

꾸준한 진전의 힘을 믿고 성장의 갑작스러운 가속에 놀랄 준비를 하라.

진짜 성공한 사람은 거의 모든 일에 아니라고 말한다

워런 버핏은 전설이다. "성공한 사람과 진짜 성공한 사람의 차이는, 진짜 성공한 사람은 거의 모든 일에 아니라고 한다는 것이다." 워런 버핏이 한 말이다. 투자자이자 기업가인 버핏은 버크셔 해서웨이를 세계에서 가장 성공한 지주 회사로 만들었다. 이 성공은 세계에서 가장 비싼 주식으로 표현된다. 미국에서 버크셔 해서웨이는 가장 세금을 많이 내는 회사다. 버핏 자신도 세상에서 가장 부자 중 한 명이다. 버핏은 영리하고 겸손하며 말하기 전에 심사숙고하는 사람이다. 당연히 많은 사람이 버핏의 말을 삶의 영감으로 활용한다. 그런데 긍정에 대해 많은 이야기를 하는 이 책에서 거의 모든 일에 '아니오'를 주장하는 이유는 무엇일까? 인생에는 많은 기회가 존재한다. 그러나 대부분의 기회는 당신의 목표와 일치하지 않는다. 자신에게 집중하고 우선순위를 정하라. 그럴 때만 장기적인 성공을 이룰 수 있다.

많은 사람들이 "아니오"라고 하면, 상대의 기분이 상한다고 믿는다.

어떤 것에 "아니오"라는 말은 수많은 다른 것에 "예"라고 말하는 것과 같다.

"아니오" 말하기에는 연습이 필요하다. 오늘부터 시작하는 것이 가장 좋다.

두 가지 모두 똑같이 좋아 보일 때 어떻게 할까?

우선순위를 이야기할 때, 특히 '접근-접근 갈등' 상황에서 결정하기가 어렵다. 이 상황은 두 가지 선택지가 모두 긍정적인 경우를 말한다.

단순한 사례를 하나 보자. 같은 날 저녁에 멋진 파티 두 곳에 초대받았다. 물론 두 곳에 모두 가고 싶다. 그러나 어디에 갈지 결정해야 한다. 여기서 근육 테스트가 도움이 된다. 의식이 아직 모르는 것을 몸은 이미 안다. 혼자서 할 수 있는 간단한 근육 테스트가 있다. 우선 똑바로 서라. 양팔을 앞으로 나란히 여러 번 흔들고 이렇게 말하라. "나는 아무개야." 아무개 대신 당신의 이름을 넣어라. 마지막 진자 운동 때 팔을 쭉 뻗은 채 두 손을 모아야 한다. 손바닥이 제대로 포개졌나? 자, 이제 준비는 끝났다. 이 과정을 반복하고 이렇게 말하라. "나는 파티 X에 갈 거야." 손바닥이 어떻게 포개졌나? 결과를 확인해보라. 이 과정을 다시 반복하고 이렇게 말하라. "나는 파티 Y에 갈 거야."

한 번은 양손이 서로 어긋나고, 한 번은 잘 맞는다.

손바닥이 잘 포개진 경우를 선택하라.

두 가지 선택지에서 골라야 할 때, 근육 테스트를 활용해보라.

논쟁 대신 설득

논쟁을 많이 하는 사람들이 다른 사람을 설득하는 경우가 드물다. 설득력은 논쟁이 아니라 관찰, 경청, 사려 깊은 질문에서 나온다. 논쟁 대신 설득의 기술을 키워야 한다. 설득은 회유와는 완전히 구별되는 기술이다.

설득은 존중과 신뢰에 기초한다. 설득은 양측이 서로 관점을 교환하고 배울 수 있는 진정한 대화에서 이루어진다. 이 과정에서는 주장이 제시될 뿐 아니라, 감정적인 연결도 형성된다. 설득하는 사람은 상대방이 제기된 주장들을 숙고하고 자발적으로 의견을 변화시키기를 진심으로 바란다. 이와 반대로 회유는 그저 상대방의 의견을 빠르게 바꾸는 것을 목표로 한다. 이를 위해 압력을 넣고, 조작하고, 두려움이나 죄책감 같은 감정을 활용한다. 코로나 시기 이후 정계의 일부가 이런 회유 전술을 더욱 강화했다. 코로나 시기에 정치는 공포와 죄책감을 유발하는 선전 활동에 적지 않게 의존했기 때문이다. 한마디로 회유는 조작하고 설득은 영감을 준다. 회유하는 사람은 대형 망치로 일하고, 설득하는 사람은 정교한 붓으로 일한다.

대화할 때 덜 논증하고 더 설득하려고 노력하라.

극적으로 경청하고, 질문을 던지고, 상대의 관점에 관심을 보여라.

이 접근법이 의사소통 방식을 어떻게 바꾸는지, 그리고 주변 사람들과의 관계를 어떻게 강화하는지도 경험하라.

전력 질주, 휴식, 반복

파킨슨의 법칙에 따르면, 일은 주어진 시간을 정확히 채운다. 근무 시간이 고정된 사람은 비생산적인 방법을 찾아 그 시간을 채우고, 역설적으로 '더 오래' 일하면서도 더 적은 성과를 얻는다. 회사에 더 이상 직접 출근할 필요가 없다는 깨달음이 코로나 봉쇄 시기에 많은 사람들이 얻은 몇 안 되는 긍정적 측면 중 하나였다. 동시에 코로나 시기에 자리를 잡은 줌 회의 횟수와 시간이 그 이후 기하급수적으로 증가하고 있다.

　파킨슨의 법칙은 더 짧은 기한이 더 효율적인 결과로 이어지는 이유도 설명해준다. 더 적은 시간이 주어지면, 우리는 우선순위를 정하고 더 빠른 결정을 내리며 더 본질적인 것에 집중할 수밖에 없다. 아주 많은 사람이 명확한 기한이 있을 때만 집중해 일할 수 있다. 자기 자신이 상사인 자영업자와 프리랜서들은 이런 기한을 스스로 정하거나, 이 기한을 상기시켜달라고 다른 사람들에게 요청한다. 이제 근본적인 사고의 전환이 필요하다. 장시간 노동에서 효율과 회복을 중심에 두는 작업 방식으로 나아가야 한다. 사자를 완전한 롤 모델로 삼을 수 있다. 사자는 마라톤이 아니라 전력 질주로 사냥한다. 사자는 짧고 강렬하게 자신의 힘을 다 쓰고, 다시 시작하기 전에 사냥으로 잡은 작은 영양으로 식사를 한 후 휴식을 취한다. 강렬한 활동 후 휴식으로 이어지는 이런 자연스러운 리듬은 우리 일상 업무에서도 놀라운 효과를 발휘할 수 있다.

일을 "전력 질주, 휴식, 반복" 원리에 따라 구성하라.

정해진 짧은 시간 동안 명확한 과제를 설정하고 완전히 집중하여 그 일을 하라. 이어서 다음 전력 질주를 시작하기 전에 진정한 휴식을 취하라.

이 방법이 효율성을 높여줄 뿐만 아니라, 일에서 느끼는 만족감도 높여주는 것을 확인하라.

명확하게 표현하라!

의사소통 문제가 없는 세상을 상상해보라. 그곳이 바로 지상 낙원이다! 나는 인류가 겪는 대부분의 갈등은 의사소통의 부족에서 비롯된다고 굳게 확신한다. 누구나 살면서 이런 경우를 겪어봤을 것이다. 한 사람이 한 말을 다른 사람이 오해하면서 다툼이 불붙는 경우 말이다. 그 원인은 명확성 부족이다. 우리의 말도, 몸짓 언어도 불명확하다. 우리가 모호하게 말하고 행동해서 상대방은 그것을 해석할 수밖에 없다. 이 해석들은 거의 항상 틀린다.

내가 원하는 것과 원하지 않는 것을 분명하고 명확하게 말하라.

몸짓 언어도 내가 사용하는 말만큼 중요하다. 몸짓 언어도 분명하고 명확하게 사용하라.

명확한 말을 두려워하지 마라. 잘못된 해석을 두려워하라.

하룻밤 푹 자고 다시 생각해보라

동료가 당신을 짜증 나게 하는가? 불평할 이유가 차고 넘치는가? 좋다. 그러나 하룻밤 푹 자고 다시 생각해보라. 불평이든, 비난이든, 의심이든, 경고든, 무엇이든 상관없이 늘 하룻밤 푹 자고 다시 생각해보라. 나는 이런 규칙을 지킨다. 뜨거운 마음으로는 아무 일도 하지 말고 차가운 이성으로 행동하라. 우선 하룻밤 푹 자고 나면, 뜨거운 마음은 아주 놀랍게 식는다. 그다음 날에 대부분의 상황은 이미 훨씬 편안해 보인다.

이 규칙은 소셜 미디어에도 적용된다.

무의미한 댓글을 달려는 유혹에 빠지지 말라.

이 규칙은 많은 에너지를 자유롭게 해준다. 이 에너지를 의미 있는 일에 활용하라.

두려움을 거쳐 승리로

우리가 가장 두려워하는 일이 지금 가장 시급하게 해야 하는 일이다. 우리가 회피한 두려움이 잠재력을 제한하고 발전을 방해한다. 성공한 사람들은 자신의 두려움을 대면하고 맞서는 법, 그리고 그것을 성장의 촉매로 활용하는 법을 배웠다.

사람들 앞에서 발표하는 것에 대한 두려움은 극복할 가치가 있다. 원래 내성적이거나 겸손하고 조용한 성격이라면, 더 나은 제품이나 프로젝트를 가지고도 매력적인 달변가에게 밀릴 수 있다. 한 가지는 분명하다. 그들은 결코 달변가처럼 될 수 없다. 본성에 어긋나기 때문이다. 그러나 수줍음은 극복할 수 있고, 성격과 '약점'까지도 발표 안에 녹여낼 수 있다. 이런 발표는 지나치게 자신감이 넘치는 사람들의 장황한 이야기보다 더 큰 호감과 매력을 준다.

결국 성공과 자기실현으로 가는 길은 두려움을 피해 가는 우회로가 아니라 두려움을 거쳐 가는 길이다. 가장 두려운 일을 감행할 용기를 낼 때, 우리 안에 숨어 있던 힘과 잠재력이 쏟아져 나온다. 두려움의 반대쪽에 성장이 있다!

두려운 것에 한 걸음 다가가기로 마음먹어라.

주도해서 이끌어야 하는 대화든, 오래전부터 미루어둔 과제든, 결정을 내려야 할 때든, 두려움을 길잡이로 여겨라. 두려움에 정면으로 맞설 때 잠재력을 끌어올리고 자신감과 회복탄력성도 강화된다.

두려움에 맞서면서 생겼던 성공의 경험을 저장하라.

단순함이 최고의 방법이다

역설적으로 들릴 수 있지만, 높은 지능이 오판의 원인이 될 수 있다. 지능이 높은 사람들은 자신이 시스템보다 똑똑하다고 생각하기 때문에 자기 과신의 함정에 빠질 위험이 크다. 그들은 검증된 단순한 방법 대신 불필요한 복잡성을 창조하는 경향이 있다.

실제로 어떤 분야에서는 해결책에 이르는 길이 극도로 복잡하고 긴 우회로를 지나야만 한다. 고등 수학 분야가 대표 사례다. 수백 년 동안 풀리지 않았던 수학 난제 페르마의 마지막 정리를 풀기 위해, 천재 수학자 앤드루 와일스Andrew Wiles는 '타니야마–시무라 추측'을 증명해야 했다. 이 추측은 페르마의 마지막 정리와는 완전히 다른 주제인 타원 곡선과 관련이 있었다. 그러나 이 증명이 페르마의 위대한 정리 증명에서 비어 있던 마지막 조각이었다. 경제와 같은 실용적인 분야에서는 이런 복잡성이 거의 등장하지 않는다. 단순한 해결책이 최선인 문제에서도 과도하게 대담하고 복잡한 해답을 찾으려고 할 때 종종 잘못된 길로 빠진다.

이런 분야에서는 키스KISS, Keep it simple, stupid(단순하게 해, 멍청아) 원칙을 떠올려라. 이 단순함이 문제를 성공적으로 푸는 열쇠다. 지능 때문에 제 발에 걸려 넘어지는 경험은 명확함과 단순함이 때로는 가장 좋은 지침이 된다는 사실을 일깨워준다. 중요한 것은 새로운 바퀴를 발명하는 것이 아니라 이미 검증된 길을 알아보고 그 길을 걸어가는 능력이다. 진정한 기술은 창조적 사고와 검증된 단순함 사이에서 균형을 찾는 것이다.

불필요하게 일을 어렵게 만들고 있는지 점검하라.

단순한 해결책이면 충분한데도 복잡한 해답을 찾고 있는 영역이 있는가?

가장 단순한 것이 가장 효과적이다. 자기 지능에 사로잡히는 일을 피하고, 단순함의 힘을 소중하게 여겨라.

받고 싶은 대로 해줘라

사실 당연한 말이다. 아마도 그래서 금처럼 귀하다는 황금률이 많은 종
교와 문화에 뿌리를 두고 대인 관계의 핵심 가르침으로 여겨지는 듯하
다. 그럼에도 우리는 반대의 경우를 많이 만난다. 사람들은 끊임없이 존
중을 요구하면서도, 동료들을 무례하게 대한다. 원리는 단순하다. 당신이
발산하는 에너지가 다시 당신에게 돌아온다. 부정 에너지를 발산하면 부
정 에너지를 돌려받는다. 긍정 에너지를 발산하면 긍정 에너지를 돌려받
는다.

긍정 에너지가 있어야만
긍정적인 일을 이룰 수 있다.

매일 긍정 에너지를 퍼뜨리기
시작하라.

존중을 원한다면 존중을
보여라. 그럴 때에만 존중을
받는다.

꿈이 있어야 매일 아침 일어날 수 있다

빌리 와일더는 큰 꿈이 있었다. 세계 최고의 감독이 되는 꿈이었나. 그 꿈을 위해 와일더는 매일 아침 기꺼이 일어났다. 빌리 와일더는 1930년 대 베를린에서 대필 작가와 기자로 높은 평가를 받았지만, 무도장에서 택시 댄서로 부업을 해야 했다. 택시 댄서란 무도장에서 돈을 받고 여성 손님과 춤을 추는 직업이다. 그다음에 그는 에리히 케스트너의 소설『에 밀과 탐정들』의 첫 영화화 각본을 썼고, 이 작업으로 영화계에 이름을 알 렸다. 나치가 권력을 잡으면서 와일더는 할리우드로 망명할 수밖에 없었 다. 할리우드에서 와일더는 글로리아 스완슨 주연의 〈선셋 대로〉, 매릴린 먼로 주연의 〈7년 만의 외출〉, 마를레네 디트리히 주연의 〈검찰 측 증인〉 같은, 시대를 초월하는 명작들을 만들었다. 빌리 와일더의 롤 모델은 에 른스트 루비치Ernst Lubitsch 감독이다. 와일더의 사무실에는 "루비치라면 어 떻게 했을까?"라는 문구가 적힌 팻말이 걸려 있었다. 와일더는 50년 동 안 60편이 넘는 영화를 만들었고, 오스카상 후보에 21회 올라 여섯 번을 수상했다. 매일 아침 침대에서 자신을 일으키는 꿈이 있는 사람만이 이 런 업적을 이룰 수 있다.

나의 큰 꿈은 무엇인가? | 그 꿈을 한 문장으로 적어보라. | 아침에 눈을 뜨면, 이 문장이 나의 첫 번째이자 가장 중요한 생각이 된다.

소음에서 벗어나기

과도한 조언이 역설적으로 상태를 이전보다 더 악화시킬 수 있다. 안타깝게도 대부분의 조언은 좋은 의도에도 불구하고 도움이 되지 못한다. 이것이 냉엄한 진실이다. 그 이유는 조언자들이 대부분 다른 분야 출신이고, 조언받는 사람이 활동하는 특정 분야나 틈새를 거의 모르기 때문이다. 그래서 그들의 조언이 자신들이 활동하는 경제 및 사회의 특정 영역에서는 유용할 수 있지만, 다른 분야에 적용할 때는 그 유용성이 크게 줄어든다.

다르게 말하면, 다른 사람이 그린 지도를 자신의 길을 찾는 데 사용하는 일은 위험하다. 성공한 사람들은 유용한 신호와 불필요한 소음을 구별하는 법, 그리고 자기 비전과 상황에 맞는 조언만 적용하는 법을 배운다.

조언을 선택하여 받아들이는 능력은 대단히 중요하다. 이 능력의 핵심은 자기 현실에 응용할 수 있는 조언과 그렇지 않은 것을 비판적으로 평가하는 것이다. 독서, 팟캐스트, 방송, 웹 세미나에도 이 능력이 적용된다. 많은 사람이 이런 매체들을 무작정 소비하면서 무엇이 진정 도움이 되는지 묻지 않는다. 일종의 정보 폭식이자 교육 과부하다. 정신적 속쓰림만 유발할 뿐이다. 우리는 자기만의 필터를 더 세밀하게 다듬어야 한다. 그렇게 해야 부적절하거나 나쁜 조언 때문에 혼란을 겪거나 잘못된 길로 가는 것을 막을 수 있다.

최근에 들었던 조언들을 생각해보라. 어떤 조언이 진정 나의 목표, 상황, 성격에 맞는 것인지 스스로에게 질문하라.

어떤 충고를 받아들이고, 어떤 것을 무시할지 의식적으로 결정하라.

신호와 소음을 구별하는 나만의 능력을 신뢰하고, 의사 결정에서 자율성을 강화하라.

고된 노동이 만드는 우아함

겉보기에 쉽고 우아해 보이는 모든 공연 뒤에는 높은 강도의 끈질긴 훈련 과정이 숨어 있다. 얼핏 봐서는 이것을 거의 알아차릴 수 없다. 어떤 일이 쉬워 보이게 하려면, 역설적으로 더 많은 노력을 투자해야 한다. 작게 시작한 것이 큰 것으로 성장한다. 단순한 것이 복잡한 것으로 드러난다.

이런 사실을 보여주는 사례는 무수히 많다. 무대 위에서 자연스럽고 가볍게 떠다니는 무용수는 수십 년에 걸쳐 완벽한 동작을 익히고 집중적으로 안무를 연습했다. 복잡한 곡을 황홀경에 빠진 듯 연주하는 음악가도 마찬가지다. 연설문 작가, 작사가, 시나리오 작가, 저술가는 더욱 그렇다. 우리가 최종 결과물로 접하는 깔끔하면서도 매끄러운 강연, 노래, 영화, 문학은 수십수백 개 버전을 거쳐 나왔다. 한 사업가의 성공 뒤에는 수년간의 실패, 학습, 적응 과정이 숨어 있다. 완성품이 보여주는 경쾌한 우아함은 그 이면에서 작동하는 엄격한 훈련의 결과다.

이런 인식은 탁월함과 수월함이 하룻밤 사이에 생기지 않는다는 점을 강조한다. 그것은 수많은 시간 동안 연습하고, 실험하고, 가다듬어서 나온 결과물이다. 우리가 경탄하는 우아함은 실제로 오랜 시간에 걸친, 종종 눈에 보이지 않는 헌신과 끈기의 과정이 만들어낸 최종 결과물이다.

고된 노동을 해내겠다는 단호함으로 능력이나 과제에 헌신하라.

내가 실행하는 작고 힘든 단계들이 우아함과 수월함에 도달하는 필수 요소임을 명심하라.

노력을 수고가 아니라, 탁월함으로 가는 길로 보라.

기업가는 실행한다

오늘 무언가를 할 마음이 있는가? 마침 잘 됐다. 나도 그렇다. 나는 매일 무언가를 시도하고 실행하고 싶은 마음이 생긴다. 그래서 나는 기업가가 되었다. 우리가 다른 사람들과 다른 점은? 기업가는 방치하지 않고 실행한다. 직업 생활에서뿐만 아니라 개인 생활에서도 마찬가지다. 직업 생활에서 나는 HKCM을 국제적으로 성공한 기업으로 만들기 위해 모든 것을 한다. 개인 생활에서 나는 가족이 평화롭고 자유롭게 행복한 삶을 살 수 있도록 모든 것을 한다. 이런 온갖 실행들이 나의 하루와 생활을 가득 채운다. 나는 운동장 가장자리에 앉아서 다른 사람들이 경기하는 모습을 보고만 있을 수 없다. 나는 직접 경기에 참여하고 싶다. 비슷하게 느낀다면, 당신도 기업가가 될 준비가 된 것이다. 나는 내 삶에서 더 나은 일을 상상할 수 없다.

나는 "여러분, 이걸 해봅시다"라고 말하는 사람인가?

아니면 "이걸 해봅시다"라는 말을 듣는 사람인가?

둘 다 좋다. 그러나 첫 번째 부류에 속할 때만 기업가가 될 수 있다.

수련 여행을 떠나라!

수백 년 전 독일 장인 조합에는 규칙이 있었다. 도제 교육을 마친 직인 (숙련공)이 장인(전문가)이 되기 위해서는 수련 여행을 떠나야 한다. 이 전통은 오늘날까지도 많은 분야에서 이어지고 있다. 그럴 만한 이유가 있다. 수련 여행이 최고의 인생 학교이기 때문이다. 수련 여행 중인 숙련공들은 독특한 의상 때문에 바로 알아볼 수 있다. 그들은 거의 무일푼으로 최소 2년 동안 걸어서 혹은 차를 얻어 타면서 세상을 떠돈다. 휴대전화도 없이, 연인도 없이, 마음을 바꿀 기회도 없이. 여행 중에 그들은 오래된 수공업 기술을 갈고닦고, 적은 돈으로 살아가는 법을 배운다. 이 여행을 성공한 사람은 경험이라는 보물을 안고 돌아온다. 이 보물은 황금과도 바꿀 수 없다.

수련 여행을 떠나기 위해 숙련공이 될 필요는 없다. 디지털 유목민은 전 세계 어디서나 만날 수 있다.

집을 떠나면 시야가 넓어진다.

바깥 세계는 인터넷이 보여주는 것보다 더 다채롭고, 더 흥미롭고, 더 열려 있다.

미지의 우주

아인슈타인의 말이다. "배울수록 내가 모르는 게 얼마나 많은지 알게 된다." 위대한 물리학자의 이 깨달음이 우리에게 소중한 관점을 열어준다. 지식의 여정에서 한 걸음씩 앞으로 나아갈 때마다 우리의 시야는 측정할 수 없는 미지의 광활함으로 확장된다. 처음에는 그 광활함에 압도될 수도 있지만, 여기에 주눅 들기보다는 새로움에 힘을 얻어야 한다. 자신의 무지를 인정하는 것이 배움과 발견을 찾아 떠나는 평생 여행의 첫걸음이다.

어떤 분야든 더 깊이 파고들 수 있는 것이 무궁무진하다. 그것도 양방향으로! 대부분의 분야가 급속하게 발전한다. 어떤 방식으로든 기술이나 디지털 미디어 분야, 그리고 과학에 관여하는 사람은, 최신 흐름을 유지하면서 신기술을 자기 삶에 구현하는 데 필요한 능력을 갖추느라 손이 열 개라도 모자랄 지경이다. 출판시장처럼 흐름이 '느린' 분야에서도 트렌드를 파악하고 거기서 비롯되는 결과를 배우는 것이 필수다. 돌아보면 모든 분야에는 탐구할 가치가 있는 풍부한 역사가 있다. 뿌리를 모르면 절반의 힘으로만 활동하는 셈이다.

자신의 무지를 기꺼이 받아들이는 자세는 결점이 아니라 강점이다. 그런 자세가 우리를 자극한다. 호기심을 유지하고 깨어 있게 한다. 지식의 한계를 알면 세상 앞에서 겸손해진다.

무지의 깊이를 인식하고 받아들여라. 그것은 계속 배우고 연구하고 성장하라는 초대다. 무지를 깨닫는 모든 순간은 세상을 새로운 눈으로 볼 기회다.

새로운 통찰과 발전에 열려 있어라.

나의 전문 분야 뒤에 있는 역사와 뿌리를 되돌아볼 것.

적을수록 좋다

성공을 여는 열쇠는 찾아오는 모든 기회를 잡는 게 아니라 집중하는 것이다. '진짜' 중요한 계획에 철저히 초점을 맞추는 것이다. 이런 계획을 가리키는 좋은 표현이 있다. '가슴이 뛴다'는 말이다. 하지만 가슴 뛰는 일이 곧 밥벌이로 전락하곤 한다. 수많은 광고 작업 외에 한 번쯤은 진짜 예술 작품을 만들고 싶은 디자이너가 있다. 잘 팔리는 통속 범죄 소설로 성공했음에도 문학적 도전을 하고 싶은 작가도 있다. 제품이나 서비스 아이디어를 개발했지만, 실제 구현하려면 꽤 오랫동안 수익 없이 일해야 하는 위험이 따르는 사업도 있다.

그럴 가치가 있을까? 경제적 관점에서는 누구도 미리 그 가치를 정확히 알 수 없다. 회의론자들이 이전에 가능성이 없다고 판단했던 바로 이런 '가슴 뛰는 프로젝트'에서 가장 큰 성공이 나왔다. 행복과 개인적 성장이라는 관점에서 볼 때, 언제나 무조건 가치가 있다. 필수적이지만 부수적인 작업에만 전념하면서 왜 자기 직업을 소명으로 여기며 그 일을 시작했는지를 잊어버린다면, 우리는 의미와 자기 효능감을 잃어버리기 때문이다. 우선순위를 정해라. 어떤 프로젝트가 우리의 에너지와 관심을 받을 가치가 있는지 의식적으로 선택해라.

현재 나의 의무와 프로젝트를 점검하라.	어떤 것이 나의 장기 목표에 진정 기여하는가?	그것들에게 우선권을 주고, 의미가 적은 프로젝트와 거리를 둬라. 진짜 중요한 것에 집중할 때, 깊이 있는 성공과 개인적 만족감을 주는 공간을 만들 수 있기 때문이다.

중력과는 협상할 수 없다

스턴트맨, 익스트림스포츠 선수, 독일 번지점프의 선구자로 활동하던 시기에 요헨 슈바이처$^{Jochen\ Schweizer}$는 끊임없이 중력에 도전했다. 기네스북에 이름을 올리기 위해서도, 영화 〈메가톤〉에서 제임스 본드 배우 로저 무어의 대역으로 출연해서도 마찬가지였다. 벤처기업 투자자를 찾는 인기 리얼리티 TV 프로그램 〈사자의 동굴$^{Die\ Höhle\ der\ Löwen}$〉의 투자자나 주요 행사의 강연자로 슈바이처를 본 사람들은, 그의 차분한 모습에 놀란다. 대부분의 시간을 공중에서 보낸 사람에게서 어떻게 그런 모습이 나올 수 있을까? 대답은 다음과 같다. 무력화할 수 없는 규칙이 있다는 것을 인식하라. 이런 규칙과는 협상할 수 없다.

많은 사람들이 반복해서 벽을 향해 돌진한다.

그들은 협상할 수 없는 규칙이 존재한다는 사실을 인정하지 않는다.

그런 규칙에 저항하느라 시간을 낭비하지 마라.

유리 천장을 깨라

2016년 미국 대통령 선거에서 도널드 트럼프에게 패배했을 때, 힐러리 클린턴은 '유리 천장'이라는 용어를 전 세계에 알렸다. 힐러리 클린턴은 미국이 여성 대통령을 맞이할 준비가 되지 않았다고 한탄하면서, 여성이 "가장 높고 단단한 유리 천장을 깨는" 일이 불가능하다고 말했다. 미국에서 '유리 천장'은 여성이 고위직에 오르기 위해 극복해야 하는 장애물을 상징한다. 그러면서 힐러리는 선거 운동 때 자신이 범한 실수들을 은폐했다. 실업률이 가장 높았던 러스트 벨트 유권자들을 무시한 실수 말이다.

유리 천장은 여러 분야에 존재한다. 상상해보라. 당신의 전략이 매우 뛰어나서 당신을 멀리 나아가게 할 것이다. 그러나 당신은 가장 높은 자리에 오르는 데 실패한다. 그 사이에 유리 천장이 존재하기 때문이다. 지금까지 검증된 전략이 여기서는 제대로 기능하지 않는다. 새 전략이 필요하다. 이 새 전략을 찾고 수용하는 일은 큰 도전이다. 백 명의 지원자 가운데 이걸 해내는 사람은 겨우 한 명이다. 힐러리 클린턴은 그 한 명이 되지 못했다.

| 나의 성공 전략을 알고 있는가? | 유리 천장에 부딪혔을 때, 즉 정상까지 돌파하지 못했을 때, 그 이유를 파악할 수 있나? | 그 이유를 파악할 수 있다면, 기존의 성공 전략을 포기하고 새로운 전략을 따를 준비가 되었는가? |

지루함이라는 뮤즈

지루함에서 창의적인 생각이 나온다는 말이 있다. 극심한 지루함을 느끼는 시간이야말로 획기적인 아이디어가 성장하는 토양이다. 뜻밖의 역설이다. 지루할 때 우리의 정신이 방황하기 시작하고, 생각이 예측할 수 없는 방식으로 뒤섞이다가 갑자기 창의적인 통찰이 번쩍 떠오른다.

아무것도 하지 않기를 다룬 부분에서 이미 언급했듯이(5월 5일, 5월 9일 참고), 지루함은 수많은 새 문장을 쓸 수 있는 백지다. 지루함은 우리가 상상하는 색채들을 받아들일 준비가 된 빈 캔버스다. 그러나 현재 생활방식에서 우리는 너무 자주 그 백지를 처음부터 가장자리까지 가득 채우고, 캔버스에 우리가 전혀 원하지 않았던 수많은 스케치와 얼룩을 미리 그려놓는다. 의식적으로 만들려고 하지 않아도 자연스럽게 생기는 생산적인 여백의 순간들조차도 끊임없는 자극으로 채운다. 계산대나 정류장에서 기다리는 시간이든, 약속 장소로 걸어가는 중이든, 우리는 완전히 자발적으로 양쪽 귀에 종알대는 목소리로 자신을 둘러싼다. 그러고는 단 하나의 독창적인 아이디어를 떠올리는 것이 왜 이렇게 어려운지 궁금해한다.

그러므로 지루함은 창의성의 불꽃으로 이해될 수 있다. 우리는 일상의 매 순간을 활동으로 채우는 대신, 의식적으로 활동하지 않는 시간을 계획하고 여백의 순간들을 빈틈없이 메우지 말아야 한다. 이처럼 비생산적으로 보이는 순간들이 우리 뇌에 여유 공간을 제공한다. 이 공간에서 뇌는 비범한 연결을 만들고 새로운 것을 창조한다.

스스로에게 지루한 순간들을 허락하라.	바로 다음 자극에 손대지 않도록 스위치를 꺼라.	생각이 자유롭게 흐르도록 두고, 그것이 나를 어디로 이끄는지 지켜보라. 지루함을 의식적으로 일상에 통합할 때, 뜻밖의 창의적 도약으로 가는 문이 열린다.

디지털에서 분리되고, 현실에서 연결되기

소셜 미디어 때문에 전례 없는 연결이 가능해진 세계에서, 역설적으로 주변 사람들과 감정적 연결이 줄어드는 경험을 한다. 더 많이 연결될수록 유대감이 약해진다. 넘쳐나는 디지털 상호작용이 고립감을 줄이기보다 오히려 강화한다. 그렇다고 현대의 의사소통 수단들을 부정적으로 평가하는 문화 비관론을 옹호하려는 것은 아니다. 실제로 디지털 수단만 이용해서도 아주 깊숙한 소통을 할 수 있고, 우정이 생기거나 더 쌓일 수도 있다. 비즈니스 영역에서도 모두에게 도움이 되는 디지털 회의가 진행되기도 한다. "아직 거기 있어요?" "잘 들려요?" 혹은 "마이크 꺼져 있어요!" 같은 익숙한 외침들이 오가는 디지털 회의만 있는 게 아니다.

하지만 진정한 유대는 직접적인 현실 만남에서만 확보되는 공유된 기억을 통해서만 가능하다. 스포츠 경기나 콘서트 같은 대형 행사가 항상 큰돈이 되는 이유도 여기에 있다. 특정팀이나 밴드를 향한 열정을 공유하는 완전히 낯선 사람들과 함께하는 경험은 가상 형태로는 충족될 수 없는 정서적 욕구를 채워주기 때문이다.

역설적으로 진정한 유대감을 맺어주는 열쇠는 의식적으로 디지털 연결을 끊고, 가상 공간과 소셜 미디어를 떠나서, 현실 공간과 실제 사회적 교류 속으로 들어가는 것이다. 의도적으로 스크린 시간을 제한하면, 현실에서 더 깊고 의미 있는 만남의 공간을 만들 수 있다.

의식적으로 디지털 휴식을 취하기로 다짐하라.

몇 시간 동안 스마트폰을 끄고, 친구나 가족과 시간을 보내거나, 고요한 시간을 즐겨라.

계획된 온라인 업무 미팅을 가끔 의도적으로 오프라인으로 옮겨보라.

내가 못 할 이유가 어디 있어

럭비 스타 시야 콜리시Siya Kolisi 이외에도 이미 많은 사람이 이 질문을 던졌다. "그들도 할 수 있는데, 내가 못 할 이유가 어디 있겠어?" 이 질문이야말로 당신이 탐구해야 할 가장 중요한 질문이다. 롤 모델을 찾고, 그들이 어떻게 성공했는지 찾아보아라. 그다음에 그들처럼 해라. 시야 콜리시는 중학생 때 럭비 국가대표팀의 훈련을 지켜보면서 스스로에게 이 질문을 던졌다. 콜리시는 포트엘리자베스 빈민가에서 알코올 중독자의 아들로 자랐고, 매일 인종차별을 겪었다. 그러나 콜리시는 자신의 롤 모델을 따랐고, 위로 올라가기 위해 싸웠으며, 남아프리카공화국 럭비 국가대표팀의 첫 흑인 주장이 되었고, 2019년과 2023년에 럭비 월드컵에서 우승했다. 그 이후 콜리시는 국민 영웅의 지위를 누리고 있다.

롤 모델이 필요하다.

롤 모델이 무엇을 하고 무엇을 하지 않는지 자세히 살펴보라. 그를 본받아라.

롤 모델이 해냈으므로, 나도 해낼 것이다!

정시에 오지 말고 미리 와라!

울리 회네스^{Uli Hoeneß}는 2014년 탈세 혐의로 감옥에 갔다. 독일에서 가장 성공한 축구 선수였고, 이후 기업가이자 FC 바이에른 뮌헨 명예 회장이 된 회네스는 그때의 경험으로 진정한 친구와 그렇지 않은 친구가 누구인지 확실히 알게 되었다. 진정한 친구 중 한 명이 란츠베르크 교도소에 맨 처음 면회를 왔다. 오트마어 히츠펠트^{Ottmar Hitzfeld}다. 그는 챔피언스 리그에서 2회, 세계 클럽 대회에서 1회, 독일 분데스리가에서 여러 차례 우승한 감독이며, 올해의 감독상도 여러 번 수상했다. 울리 회네스는 오트마어 히츠펠트가 면회 하루 전에 란츠베르크에 도착한 것을 기쁘게 회상한다. 아마도 히츠펠트가 스위스인이기 때문일 것이다. 그리고 성공한 사람들은 절대 늦게 오지 않는다는 것을 히츠펠트가 알았기 때문이다. 명장 히츠펠트는 언제나 정시가 아니라 정시보다 더 일찍 오는 사람이다.

약속 시간에 늦는가? 정시에 도착하는가? 약속보다 더 일찍 도착하는가?

늦게 간다면 그 이유는 무엇인가? 왜 시간을 지키지 못하나?

늦게 오는 사람은 스트레스를 받는다. 늦는 사람을 기다리는 사람도 스트레스를 받는다. 시간 엄수는 스트레스를 막아준다. 더욱이 그것은 예의 바른 행동이기도 하다.

실패를 도약판으로

성장은 패배와 직접 연결된다. 더 많이 이루기 위해, 더 자주 실패해야 한다. 실패는 아무리 고통스러워도, 미래에 생길 성공의 씨앗을 품고 있다. 여기서 핵심은 실패를 피하는 것이 아니라 실수로부터 영리하고 빠르게 배워 같은 실패를 반복하지 않는 것이다. 특히 경제 분야에서 이런 방법론을 자주 관찰할 수 있다. 이 방법론은 기술 장치뿐만 아니라 서비스, 혹은 웹사이트와 고객 시스템이 실제 원활하게 작동하는지 확인할 때도 활용된다.

개인적인 차원에서도 이 방법을 체계화할 수 있다. 특정 상황을 되돌아보며 무엇을 더 잘할 수 있었는지 자문하고, 가능하다면 정확한 '생산적 실패 일지'를 작성하는 것이다. 이런 의식적인 접근법 덕분에 다음에는 대안적인 방법으로 실험하게 되고, 오랜 습관에 다시 빠지지 않게 된다. 이 관점은 실패를 바라보는 우리 태도를 다시 생각하게 한다. 우리는 실패를 종착점이 아니라, 성공으로 가는 길에 필요한 단계로 봐야 한다. 모든 실패는 우리에게 소중한 가르침을 제공한다. 이 가르침들 덕분에 우리는 더 나아지고, 강해지고, 지혜로워진다.

실패를 필수 요소로 받아들여라. 실패했을 때, 이렇게 자문하라. "이 실패에서 나는 무엇을 배울 수 있을까?"

모든 패배를 새로운 도전의 기회로 활용하라. 방향을 다시 설정하고 더 많은 지식과 경험을 쌓아라.

진정한 실패는 실패 자체에 있지 않고, 실수에서 배우고 계속 전진하기를 거부하는 데 있다.

두 배로 듣기, 간결하게 말하기

"우리는 귀가 두 개고 입이 하나다. 말하는 것의 두 배를 듣기 위해서다." 고대 철학자 에픽테토스의 지혜는 우리에게 경청의 힘을 상기시켜준다. 끊임없는 소음과 정보의 홍수에 빠진 세계에서 의식적인 경청이야말로 드물고도 소중한 능력이다. 말을 적게 하여 더 많은 것을 전하는 사람은 자기 말에 무게와 의미를 부여한다. 대화 중 확실하지 않을 때 일단 아무 말도 하지 않고 물러서 있는 것이다. 자제에는 세 가지 장점이 있다. 첫째, 자제함으로써 상대의 요구와 시각, 의심과 반론을 더 잘 이해하고 더 효과적으로 대응할 수 있다. 둘째, 상대에게 보여주는 조용한 관심은 저절로 더 큰 신뢰와 강한 결속을 만든다. 끊임없이 떠들면서 자기 성과를 자랑하는 사람 곁에서 편안함과 안정감을 느끼는 사람은 없을 것이다. 셋째, 침묵하면 권위와 아우라가 올라간다. 신중하게 말을 선택하는 사람은 적은 발언에도 더 큰 무게를 부여한다.

　곧바로 대화에 말을 보태기 전에 우선 경청하고 이해하는 데 집중하면, 대화 상대와 더 깊은 유대를 만들 수 있다. 능동적 경청을 하면, 타인의 관점을 제대로 받아들이고 우리의 대답을 신중하게 선택할 수 있다. 그렇게 우리의 말이 힘과 설득력을 얻는다.

대화에서 의식적으로 더 경청하고 더 신중하게 말하겠다고 다짐하라.

다른 사람에게 먼저 발언권을 주고 나의 의견을 신중하게 표현할 때, 의사소통의 질이 어떻게 바뀌는지 관찰해보라.

적은 말로 더 많은 것을 전할 때의 강점을 발견하라.

마태 효과를 활용하라

당신이 우리의 조언을 따랐고 이미 몇몇 성공 비결을 삶에 적용했다면, 미리 축하를 보내겠다. 왜냐하면 성공한 사람은 대단히 높은 확률로 새로운 성공 기회를 추가로 얻기 때문이다. 이것이 마태 효과다.

미국 사회학자 해리엇 앤 주커먼Harriet Anne Zuckerman이 이 효과를 설명했다. "가진 사람이 더 받는다" 혹은 "비는 이미 젖은 곳에 더 내린다"와 같은 속담으로도 이 효과는 이미 널리 알려져 있다. 이 말은 성공이 또 다른 성공을 가져온다는 말과 다르지 않다. 그 이유는 성공한 사람이 점점 더 많은 주목을 받기 때문이다. 이런 관심이 더 많은 성공의 기회를 만들어준다.

책에 제시된 성공 비결이 나에게 성공을 가져다줄 것이다. | 다른 사람들이 나의 새로운 성공을 인지하게 될 것이다. | 나에게 더 많은 성공 기회가 생길 것이다.

성공한 농구 선수가 엄청나게 크지는 않다

농구와 핸드볼에서 큰 키는 장점이다. 미국 프로농구 NBA 선수들의 키는 2.08미터에서 2.16미터 사이다. 세계 최고의 리그인 독일 핸드볼 분데스리가 선수들의 평균 신장은 1.95미터다. 백 플레이어로 뛰는 다이니스 크리스토판스Dainis Krištopāns의 키는 2.15미터이고, 몸무게는 135킬로그램에 달한다. 농구 선수 쑨밍밍의 키는 2.39미터이며, 2.31미터 게오르게 무레샨Gheorghe Mureșan도 있다. 큰 키는 장점일까? 그렇다. 그러나 큰 키가 전부는 아니다. 연구에 따르면 성공한 선수는 '충분히 크면' 된다. 다른 중요한 성공 요소들이 있기 때문이다. 이 원칙은 모든 분야에 적용된다. 당신은 '충분히 영리하면' 된다. 가장 영리할 필요는 없다. 당신은 '충분히 부지런하면' 된다. 반드시 가장 부지런할 필요는 없다.

충분히 크기, 충분히 영리하기, 충분히 부지런하기란 무엇일까? 보통 충분함은 80퍼센트다. 부지런함을 예로 들어보자. 가장 부지런한 사람의 80퍼센트만큼 일한다면, 당신은 충분히 부지런하다.

왜 80퍼센트면 충분할까? 마지막 20퍼센트의 성과를 내려면 평균 이상의 시간과 에너지를 투자해야 하기 때문이다.

이 시간과 에너지를 다른 곳, 즉 의사소통에 투자하는 게 더 좋다. 실용 지능이 여기에서 비롯된다.

찾기 위해 놓아버리기

노자가 했다고 알려진 말이 있다. "찾으려는 것을 발견하려면 찾기를 멈춰라." 열심히 찾을 때 정작 그것을 발견하지 못하는 일을 종종 경험한다. 찾기를 멈출 때, 비로소 찾는 대상이 문을 열고 우리를 발견한다. 이지혜는 사랑에도, 비즈니스에도, 행복을 추구할 때도, 삶 전반에도 똑같이 적용된다.

사랑의 경우 간편한 앱과 중개 업체가 있는 시대에 이런 지혜가 더는 당연해 보이지 않는다. 과연 알고리듬으로 맺어진 커플 가운데 얼마나 많은 커플이 실제 장기적인 관계를 유지하는지 연구해볼 가치가 있을 듯하다. 다만 확실히 이런 관계들에는 낭만적인 신화가 전혀 존재하지 않는다. 그런 신화는 대체로 우연한 만남에서 비롯되고, 나중에는 종종 자연스럽게 '운명'이라고 불린다. 비즈니스와 관련해서 나는 4월 15일에서 다룬 주제를 상기시키고 싶다. 성공은 실제 열정적 활동에 '따라온다'. 성공은 의도적인 탐색의 결과가 아니라 관심이 있는 사람들에게 발견되는 것이다. 행복이라는 주제에서 이 지혜는 더욱 자명하다. 호기심과 직관을 따르면, 기회, 사람, 장소들이 스스로 우리를 발견할 것이다. 역설적으로 끊임없는 추구와 탐색을 놓아버리면 우리 마음에 품고 있는 것을 온전히 발견할 수 있다. 온 힘을 다해 가능성을 애써 잡으려 하기보다 가능성이 우리에게 올 수 있는 공간을 만드는 것이 중요하다. 힘은 평온함 속에 있다. 종종 해답도 그 안에 있다.

집중적인 탐색을 놓아버려라. | 사랑이든, 성공이든, 행복이든, 삶이 나에게 다가올 기회를 주어라. | 적극적인 탐색을 멈추고 삶이 제공하는 것을 받아들일 때, 새로운 길과 기회가 어떻게 열리는지 관찰하라.

자만은 추락의 지름길

"이카로스는 날개를 만들어 하늘로 날아갔다. 성공에 취한 이카로스는 태양에 너무 가까이 날아간 나머지 날개가 녹아서 추락하여 목숨을 잃었다." 이 고대 그리스 신화는 성공과 함께 올 수 있는 자만을 경고한다. 지나친 자만과 자기 과신이 어떻게 갑작스러운 종말로 이어질 수 있는지, 이 이야기가 잘 묘사해준다.

현대 세계, 특히 비즈니스 분야에서 우리는 비슷한 패턴들을 본다. '한 마리 말에게만 베팅하여' 거둔 성공은 자기 확신을 부추겨서 임박한 변화와 도전에 눈을 감게 한다. 두 가지 유명한 사례가 코닥과 블록버스터다. 코닥은 한때 사진 산업의 지배자였고, 카메라계의 롤스로이스였으며, 수많은 기자의 자부심이었다. 기자들은 코닥을 목에 걸면 기자증 없이도 어디에나 들어갈 수 있다는 농담을 즐겨 했다. 디지털 사진이 등장했을 때 코닥은 첫 번째 디지털카메라를 개발했지만, 이 기술을 적극 지원하지 않았다. 자만심 때문에, 또한 필름산업이 잠식될 수 있다는 두려움 때문이었다. 미국 시장을 선도하던 비디오 대여 체인 블록버스터는 5천만 달러에 초기 넷플릭스를 인수할 기회가 있었다. 블록버스터의 CEO는 이 제안을 비웃으며 거절했다. 2010년에는 블록버스터가, 2012년에는 코닥이 파산 보호 신청을 했다.

우리를 성공으로 이끈 요인들 안에는 실패의 위험도 도사리고 있다. 성취를 축하하는 동안에도 경계심을 유지해야 한다는 경고다. 우리는 성공을 종착점이 아니라, 끊임없는 조정이 필요한 계속되는 여행의 일부로 이해해야 한다.

내가 이룬 성취를 성찰하고 스스로에게 물어보라. "나는 새로운 것에 열려 있나, 아니면 과거의 영광에 안주하는가?"

성공을 베개가 아닌 도약판으로 활용하라.

겸손과 호기심을 유지하라. 그래야 인생에서 높이 나는 법뿐만 아니라 안전하게 나는 법도 통달할 수 있다.

권위에 위축되지 마라

미국 언론인 말콤 글래드웰은 자신의 책 『아웃라이어』에서 이런 실용 지능의 촉진이 부모에게 달려 있다는 사실을 보여준다. 안타깝게도 빈곤층 부모는 중상류층 부모보다 권위에 더 위축되는 경향이 있다. 그들은 불안해하고 의사소통을 거의 하지 않는다. 이렇게 해서 자녀들의 실용 지능 발달을 방해한다. 왜냐하면 실용 지능의 이면에는 다음 세 가지 요소가 들어 있기 때문이다.

나는 누구에게, | 가장 적절한 시기에, | **가장 효과적으로 말하는 법을 안다.**

조 플롬처럼 하라

조지프 플롬Joseph Flom 변호사는 1980년대 기업인수합병 전문가였다. 그래서 '미스터 테이크오버Mr. Takeover'라는 별명도 얻었다. 무슨 일을 잘하면 이런 별명들을 얻게 된다. 조 플롬은 일을 하면서 미국 경제계의 거물들, 그러니까 위계질서에서 자기보다 위에 있는 사람들을 끊임없이 상대해야 했다. 그는 이런 권위에 주눅 들지 않았다. 조 플롬은 뛰어난 실용 지능을 갖추었고, 누구와 무엇을 이야기해야 하는지, 최적의 대화 시간은 언제인지, 어떻게 가장 큰 효과를 얻을 수 있는지 정확히 알았다. 어느 날 조 플롬이 책상에 앉아 만년필을 집었다. 그리고 자신의 가장 큰 인수 성공 사례를 이렇게 설명했다. "나는 그에게 편지를 써서, 내가 왜 슬라이스 빵 다음으로 최고인지 설명했을 뿐이다."

조 플롬은 영리한 변호사였을 것이다. 가장 영리하지는 않았지만, '충분히 영리했다'. 확실히 그는 부지런했다. 가장 부지런하지는 않았지만, '충분히 부지런했다'.

이런 점들이 실용 지능과 결합하여 그를 자기 업계에서 성공한 사람으로 만들었다.

조 플롬의 실용 지능은 그가 누구에게 가장 적절한 시점에 가장 효과적으로 무엇을 말해야 하는지를 아는 데서 드러났다.

유한성의 그림자 속에 있는 생명의 빛

"존재의 덧없음을 받아들여야 비로소 충만한 삶을 살 수 있다"라고 철학자이자 작가인 이나 슈미트 박사가 말했다. 스토아 철학에서 나온 '메멘토 모리Memento mori(죽음을 기억하라)'는 원리는 죽음의 확실성과 불가피성을 알려주는 경고다. 이 경고는 우울한 생각을 키우는 것이 아니라, 우리 존재를 해명하고, 우리 존재에게 깨달음과 영감을 주기 위한 것이다. 유한성에서 비롯되는 존재의 소중함은 불멸하는 인물이 등장하는 소설과 영화에서 잘 나타난다. 그들은 허구의 세계 속에서 생명을 사실상 무한대로 연장했다.

그러나 이 모든 이야기에서 불멸의 존재들은 다른 무엇보다 확실한 종말을 갈망한다. 한편으로 그들은 사랑하는 사람들보다 오래 살면서 계속해서 슬픔을 겪기 때문이고, 또 한편으로는 끝없는 시간 속에서는 필멸의 존재가 느끼는 만남, 행동, 경험이 더 이상 가치를 지닐 수 없기 때문이다.

널리 알려진 속담처럼, "삶에 더 많은 시간을 가져오기보다 더 많은 삶을 시간에 가져오기"가 중요하다. 종말이 온다면 무엇을 할 것인지 자문하는 사고 실험은 이 속담의 의미를 잘 보여준다. 자신의 유한성을 의식적으로 마주하면서 우리는 순간의 소중함을 보는 시각을 벼릴 수 있다. 이런 인식은 삶을 온전히 누리고, 우선순위를 정하고, 진정 중요한 일을 미루지 않도록 동기를 부여한다.

잠시 시간을 내어 삶의 유한성을 숙고해보라.

주어진 시간을 신중하게 활용하라. 인생의 덧없음이 영감과 용기의 원천이 되게 하라.

살면서 이루고 싶거나 경험하고 싶은 모든 것을 담은 버킷 리스트를 작성하라.

감사를 통한 만족

끊임없이 더 많은 것을 추구하는 세상에서 감사의 실천은 상황을 변환하는 힘을 보여준다. 감사는 우리에게 이미 존재하는 것의 가치를 인식하는 법을 가르친다. 미국 철학자이자 작가 랠프 월도 에머슨은 이렇게 표현했다. "감사는 풍요를 만족으로 바꾼다."

우리의 건강은 지금 중병에 걸린 모든 사람이 바라는 꿈이다. 수돗물, 전기, 난방까지 갖추고 사는 우리 집은 가난에 허덕이는 수백만 명의 꿈이다. 우리는 자연을 볼 수 있고, 풀 향기를 맡을 수 있으며, 세계의 모든 음악을 들을 수 있다. 책장이 있고, 부드러운 침대가 있으며, 함께 한잔할 수 있는 친구들도 있다. 트라우마가 아니라 경험과 추억이 있다. 여기에 포르쉐와 고급 별장이 없다고 무슨 문제일까?

감사는 끊임없이 더 많은 것을 원하는 욕구를 누그러뜨리고 지금 가진 것에 대한 만족감을 높여준다. 이런 태도는 개인적 인식뿐만 아니라, 다른 사람들과 상호작용하는 방식도 바꾼다. 우리는 더 친절해지고, 더 태연해지며, 더 관대해지고, 사랑을 베푸는 마음도 더 커진다. 질투는 영혼에 가장 해로운 감정이다. 질투는 우리를 시기심 넘치는 난쟁이로, 타인을 거인으로 만든다. 감사를 통해 이런 감정이 우리에게서 멀어진다. 감사의 마음 키우기란 우리가 가진 것이 충분하고, 종종 그 이상이라는 사실을 깨닫는 것이다.

인생에서 감사한 세 가지를 찾아보라. 잠시 멈추고 그 감사함을 느껴보라.

다른 사람들이 관습적 기준에서 나보다 '앞서' 있더라도, 그들의 번영과 행복을 진심으로 바라는 연습을 하라.

나를 둘러싼 풍요를 떠올려보라. 그 속에서 늘 돌봄을 받고, 새로운 기회들이 저절로 열린다.

열다섯 살 당신에게 어떤 조언을 하시겠습니까?

도미니크 크놀Dominique Knoll은 자신이 진행하는 토크쇼 〈파란 소파〉에서 마지막에 항상 이 질문을 던진다. 초대 손님들의 대답은 "두려워 마, 모두 잘될 거야라고 말해주고 싶어요"에서부터 "조금만 더 자신감을 가지면 좋겠어"까지 다양하다.

　　열다섯 살 나에게 멘토가 있었다면 정말 좋았을 것이다. 내가 멘토의 말을 들었을까? 그의 답변이 솔직하고 직설적이었다면 그랬을 것이다. 이런 의미에서, 사랑하는 열다섯 살 필립에게 이런 조언을 해주고 싶다. "필립, 끌어당김의 법칙을 열심히 탐구해봐. 너의 목표를 믿으면, 거기에 도달하게 될 거야. 목표에 도달하게 되면, 거기에 감사해."

열다섯 살 자신에게 어떤 조언을 하겠는가?	만약 내가 열다섯 살이라면, 나이 든 자신으로부터 어떤 조언을 듣고 싶은가?	조언하기 전에 그 시간 속으로 완전히 들어가보라.

네 모든 힘, 에너지, 사랑을 다 쏟아부어

록키 시리즈의 여섯 번째 영화에서(나는 이 영화가 시리즈 중에서 최고라고 생각한다) 실베스터 스탤론은 꽤 나이 든 록키 발보아로 나온다. 그럼에도 록키는 다시 링에 올라 현 챔피언 메이슨 '더 라인' 딕슨과 대결한다. 딕슨 역은 실제 세계 챔피언이 연기했다. 말 그대로 피 튀기는 경기였고, 특히 록키가 자신의 가장 강력한 카드를 내밀었을 때 경기는 더욱 격렬해졌다. "절대 포기하지 마!" 록키는 이 시합을 준비하면서 이를 악물고 견뎌야 했다. 여기서 그의 옛 트레이너 토니 듀크 에버스가 등장한다. 먼저 듀크는 록키 발보아의 몸에서 더 이상 쓸 수 없는 부위를 나열한다. 거의 모든 부위가 그랬다. 무릎, 어깨, 팔꿈치, 눈 등 모든 부위가 나이 때문에 심각한 손상을 입은 상태였다. 그러나 듀크는 이렇게 말한다. "네 모든 힘, 모든 에너지, 모든 사랑을 다 쏟아부어. 그러면 해낼 수 있어."

　바로 그렇다. 우리가 가진 것을 모두 쏟아부을 때, 우리의 사랑을 쏟아부을 때, 우리는 해낼 수 있다. 그렇지 않다면 시작할 가치도 없다. 얻어맞기만 할 테니까.

정말 마음에 두고 있는 프로젝트가 있는가?	저항이 심한가? 모든 사람이 반대하는가?	스스로에게 물어보라. "나의 힘, 에너지, 사랑을 모두 쏟는가?" 대답에 "예"라면, 해낼 수 있을 것이다.

충분함을 기리는 기술

끊임없이 완벽을 추구하는 세상에서 우리는 작은 승리와 '충분한' 성취를 인정하지 않는다. 비범함을 향한 끊임없는 추구에 사로잡혀서 우리가 이미 이룬 성취의 의미를 너무 자주 무시한다. 그러나 바로 이 '충분함'이 우리의 길을 만들고, 우리에게 성장할 공간을 제공하며, 궁극적으로 빛날 수 있게 해준다.

　　이 말은 영원히 빈둥거리면서 이미 얻은 영광의 월계수 침대 위에서 편안히 쉬겠다는 의미가 아니다. 그보다는 작은 승리와 성공을 거둔 후, 축하나 휴식을 통해 그 승리와 성공을 기리라는 것이다. 프로 스포츠에서는 시즌 사이에 보통 상당한 휴식기가 있다. 이 시간에 선수들뿐만 아니라 관중들도 지난 시즌을 소화하고 새로운 시즌을 기대할 수 있다. 그래서 최근 여러 프로 축구 선수들이 유럽축구연맹의 대회와 경기 수의 끝없는 확대에 항의하고 있다. 연맹의 뜻을 따라간다면, 계속 대회들이 추가로 생기면서 국내 리그와 국제 토너먼트 사이에 거의 빈틈이 없어질 것이다. 이 항의는 또한 새로운 라운드가 시작되기 전에 우선 성공을 축하하고 싶은 인간적 욕구에서도 비롯된다.

　　야망은 우리를 앞으로 나아가게 하는 힘이다. 그러나 이미 걸어온 길을 스스로 인정하지 않을 때 야망은 우리를 영원히 만족하지 못하는 상태로도 이끌 수 있다.

| 이미 이룬 성취에 자부심을 가져라. | 작은 성공들을 축하하고 성과를 즐겨라. | 모든 '충분함'이 위대함으로 가는 한 걸음이다. 이 걸음들을 인정할 때 회복탄력성이 길러지고 과정 자체의 즐거움도 커진다. |

의심이 주는 힘

삶의 우여곡절 속에서 우리는 가장 큰 두려움과 불확실성에 맞서던 그때가 가장 큰 성장을 가져오는 순간이었다는 것을 깨닫게 된다. 가장 두려워하는 도전들이 우리를 성장시킨다. 이 도전들은 우리가 어린 시절부터 지니고 있는 두려움과 관련이 있다. 두려움은 타고난 본능이 아니라, 우리에게 주입된 감정이다. "그는 많은 사람 앞에서 말하는 데 능숙하지 않아. 혼자 있기를 더 좋아하거든." 혹은 "아니야, 아니야, 우리 아들은 손재주가 없어. 그냥 전문 수리 기사를 부르는 게 낫겠어." 또는, "그는 숫자에 약해."

반면에 어떤 두려움들은 의식적으로 주입되지 않고, 본보기를 통해 자연스럽게 전달된다. 만약 우리 부모님들이 거미를 보거나 비행기를 탈 생각을 할 때 공포에 질려 도망갔다면, 우리는 그 감정적 반응을 그대로 따라 하게 된다.

이런 사례들을 보면, 우리는 이미 어릴 때부터 한계를 설정하고, 그 이후 그 한계를 감히 넘지 못한다. 그 한계를 과감하게 뛰어넘어보면, 장애물이 생각만큼 높지 않았다는 것을 확인하게 될 것이다.

두려움 때문에 오랫동안 미뤄왔던 도전이 무엇인가?

이 도전을 향해 작은 한 걸음이라도 내딛겠다고 다짐하라.

의심의 모든 순간에 성장과 자기 발견의 기회가 있음을 깨달아라. 용감해져라, 과감해져라. 그리고 진정 무엇을 할 수 있는지 발견하라.

무언가를 원하면 반드시 해낸다

축구에 메시와 호날두가 있다면, 나에게는 기업가 라인홀트 뷔르트[Reinhold Würth]와 디르크 로스만이 있다. 두 사람은 수백 년에 한 번 나올 만한 특출한 능력자다. 로스만은 열두 살 때 벌써 가족을 부양해야 했지만 일을 너무 잘해서 4년 후 집을 살 수 있었다. 로스만은 수년에 걸쳐 생활용품점 체인을 만들었다. 좋을 때는 연 매출이 120억 유로에 달했다. 로스만의 전기와 소설들은 거의 백만 부가 팔렸다. 그는 잔드라 마이슈베르거[Sandra Maischberger]의 토크쇼에서 환경 문제를 다룬 어떤 책을 칭찬하며 책 2만 5,000권을 선물하기도 했다.

나에게 가장 인상 깊었던 로스만의 이야기는 1964년에 일어난 사건이다. 로스만은 군대에 소집되었는데 여기에 이의를 제기했다. 자신이 다섯 식구의 유일한 부양자였기 때문이다. 그는 독일 연방 공화국을 상대로 소송을 제기했지만, 복무를 시작할 수밖에 없었다. 병영에서 로스만은 모든 명령을 거부하기로 결심했다. 온갖 괴롭힘에도 몇 달을 버텼고, 결국 군에서 풀려났다. 어떻게 이런 일들을 달성했느냐는 질문에 로스만은 아르투르 쇼펜하우어의 말로 대답했다. "대부분의 사람은 성공하지 못한다. 그들은 너무 일찍 포기하기 때문이다." 디르크 로스만은 그런 사람이 아니다. 그의 좌우명은 "무언가를 원하면 반드시 해낸다"이다.

나의 의지력은 얼마나 강한가?	어떤 대가를 치르더라도 모든 저항을 극복할 준비가 되었는가?	의지를 관철하는 일이 내가 얻을 수 있는 가장 큰 만족이다.

정체는 퇴보다

바로 앞서 전설적인 기업가를 이야기하면서 언급했던 라인홀트 뷔르트의 인생도 전설적이다. 그는 아버지의 나사 사업을 독일 최대 가족 기업으로 키웠다. 처음에는 퀸첼자우라는 작은 마을에서 두 명의 직원으로 시작했던 이 회사는 이 글을 쓰고 있는 현재, 전 세계 직원이 8만 7000명이 넘는다. 이 회사의 연 매출은 거의 200억 유로에 달한다. 라인홀트 뷔르트는 공개적으로 국가의 간섭에 큰 소리로 반대하고, 독일이 거둔 가장 위대한 성취인 '보석 같은 민주주의'를 지켜야 한다고 역설한다.

나는 어디서 성장할 수 있나? | 나는 어디서 정체하나? | 전설이 되려면 비범한 성과를 달성해야 한다.

내면에서 일어나는 싸움이 가장 중요하다

우리 의식의 심연에서는 영원한 갈등이 격렬하게 벌어지고 있다. 이 갈등은 순간의 만족을 원하는 욕망과 장기적인 의미 추구 사이에 일어나는 조용한 전쟁이다. 우리가 매일 벌이는 이 전투가 우리 삶의 여정을 구성한다. 즉각적 만족이란 말 그대로 패스트푸드, 포르노, 빠른 돈벌이 등이다. 이런 것들은 대부분 사기이고 중개자들만 돈을 번다. 근래에 가장 치명적인 사례는 소셜 미디어에서 화면과 채널을 끊임없이 스크롤 하면서 받는 도파민 폭격이 있다. 거의 모든 사람이 이런 중독에 빠져 있다.

생화학적 이유 외에도, 우리 안에는 자기돌봄을 실천하기보다 즉각적인 쾌감에 빠지기를 바라는 어떤 존재가 실제로 있다. 이 존재는 어린 시절 다양한 초자아에서 자양분을 얻고, 우리가 성공하고 행복하기를 절대 원하지 않는 내면의 비판자다. 이 내면의 비판자는 우리를 방해할 도구를 그 어느 때보다 더 많이 손에 쥐고 있다.

유혹에 굴복하는 것은 쉬운 선택이다. 굴복은 꿈과 우리를 멀어지게 만든다. 진정한 기회는 직접 고삐를 쥐고 장기적 관점에서 충만함을 주는 일을 실행하는 것이다.

더 힘들어 보일지라도, 나를 목표에 더 가까이 데려가는 길을 선택하라.

즉각적인 만족을 거부하고 진정 중요한 일을 하기로 결정할 때마다, 나는 삶의 중요한 전투에서 승리하는 중이다.

모든 결정의 순간에 나의 운명을 더 나은 방향으로 바꿀 기회가 있다.

일치된 목표 속에서 함께

"빨리 가고 싶으면 혼자 가라. 멀리 가고 싶으면 함께 가라." 아프리카의 격언에는 진보와 성공의 본질을 꿰뚫는 깊은 통찰이 숨어 있다. 혼자 가면 빠르게 방해받지 않고 앞으로 나아갈 수 있지만, 함께 가는 여정에는 혼자서 도달할 수 있는 것을 넘어서는 잠재력이 있다.

이 원리를 잘 보여주는 예가 '작가들의 방$^{Writers\ Room}$'이라는 제도다. 원래 시나리오 분야에서 활용되지만, 최근에는 소설과 실용서 분야의 대필 작가 팀에게까지 확산되고 있다. 시리즈물이나 연작 도서를 만들어야 할 때, 이제는 한 사람이 그 엄청난 작업량과 아이디어 발굴 같은 까다로운 과제를 홀로 짊어지지 않는다. 그 대신, 다채로운 능력과 관점이 협력하여 온갖 사각지대를 남김없이 밝힐 수 있다.

개인의 노력과 집단의 협업이 공생할 때, 목표에 도달할 수 있을 뿐만 아니라 새로운 지평을 발견할 수 있다. 우리의 힘, 능력, 비전들을 모으면, 거대한 잠재력이 발휘되고 혁신적 해법을 만들 수 있다.

나의 야망을 혼자 하는 고독한 노력이 아니라 시너지를 만드는 기회로 여겨라.

나의 비전을 공유하고 그 실현을 위해 함께 일할 수 있는 동지들을 찾아라. 개인의 기여와 공동의 노력이 조화를 이룰 때, 더 멀리 나아가고 더 위대한 일을 이룰 수 있다.

공동 프로젝트에 내가 기여할 수 있는 강점이 무엇인지, 다른 사람들에게는 무엇을 맡길 것인지 분명히 하라.

기록이 아니라 일이 중요하다

이 말을 한 사람은 네팔 셰르파 카미 리타다. 들어본 적이 없다고? 당연하다. 8,849미터에 이르는 세계에서 가장 높은 에베레스트산 등반을 이야기할 때, 다른 이름들이 전면에 등장한다. 하지만 카미 리타의 기록이 단연 앞선다. 그는 에베레스트산을 28회 올랐다. 한 해에 한 번 오른 적도 있고, 여러 번 오른 적도 있다. 그는 이렇게 말했다. "나에게 기록이 중요했다면 더 자주 오를 수도 있었습니다. 그러나 나에게는 짐꾼과 등반 길잡이 일이 더 중요했습니다."

카미 리타 같은 셰르파가 없었다면 다른 모든 에베레스트 등반가는 정상에 오르지 못했을 것이다.

반드시 부유하고 유명해져야 한다. 그렇지 않다면 이 책을 쓴 의미가 없다.	그러나 주의하라! 처음에 일이 오고, 그다음에 일이 오고, 그다음에 또 일이 온다.	카미 리타처럼 자기 일을 잘하면, 기록은 저절로 세워질 것이다.

기업가 정신은 삶의 방식이다

게오르크 코플러Georg Kofler는 "기업가 정신은 삶의 방식이다"라는 모토를 입에 달고 살았다. 코플러는 독일 민영 방송국 프로지벤Pro7과 스카이 TV의 전신 프리미어 방송국 사장으로, 그다음에는 프로축구단 헤르타 BSC 베를린의 감사위원회 위원으로, 그리고 독일 민영 방송국 복스VOX에서 방영한 창업 리얼리티 쇼 〈사자의 동굴〉에서 심사위원이자 투자자로 활동하면서 자신의 모토를 실천했다.

코플러는 기업가로서 큰 성공을 거두었지만, 수년 동안 반복해서 혹독한 실패를 맛보았다. 인생에서 승리만 할 수는 없는 법이다. 게오르크 코플러는 이렇게 말한다. "실패 없이 성공한 기업가는 없다." 그래서 나는 "기업가 정신은 삶의 방식이다"라는 그의 말을 특별히 좋아한다. 만약 이런 기업가 정신이 당신에게도 있다면, 그것이 당신 삶 전체를 채우고 지배할 것이다. 그러면 당신은 정시 출퇴근, 일요일이나 공휴일, 혹은 다른 사람들이 지금 맥줏집에서 무엇을 하는지에 더 이상 관심을 두지 않게 될 것이다. 그런 일에 참여할 생각조차 들지 않을 것이다. 당신이 추구하는 삶의 방식이 곧 '나는 기업가다'라는 선언이다.

나는 창조자인가, 관리자인가?

나는 지시를 내리고 싶은가, 아니면 지시에 따르고 싶은가?

나는 기업가 정신으로 살고 싶은가, 아니면 고용인 상태로 살고 싶은가?

비틀거린 지점이 시작점이다

"넘어진 곳에서 찾지 말고, 발이 걸려 비틀거린 곳에서 찾아라." 이 속담은 인간의 성장과 성공에 관한 깊은 통찰을 드러낸다. 목표를 이루거나 도전을 극복하려고 노력하다 보면 종종 장애물에 부딪히고 넘어지곤 한다. 그러나 이 경험에서 진정 가치 있는 것은 넘어짐 자체가 아니라, 넘어지기 전에 발걸음이 불안해지는 순간이다.

우리는 적극적으로 행동하는 동안에도 이런 불안한 순간들을 자주 느끼지만, 직감을 거슬러 이를 무시하고 억누른다. 예를 들어 새로운 사업 파트너와 협력하면서 초창기부터 좋지 않은 느낌을 받을 때가 있다. 나중에 사기나 기만을 당한 후에야 그 느낌이 옳았음이 판명된다.

정기적으로 한 걸음 물러서서 솔직하게 자신을 바라보고 전체 그림을 관찰했다면, 이런 잘못된 곁가지들을 더 일찍 알아차릴 수 있었을 것이다. 우리는 떠들썩한 실패나 위대한 승리에만 주의를 기울이는 경향이 있다. 그러나 우리가 비틀거리기 시작하는, 조용하고 거의 감지할 수 없는 순간들에 바로 통찰과 또 다른 성장을 위한 열쇠가 있다.

일상에서 망설여지거나 확신이 서지 않는 순간에 의식적으로 주의를 기울여라. 결정을 내릴 때든, 새로운 기술을 배울 때든, 하루를 계획할 때든.

이 망설임이 나에게 하고 싶은 말이 무엇인지 스스로에게 물어보라. 이 통찰을 활용하여 접근 방식을 조정하고 나아가라.

평소에 자기 자신의 관찰자가 되는 연습을 하라.

집중된 길의 힘

끊임없이 새로운 아이디어들이 넘쳐나고 가능성이 무한해 보이는 이 시대에, '아니오'라고 말할 수 있는 능력은 소중한 자원이 된다. 수천 가지 좋은 아이디어를 거부할 때 우리의 진정한 목표에 더 가까이 다가간다는 사실이야말로 우리 시대의 역설이다. 집중이란 수많은 선택지에 압도당하지 않고 자기 에너지를 어디 쏟을지 의식적으로 선택하는 것이다. 분산 대신 집중을 선택하기 위해서는 용기와 명료성을 갖추고 있어야 한다. 다양성 속에서 길을 잃게 만드는 유혹에 저항하고, 진정으로 중요하게 여기는 길을 선택하는 것이다. 이렇게 중요한 길에 집중할 때 우리가 하는 일의 깊이뿐만 아니라, 성공의 의미도 더 명료하게 이해하게 된다.

무엇보다 이런 중요한 길에 대한 두려움을 버리는 게 중요하다. 특히 이 길이 즉각적인 결과를 볼 수 없는 영역에 속할 때 더욱 그렇다. 우리는 자기 능력, 자기 자신, 그리고 타인의 관심을 신뢰하면서 행동해야 한다. 집중은 위대한 것을 위해 좋은 것을 거부하는 기술이다. 가능한 것과 의미 있는 것 사이에서 균형을 잡는 기술이다. 중요한 것과 부수적인 것을 구분하는 능력은, 겉으로만 반짝거리는 것보다 진정으로 충만함을 가져다주는 목표에 도달하는 데 결정적인 역할을 한다.

우선순위를 다시 생각해보라. 어떤 활동이나 아이디어가 진정으로 장기 목표에 기여하고, 어떤 것이 방해가 될까?

많은 '좋은' 아이디어에 '아니오'라고 말하는 법을 익혀라. 핵심 목표에 더 많은 무게와 의미를 부여하라.

'예'가 나중에 큰 결실을 맺으리라고 믿어라.

질문하는 기술이 문제 푸는 기술보다 가치가 높다

솔직히 말하자면, 학교에서 수학 선생님이 내가 잘 모르는 문제를 물었을 때 이 인용문을 알았더라면 좋았을 것 같다. 수학자 게오르크 칸토어는 엄청나게 많은 지식이 있었다. 대부분의 동시대 사람들보다 훨씬 더 많이. 그럼에도 불구하고 칸토어는 이 인용문을 남겼다. 이유가 뭘까? 아직 해결하지 못한 문제에 몰두하는 것이 그냥 내버려두는 것보다 인류에게 종종 더 많은 것을 가져다주기 때문이다. 칸토어는 일부 무한 수집합들이 크기는 모두 무한하지만, 그 크기가 서로 다름을 발견했다. 이 발견을 통해 그는 무한의 다양한 크기를 증명했다. 지금 그 내용을 완전히 이해할 필요는 없다. 나도 완전히 이해하지는 못한다. 그리고 그 이해가 여기서 결정적인 역할을 하지도 않는다. 결정적인 것은 질문하는 용기다. 질문하지 않으면, 우리는 결코 대답을 받지 못할 테니까.

나를 사로잡은 것은 무엇인가? 나는 무엇이 알고 싶은가?

시급한 질문을 한 번이라도 해본 적이 있는가?

지금 바로 하라!

아이가 어리면 뿌리를 주고 아이가 크면 날개를 줘라

이 책을 쓰는 동안 세상에서 가장 위대하고, 멋지고, 환상적이며, 마법 같은 일이 일어났다. 내가 아빠가 되었다.

　이 책을 읽는 모든 엄마와 아빠는 아이가 태어나기 전과 후로 인생이 나뉜다는 점에 동의할 것이다. 그 후는 그 전과 공통점이 거의 없다. 인생의 가치관과 일상의 리듬이 모두 달라진다. 아들이 세상에 나온 이후, 나는 저기 위에 있는 이들이 하는 일뿐만 아니라 내가 하는 일도 더욱 비판적으로 본다. "아이가 어리면, 뿌리를 주어라. 아이가 크면, 날개를 주어라." 시인 칼릴 지브란의 말은, 아들이 태어난 후 나의 눈길을 끈 첫 번째 경구였다. "바로 그거다"라고밖에 말할 수 없다. 아이에게 뿌리를 주는 일은 정말로 진정한 과제다. 아이들이 독립할 수 있도록 날개를 주는 일도 또 다른 도전이다. 나는 그렇게 할 것이다.

나는 어디에 뿌리를 두고 있는가?	날개는 나를 어디로 데려가나?	우리는 모두 삶에서 두 가지가 필요하다. 뿌리와 날개.

변화를 위한 준비

누구나 인생에서 익숙한 길을 떠나 새로운 길을 선택해야 하는 순간이 있다. 이 순간은 나이나 환경이 아니라, 변화를 받아들이고 미지의 세계를 탐구할 내면의 준비에 의해 결정된다. 이런 준비는 매우 다양한 영역에서 드러날 수 있다. 고향이 나 자신과 내 사업에 더 이상 유익하지 않을 것 같을 때, 거주지를 바꾸거나 심지어 나라를 떠날 수도 있다. 평생의 소명으로 여겼던 직업도 이미 충분히 경험했다고 인정하는 데서 나타날 수도 있다.

이런 결정의 핵심에는 새로운 시도를 하기에 늦은 때는 없다는 깨달음이 있다. 그런 시도를 통해 마음속 가장 깊은 바람과 목적에 부합하는 방향으로 삶을 이끌 수 있다. 과거의 실수나 놓친 기회가 아니라, 여전히 우리 앞에 놓인 가능성으로 삶을 정의하겠다는 용감한 선택이다. 이런 깨달음만으로도 우리는 해방감을 느낄 수 있다. 낡은 사슬을 끊고 불확실함이 가득하지만 성취와 행복을 향한 희망 가득한 여정을 떠날 수도 있다. 이 새로운 길로 가는 첫걸음에는 용기가 필요할지도 모른다. 그러나 그다음 모든 걸음마다 당신은 변화가 가능할 뿐만 아니라, 반드시 필요하다는 확신을 얻게 될 것이다.

잠시 시간을 내어 바꾸고 싶은 삶의 영역들에 대해 생각해보라.

새로운 시작을 감행하는 데 너무 늦은 때는 없다.

미지의 것을 두려워하여 마비되지 말고, 거기에서 성장할 기회를 보라.

도약 전 고요

매 순간 중요하고 모든 선택이 전진을 요구하는 숨 가쁜 일상 속에서, 우리는 잠시 멈출 여유를 잃어버린다. 삶이란 끝없이 완수할 과업이자 성취할 목표의 연속이라는 관념에 깊이 매몰되어 있기 때문이다. 그러나 이런 끝없는 노력 속에 숨겨진 진실이 있다. 우리 삶의 가장 심오한 변화는 종종 고요의 순간에 시작한다. 그 순간에 우리는 모든 낡은 것을 뒤로하고 새로운 출발을 감행할 용기를 발견한다.

　우리는 이런 통찰을 블레이크 스나이더의 '15비트^{Beats}' 단계 모델에서도 다시 발견한다. 이 모델은 널리 이용되는 서사 이론이다. 대부분의 할리우드 블록버스터나 베스트셀러 소설에서 서사의 실제 바탕에는 고전적인 영웅의 여정이 깔려 있고, 스나이더의 모델은 이 영웅 여정을 변형한 것이다. 이 모델에는 '영혼의 어두운 밤'이라는 단계가 있다. 이 단계는 영웅들이 목표를 더 이상 달성할 수 없을 것처럼 보이는 극적인 실패의 순간 다음에 나온다. 절망적인 상황에서 마침내 평온을 찾은 영웅들은 상처를 보듬고, 이 고요의 순간에서 문제 해결과 임무 재시작을 위한 첫 번째 불꽃을 발견한다. 미지의 세계로 뛰어들기 직전인 바로 이 순간에 변화의 본질을 포착한다.

고요의 순간을 받아들여라. | 고요 속에서 미지에 대한 두려움이 싹틀 수 있지만, 새로운 성장을 위한 씨앗도 품고 있다. | 심호흡을 하고 두려움을 받아들여라. 그다음 새로운 용기로 변화를 향한 첫 걸음을 내디뎌라.

구두장이여, 당신의 구두골을 지켜라

여기서 원래 사용하고 싶었던 인용문은 제목으로 쓰기에는 너무 길었다. 그 인용문은 다음과 같다. "예술가가 어떤 장르에서 성공하면, 사람들은 그 스타의 비슷한 노래들을 계속해서 듣고 싶어 한다. 스타가 장르를 바꾸려고 하면, 잘 안된다." 이 인용문은 랄프 지겔Ralph Siegel이 한 말이다. 지겔은 음악가이자 작곡가이며 프로듀서로, 아주 오래전부터 오늘날까지 거의 모든 독일 슐라거 장르의 가수들을 성공으로 이끌었다. 랄프 지겔은 2000곡이 넘는 노래를 작곡하고 작사했으며, 유로비전 송 콘테스트에서 가수 니콜Nicole과 함께 우승했고, 슐라거 세계의 모든 스타들과 함께 작업했다. 하지만 슐라거는 고유한 취향이 강한 장르이고, 어떤 슐라거 스타들은 좀 더 나은 무언가를 하고 싶어 했다. 지겔은 항상 이에 반대하는 조언을 했고, 결국 지겔이 옳았다. 이 이야기가 주는 교훈은? 한 분야에 성공했다면, 사방에서 그 일이 촌스럽고 형편없다고 이야기해도, 거기에 계속 머물러라. 성공은 전혀 촌스럽지 않다. 성공하지 못한 사람들에게만 그럴 뿐이다.

내가 열정을 바치는 일이 부끄러운가?

만약 그 일을 부끄러워한다면, 그런 자신을 부끄러워하기 바란다.

열정을 바치는 일을 절대 부끄러워하지 마라! 다른 사람들의 험담이 무슨 상관인가?

창조성은 혁신적으로 문제를 해결하는 기술이다

아미르 카사에이Amir Kassaei는 광고계에서 일하면서 2,000개가 넘는 광고상을 받았다. 그는 DDB 월드와이드의 최초 비미국인 최고 크리에이티브 책임자CCO가 되었으며, 96개국에서 30억 달러 규모의 광고비를 관리하는 1만 3,000명 광고 전문가를 이끄는 총책임자였다. 카사에이는 오랫동안 아트 디렉터스 클럽Art Directors Club의 이사회 대변인이자 칸 광고영화제 심사위원으로 활동했다. 화려한 광고 세계에서 이보다 더 많은 것을 이루기는 거의 불가능하다. 그러나 아미르 카사에이가 이란에서 소년병으로 징집되었고 오스트리아로 탈출하여 혼자 힘으로 역경을 헤쳐 나갔다는 사실을 알게 되면, 제목에 나온 그의 인용문은 특별한 의미를 얻는다. 갑자기 '혁신적인 문제 해결'이 가혹한 세상에서 성공을 만들어주는 개념이 된다. 카사에이는 더 분명하게 말한다. "창조적인 사람은 어떤 문제에 대해서도 특별한 해법을 찾아낸다."

창조적인 사람은…	다른 사람이 찾지 못하는 해법을 발견한다.	그런 사람은 무엇이든 이룰 수 있다. 2,000개의 광고상을 받거나 소년병으로 생존하기.

실패를 두려워하지 마라

실패가 전혀 중요하지 않은 세상을 상상해보라. 모든 시도가 확실하게 성공으로 이어지는 세상을. "만약 실패할 수 없다는 것을 안다면, 당신은 무엇을 시도하겠는가?"라는 질문은 우리를 두려움과 희망에 대한 깊은 깨달음을 준다. 좀 더 자세히 살펴보면, 우리를 마비시키는 것은 실패 자체에 대한 두려움이 아니라 다른 사람의 판단에 대한 두려움일 때가 적지 않다. 우리의 실패가 외부에서 어떻게 인식될까 하는 걱정이 우리의 도약을 가로막는다.

크리스티안 린트너Christian Lindner는 2015년 주의회 토론에서 이 지혜의 핵심을 정확하게 짚어냈다. 당시 한 사회민주당 주의원이 과거에 스타트업 기업가로서 실패한 적이 있다고 린트너를 비난했을 때 린트너는 이렇게 말했다. "주지사님, 여기 주지사님께서 경고하시는 바로 그 행동을 정확히 하는 사람이 있습니다. 여기 사민당 의원님이 실패를 평생의 낙인으로 사용하고 계십니다. 대개 이런 사회민주당 당원들은 평생 국가 기관에서 일하거나 국가에 의존해 살아온 사람들이면서 다른 사람들의 기업가 정신을 비난합니다." 진정한 도전은 실패에 대한 두려움을 인식하고 용감하게 극복하는 데 있다. 타인의 기대와 의견에 관계없이 독립적으로 행동하고, 자기 행동과 목표의 가치를 외부의 인식이 아닌 자신의 내면에서 끌어오는 것이다.

타인의 판단이 두려워서 지금까지 피해왔던 결정을 내리거나 행동을 감행하라.	**실패에서 배울 수 있다는 점을 명심하라.**	**대부분 비난하는 사람들은 시도조차 하지 않았다.**

산 채로 묻히기

세상이 보지 못하는 곳에서 은밀하게 일어나는 조용한 비극이 있다. 이 비극은 꿈꾸고, 갈망하고, 분투하기를 포기한 사람의 마음속에서 일어난다. 벤저민 프랭클린이 이 비극을 비유적으로 말한 적이 있다. 어떤 사람들은 25세에 이미 죽었지만, 75세가 되어서야 무덤에 묻힌다는 것이다. 이 비유는 인간 존재에 대한 쓸쓸한 진실을 드러낸다. 숨을 쉬고 있는데도 산 채로 묻힐 수 있는 위험이다. 이런 '이른 죽음'은 육체적 실존의 종말이 아니라, 삶을 가장 가치 있게 만드는 내면의 불꽃, 열정과 호기심의 상실을 의미한다. 이런 일은 우리가 반복과 안정 속에서 자신을 잃어버리고, 삶이 탐구하고 누릴 가치가 있는 소중한 선물이라는 사실을 잊어버릴 때 일어난다.

이런 일이 갑자기 발생하는 일은 드물다. 이 과정은 대부분 서서히 진행된다. 늘 소중히 가꾸던 정원으로 삶의 필요와 의무들이 잡초처럼 슬금슬금 기어들어 온다. "아직도 그거 하고 있어요?" 오랫동안 못 본 지인과의 대화에서 이런 말이 나오면, 너무 자주 "아니요, 그냥 관심이 어느새 사라졌네요"라는 대답이 따라온다. 우리에게 한 번의 삶이 있다는 자각은 부담이 아니라 자유로 느껴져야 한다. 선택하고 행동할 자유, 그리고 그림자를 따를지 빛을 창조할지 매일 새롭게 결정할 자유 말이다.

미뤄두었거나 잊어버린 것 같은 꿈과 열정을 다시 떠올려보라.

무엇이 진정 나에게 충만감을 주는지, 단순히 존재하는 게 아니라 온전히 살아 있기 위해 무엇을 바꿀 수 있는지 스스로에게 물어라.

새롭게 시작하는 데 너무 늦은 때는 없다는 것을 기억하라.

사랑은 나일론 스타킹을 팔기 위한 발명품이다

아마도 나는 이 말을 〈매드 맨〉 시리즈에서 들었던 것 같다. 이 드라마 역시 광고의 세계, 특히 1960년대 뉴욕의 광고계를 다룬다. 담배를 아직 의약품으로 선전하고, 광고 대행사들에서는 마치 내일이 없는 양 술을 마셔대던 때였다.

　냉소적인 광고 문구의 세계가 우리 시대에는 가짜 뉴스의 세계로 대체되었다. 두 세계 모두 진실이 아닌 것을 진실처럼 느끼게끔 제시하는 것이 목표다. 1960년대 말보로맨은 담배를 피우는 사람에게 '자유와 모험의 맛'을 약속했다. 광고에 출연했던 배우 웨인 맥라렌^{Wayne McLaren}, 데이비드 밀러^{David Millar}, 데이비드 매클린^{David Macklin}, 에릭 로슨^{Eric Lawson} 모두 폐암으로 사망했다. 오늘날에는 가짜 뉴스가 허황된 것을 약속한다. 명심하라. 사랑을 약속하지만, 그저 나일론 스타킹을 팔고 싶을 뿐이다.

나는 어디서 정보를 얻는가? | **그 정보들의 진실성을 검증하는가?** | **이 일은 힘들다. 그러나 가치가 있다!**

자본주의가 여성의 경제적 자립을 가능하게 한다

당신이 남성이든 여성이든 상관없이, 나는 이 문장이 당신 마음에 와닿기를 희망한다. 이 문장은 역사가이자 기업가이며, 보디빌더이기도 한 라이너 지텔만의 작품에서 가져왔다. 그는 「독일 자산가 엘리트들의 성격과 행동 패턴Persönlichkeit und Verhaltensmuster der Vermögenselite in Deutschland」이라는 제목의 박사 논문을 썼다. 독일 사람들은 돈에 관해 말하지 않는다. 당연히 어떻게 돈을 모았는지도 잘 이야기하지 않는다. 지텔만의 글에는 흥미진진한 연구들이 들어 있다.

　　영미권 국가에서는 완전히 다르다. 그 나라들에는 부자가 어떻게 부를 이루었는지를 다루는 연구들이 많다. 지텔만은 독일에서 이 연구를 처음 수행했던 사람 중 한 명이다. 이 연구에서 지텔만은 자본주의를 통해서만 여성들이 경제적으로 자립할 기회를 얻는다는 사실을 발견했다. 다른 경제 체제에서 여성은 그저 남성에 종속될 뿐이다. 이 연구 결과는 자본주의 폐지를 원하는 사람이라면 누구나 생각해봐야 할 문제다.

당신은 여성인가? 경제적으로 자립했는가?	당신은 남성인가? 경제적으로 자립했는가?	만약 자립했다면, 멋지다! 그렇지 않다면, 당신은 자본주의적 활동을 통해서만 경제적 자립을 할 수 있다. 복지 제도를 통해서는 할 수 없다.

시작의 불꽃

기업의 설립이든, 개인적인 변화의 첫걸음이든, 모든 거대한 계획은 독특한 자질들의 혼합에서 생기는 추진력으로 출발한다. 낙관주의, 집념, 자기 신뢰, 길들지 않은 에너지, 개인적 관계 등이 이런 자질에 속한다. 이런 요소들이 생각을 현실로 만드는 데 필요한 불꽃을 만든다.

낙관주의는 우리가 계획한 일이 가능하다는 믿음을 준다. 우리는 눈부신 색채로 성공적인 미래를 그리고, 내면의 영화에서는 해피엔딩 이외의 결말을 암시하는 그 어떤 장면도 없다. 집념은 자신의 비전을 위해 지치지 않고 일하도록 우리를 추동한다. 집념은 우리에게 무한한 능력을 주고, 밤새워 일하게 하며, 내부에서 에너지를 생성하게 한다. 집념이 사라지더라도 열정만큼은 남아 있어야 성공할 수 있다. 자기 신뢰는 의심이 들 때조차 우리에게 방향을 알려주는 내면의 나침반이다. 우리는 자신의 능력을 신뢰하고, 이 능력으로 문제에 성공적으로 대응할 수 있다고 믿는다. 길들지 않은 에너지는 도전을 헤쳐 나가고 인내심을 부여하는 힘이다. 관계는 우리를 지원하고, 우리에게 영감을 주고 새로운 문을 열어주는 네트워크다. 이 네트워크는 우리가 후원자, 동료, 고객을 찾을 수 있게 해주는 소중한 자원이다.

시작하고 싶은 아이디어나 프로젝트를 정하라.

이 다섯 가지 핵심 자질을 계획에 어떻게 활용할 수 있을지 평가해보라. 모든 위대한 길은 이 강력한 내면의 원동력이 안내하는 첫걸음에서 시작한다.

아이디어가 떠오른 후 가능한 한 빨리 첫걸음을 시작하라. 아무리 작은 걸음이라도 괜찮다. 이제 시작한다는 신호를 보내는 것이 중요하다.

유인의 힘

유인Incentive은 초능력과 같다. 유인에는 우리의 행동, 결정, 초점을 형성하는 비상한 능력이 있다. 우리 의식의 이면에서 작동하면서 우리를 이런저런 방향으로 부드럽게 이끌며, 우리가 삶에서 선택하는 길에 영향을 미친다. 이 강력한 도구는 최고의 능력을 발휘하도록 우리를 추동하고, 우리의 창의성을 폭발시킨다. 유인을 영리하게 설정하면, 넛지라는 유도 전략(5월 14일 참고)을 생산적으로 적용할 수 있다.

고전적인 사례는 당연히 보상이다. 보상이란 특정 단계가 성공적으로 완료될 때 자신에게 뭔가를 주기로 미리 약속하는 것이다. 보상을 지혜롭게 활용하면 자기 발전과 자기 절제에 도움이 되는 습관을 익힐 수 있다.

그러나 큰 힘에는 큰 책임이 따른다. 생각 없이 유인을 활용하면 유인도 그만큼 우리를 잘못된 길로 이끌 수 있고, 뜻밖의 부작용이 생기거나 실제 목표에서 우리를 벗어나게 할 수도 있다. 보상이 너무 빈번하면 온갖 유인들 사이에서 실제 과제가 사라지는 일이 생길 것이다. 그러므로 유인을 신중하게 선택해야 한다. 그리고 우리가 무엇을 이루고자 하는지, 특정한 유인이 정확히 어떻게 우리 혹은 타인들을 움직여 그 길로 나아가게 할 수 있는지 분명하게 이해해야 한다.

삶에서 설정했던 유인들을 다시 살펴보라. 그것들이 내가 진정 이루고 싶은 목표에 부합하는가?

필요하다면 유인들을 조정하라. 나와 주변 사람들을 지속 가능하면서도 진정한 성공으로 나아가도록 동기를 부여하는 유인들로 만들어라.

나 자신을 속일 수 있는 지점을 주의하라.

리더십은 누군가가 자신을 따르게 하는 능력이다

"리더십은 누군가가 자신을 따르게 하는 능력이다. 단지 호기심 때문에 라도." 이 문장 안에는 많은 의미가 들어 있다. 소셜 미디어 세대에게도 적용되는 내용이지만 이 말을 한 사람은 아날로그 세대에 속하는 인물이다. 콜린 파웰은 미 육군 4성 장군이었고 미국 국가안보보좌관과 국무장관을 역임했다. 파웰이 이 말을 할 때는 소셜 미디어가 존재하지도 않았기 때문이다. 아마도 그는 자신의 카리스마를 염두에 두었을 것이다. 그 카리스마 덕분에 아주 많은 사람이 호기심 때문에라도 그를 따랐다. 소셜 미디어에서도 카리스마가 필요하다. 그렇지 않으면 아무도 당신의 게시물에 관심을 두지 않는다. 카리스마가 있다면, 당신의 인지도는 콜린 파웰 시대보다 훨씬 빠르게 치솟을 수 있다.

　　호기심은 언제 생길까? 그 사람이 새로운 것을 이야기하고, 새로운 것을 알고, 낡은 것에 의문을 제기하고, 자기 의견을 솔직하게 밝힐 때다. 그렇게 할 수 있다면, 리더십이 발휘된다.

| 일상의 궤도에서 벗어날 준비가 되었는가? | 나는 말과 행동으로 호기심을 자극하는 사람인가? | 리더십은 이끄는 사람들에 대한 책임을 의미한다. |

독일의 기본 가치를 되찾자!

나는 내 의견을 숨기지 않는다. 그래서 종종 언론의 공격을 받는다. 1991년 광고 대행사 융 폰 마트Jung von Matt가 설립되었을 때, 많은 신문과 잡지가 조롱 섞인 비난을 보냈다. 얼마 지나지 않아 이 회사는 그 조롱에 대응하는 기발한 자기광고를 내놓았다. 그 광고의 제목은 이랬다. "자주 언론에 나오니, 자주 얻어터지네요Oft in der Presse, oft in die Fresse."

이런 상황은 전혀 바뀌지 않았으니, 그저 이를 견딜 단단한 맷집이 필요할 뿐이다. 지금 다시 찾아야 할 독일의 기본 가치를 이야기하면, 또다시 얻어터질 것이다. 개의치 않는다! 되찾아야 할 독일의 기본 가치 하나는 시간 엄수다. 독일 열차로 여행하면, 이제 그 상황을 두고 더 이상 웃을 수조차 없다. 미팅에서도 나는 약속 장소에 앉아서 기다려야 한다. 또 다른 독일의 기본 가치는 신뢰성이다. 예전에 사람들은 메르세데스의 삼각별 엠블럼을 믿고 자동차를 샀다. 첫 엔진으로 30만 킬로미터를 달릴 수 있었기 때문이다. 지금은 어떤가? 나는 모든 구질구질한 변명을 듣는 데 지쳤다. 기본 가치에 대해서는 변명이 있을 수 없다. 이런 생각 때문이라면 얻어터져도 상관없다.

나는 시간 약속을 잘 지키는가?

나는 신뢰감을 주는가?

그렇다면 모든 것이 좋다. 그렇지 않다면, 두 가지 기본 가치를 갖추기 위해 노력하라. 그러면 성공이 따라올 것이다.

미래의 자기에게 주는 선물

절제와 규율은 사실 자기돌봄의 훌륭한 형태다. 성공뿐만 아니라 충만함이 함께 있는 미래를 세우는 토대다. 규율을 일상에 잘 엮어 넣을 때 우리는 미래의 자신에게 수많은 기회와 자부심, 그리고 만족감을 선물로 주게 될 것이다. 미래의 나는 무엇을 원할까? 좋은 동네에 있는 멋진 집일 수도 있고, 가족을 위한 안전한 둥지일 수도 있다. 사업 혹은 탐험을 위해 전 세계를 돌아다니는 제트족의 모험일 수도 있다. 배낭과 등산화 차림으로 돌아다니는 소박한 삶일 수도 있다. 높은 빌딩 통유리창 사장실에 앉아 기업을 이끄는 꿈일 수도 있다.

그것이 무엇이든, 미래는 지금 여기 수많은 작은 걸음을 내디딜 때만 도달할 수 있다. 이 걸음들은 규율을 요구한다. 오늘의 모든 결정과 포기는 내일을 위한 투자다. 내일에는 더 풍부한 기회와 경험이 있을 것이다. 그것이 순간의 일시적인 행복과, 진정한 성장에서 비롯되는 지속적인 행복의 차이다.

작은 규율을 실천하여 미래의 나에게 선물을 보내라. 아침 운동을 가고, 프로젝트를 미루지 마라. 이 모든 발걸음이 미래의 충만한 나를 만드는 벽돌이다.

미래의 내가 되어 가끔 지금의 나를 관찰하라. 미래의 나는 지금 내 행동에 만족할까?

여정의 중간 단계와 규율을 잘 지킨 구간에 대해 스스로 보상하라.

끊임없는 학습을 통한 성장

미래의 풍경은 우리가 내리는 거대한 결정이 아니라 배우고 발전하려는 의지가 만든다. 20대에 우리는 우리를 성공으로 이끌어줄 계획과 방향을 찾는다. 그러나 삶은 이런 기대가 현실과 맞아떨어지는 일이 거의 없다는 사실을 가르친다. 끊임없는 호기심과 지치지 않는 지식 탐구야말로 우리를 나아가게 하고 지금껏 발견되지 않은 가능성의 문을 열어준다.

평생 학습은 선택이 아니라 필수다. 이 책이 기업가적 도전이나 창의적 모험에 초점을 맞추지만, 실용적인 직업들의 사례를 살펴볼 필요가 있다. 이런 분야에서도 시간은 결코 고요히 머무르지 않는다. 새로운 기술을 받아들이지 않는 장인은 금세 경쟁력을 잃는다.

특정 영역에서 기술, 소프트웨어, 접근 방식을 앞서 배우고 익히면, 다시 이를 활용해 웹 세미나와 유료 강좌를 열어 돈을 벌 수도 있다. 이처럼 평생 학습의 기술은 단순한 능력을 넘어선다. 그것은 우물 안 개구리를 벗어나 미지의 것에서 기회를 포착하라고 격려하는 삶의 자세다.

늘 관심은 있었지만 지금까지 탐구하지 못했던 분야를 찾아 스스로 학습하라.

이 학습 여정에서 내딛는 모든 발걸음은 나를 목표에 가까이 데려갈 뿐만 아니라, 자신과 주변 세계에 대한 이해도 넓혀준다.

'얼리 어답터'로서 대중보다 앞서 뭔가를 이해했을 때, 거기서 얻는 기회를 고려하라.

나는 규칙이 싫어!

광고계에서 '핫 숍Hot Shop'이란 창의적인 사람들이 있는 작은 회사를 말한다. 다른 사람들이 더 이상 아무 아이디어도 떠올리지 못할 때 이 회사가 투입된다. 1949년 뉴욕에서 데이비드 오길비가 핫 숍을 설립했다. 핫 숍의 핵심 문제는 이렇다. 창의성이 워낙 좋아서 누구나 그들과 일하고 싶어 한다. 그러다가 이 핫 숍이 언젠가 더 이상 핫 숍이 아니게 되는데, 오길비 앤 매더도 예외가 아니었다.

오늘날 125개국에서 500개가 넘는 에이전시가 오길비 브랜드 산하에서 활동하고 있으며, 연매출은 17억 5천만 달러에 달한다. 2인 구멍가게에서 출발한 것치고는 나쁘지 않다. 데이비드 오길비는 1999년 프랑스의 성에서 세상을 떠났다. 그는 성공의 비법을 다룬 다양한 규칙 모음을 남겼다. 그중에서 내가 가장 좋아하는 규칙은 "나는 규칙이 싫어!"다.

이 책에서 규칙이란 단어가 꽤 자주 등장한다. 그러므로 규칙은 뭔가에 유용하다.

의미 있는 규칙과 의미 없는 규칙을 구분하는 것이 기술이다.

데이비드 오길비는 이 기술에 통달했다. 이 기술을 익혀라.

우리는 스토리텔링과 함께 태어난다

"이야기는 인류의 가장 위대한 성취 중 하나이다. 우리는 이 능력을 가지고 태어나므로 결코 파괴될 수 없다."

　스토리텔링의 중요성은 매일 소셜 미디어에서 증명된다. 사람들이 이야기를 나누는 것만을 목적으로 하는 새로운 플랫폼이 계속 등장한다. 이야기와 함께 새로운 지식도 전해진다. 내가 이 책을 쓰는 지금, 틱톡에서 북톡^{BookTok}이란 해시태그가 엄청난 인기를 끌고 있다. 당신이 이 책을 읽을 때면 또 다른 무언가가 유행일 수 있다. 이는 인류에게 도움을 준다. 이런 이야기와 지식은 우리 교육에 기여하기 때문이다. 몇 년 후에 우리는 인쇄술 600주년을 맞이한다. 제2천년기의 가장 중요한 기술적 도약인 구텐베르크의 발명 이전에는 소수의 엘리트만 교육에 접근할 수 있었다. 인쇄술의 발명 이후 교육의 기회가 모든 사람에게 열렸다. 이 모든 이야기가 작가 마거릿 애트우드의 저 위대한 인용문 안에 담겨 있다.

| 모든 사람의 모든 이야기가 중요하다. | 모든 사람의 모든 이야기가 말로 전해질 수 있다. | 나의 이야기를 전하라! |

정보사회에서의 행동

클릭 한 번이면 정보를 얻는 오늘날, 우리는 역설적인 도전에 직면해 있다. 지식이 상상할 수 없을 만큼 넘쳐나는 동안, 이 지식을 구체적인 행동으로 전환하는 능력은 활용되지 못한 채 머물러 있는 것이다. 우리를 둘러싼 정보의 바다는 깨우침을 줄 수도 있고 우리를 무력하게 만들 수도 있다. 핵심은 데이터와 사실의 홍수에서 진정 중요한 것을 걸러내고, 이를 실용적인 행동으로 변환하는 데 있다.

인스타그램 동영상 저장 영역에는 우리가 저장했던 릴스들이 주제별로 분류되어 모여 있다. 그 릴스들은 영양, 스포츠, 피트니스, 심리학, 재정 등의 분야에서 실제 의미 있고 인생을 바꿀 만한 팁들을 제공해준다. 잘 분류되어 보관되어 있지만 결국 다시 보지는 않게 된다. 이는 참석은 했지만 배운 것을 실제 행동으로 옮기지 않았던 온갖 교육 및 워크숍과 똑같다. 자기계발서를 한 권, 또 한 권 계속 읽으면서도 그 지식을 실제 활용하지 않는 많은 사람들의 취미와도 비슷하다.

오늘날의 정보사회에서 진정한 성공의 기준은 얼마나 많이 아느냐가 아니라, 배운 것을 얼마나 잘 활용하느냐에 달려 있다. 지식은 홀로 있으면 수동적이고, 사용될 때만 힘이 된다. 매일 우리는 선택의 기로에 선다. 넘쳐나는 정보에 휘둘릴 것인가, 아니면 정보를 도구로 사용하여 목표를 성취하고 꿈을 실현할 것인가?

최근에 획득한 정보 혹은 지식을 선택해서 그것을 구체적인 행동으로 변환하라.	저장하여 보관하고 있는 비디오 클립을 살펴보고, 그중 무엇을 행동으로 바꿀 수 있는지 결정하라.	'더 적은' 정보 수집으로 '더 많은' 활동을 수행하라.

목표와 행동 사이

우리가 우선시한다고 믿는 것과 우리 행동에서 실제로 나타나는 우선순위 사이에 종종 괴리가 존재한다. 이런 질문을 던져보자. 누군가 일주일 동안 당신의 모든 행동을 관찰한다면, 이 사람은 당신의 생활에서 어떤 우선순위를 발견하게 될까? 이 질문을 통해 우리는 의도와 행동의 일치를 성찰하게 된다. 목표를 정하고 우선순위를 매기는 일은 쉽다. 진정한 도전은 일상에서의 실천이다.

우리는 자주 거창하게 목표를 선언한다. 더 건강하게 먹고, 사랑하는 사람과 더 많은 시간을 보내며, 목표를 달성하기 위해 열심히 하겠다고 다짐한다. 그러나 우리의 일상적 결정과 행동을 보면 완전히 다른 이야기가 펼쳐진다. 목표들은 여전히 거기 있지만, 불가피해 보이는 의무들과 일상의 잡무들 사이에서 짓눌려버린다. 우리는 그 목표들을 잊어버리거나 저녁에, 다음 날 아침에, '정말로' 그 일을 처리할 주말까지 미루곤 한다.

우리가 믿는 우선순위와 우리 행동이 드러내는 우선순위 사이의 격차는 우리를 깨우는 경고 신호다. 의도만으로는 충분하지 않다. 행동을 목표에 의식적으로 맞출 때에만 비로소, 우리는 자신이 바라는 삶의 방식으로 나아갈 수 있다.

잠시 시간을 내서 일상의 루틴과 결정들을 성찰하라.

일상의 루틴과 결정들이 진정 내가 가장 중요하게 여기는 목표를 반영하는지 자문하라. 목표와 행동 사이에 괴리가 확인되면, 어떤 변화들을 실행해야 진정한 우선순위에 맞출 수 있는지 숙고하라.

이런 작은 변화와 조정의 합이 차이를 만든다.

문제가 생겼으면 좋겠다!

독일에서 문제라는 단어는 이미지가 안 좋은 게 문제다. 이제는 그 이미지를 바꿀 때다. 기업가로서 당신은 알고 있다. 문제는 좋은 것이다! 해결되지 않은 모든 문제는 아직 세워지지 않은 회사다. 문제를 해결하고, 해결책을 판매하고, 그것을 확장하여 부자가 되어라. 그렇게 하면 유명해질 수도 있다.

　　스티브 잡스는 문제를 해결했다. 그는 수집한 음악들을 어디에서나 이용할 수 있는 방법을 제시했다. 어떤 문제들은 누군가가 나서서 해결하기 전까지는 풀 수 없는 것처럼 보인다. 원적 문제가 그랬다. 원적 문제란 원과 면적이 같은 정사각형을 자와 컴퍼스만으로 작도하는 문제다. 수학자 린데만이 정확한 작도가 불가능하다는 것을 간단하게 증명했다. 이런 식으로 문제를 해결할 수도 있다. 그러므로 시급한 문제들을 찾아서 해결하고, 그 해결책을 확장하라. 그러면 풍요롭고 만족스러운 삶을 살게 될 것이다.

인류가 직면한 시급한 문제가 무엇인가? 12개를 모아볼 것.

주변 사람들이 겪고 있는 시급한 문제는 무엇인가? 그들은 어떤 도움을 원하는가? 12개를 모아볼 것.

이 두 목록에는 직접 해결하고, 팔고, 확장할 수 있는 문제가 틀림없이 들어 있다.

세계를 확장하라

당신이 전혀 모르는 평행 세계가 많이 있다. 아마도 당신은 억만장자들의 평행 세계에 들어간 적이 없을 것이고, 노숙인들의 평행 세계에도 가본 적이 없을 것이다. 가스펠 가수들, 줄다리기 선수들, 폭탄 제거반의 평행 세계에도 가본 적이 없을 것이다. 평행 세계들은 종종 폐쇄적이고, 그 안에 있는 사람들은 자신들의 전문 지식을 자기들끼리만 간직하려고 한다.

벤 호로비츠Ben Horowitz는 지구에서 가장 흥미진진한 투자자에 속한다. 그의 벤처 투자 회사 앤드리슨 호로비츠Andreessen Horowitz는 180억 달러 규모의 투자를 관리한다. 벤 자신은 슈퍼엔젤로 명성이 높은데, 자신의 노하우, 인맥, 풍부한 인생 경험으로 창업자들을 지원하기 때문이다. 벤은 평행 세계들로 들어가서 그곳에서 지식을 탐색하라고 조언한다. 벤은 이렇게 이야기한다. "나는 다양한 사회 집단들을 오가면서 세상을 보는 관점이 다른 아이들과 어울렸다." 훌륭한 조언이다!

| 나는 비슷한 사람들과 많은 시간을 보내는가? | 자신을 차단하지 말고, 개방하라! | 바깥세상은 다채롭고, 생각보다 훨씬 많은 것을 줄 수 있다. |

고요를 찾아서

우리가 사는 초연결 세계에서는 디지털 방해 요인이 어디에나 존재하고, 끊임없이 윙윙거리는 알림이 거의 멈추지 않는다. 우리를 산만하게 만드는 이런 세상에서 의식적인 휴식은 어느 때보다도 중요하다. 휴대전화를 치우고 끊임없이 쏟아지는 정보의 홍수에서 벗어나 있는 휴식 말이다. 모든 방해 요인에서 벗어난 이런 고요의 시간은 내적 성장과 자기 성찰에 꼭 필요하다.

많은 사람이 샤워 중에 느닷없이 이런 명료함의 순간들을 경험한다. 유명한 '샤워 생각', 즉 외부 세계와 단절되어 있을 때 갑자기 머릿속에 떠오르는 생각이다. 그러나 멈춤과 깊은 성찰이 있는 이런 순간들을 우연에 맡길 필요는 없다. 자연 속에서 혼자 시간을 보내거나, 산책하거나, 혹은 아무것도 없이 자신의 생각만으로 둘러싸인 채 그냥 조용히 앉아 있으면서 이런 순간들을 의식적으로 만들 수 있다. 이런 의미에서 우리는 샤워 생각과 비슷하게 사우나 생각, 욕조 생각, 산책 생각도 의도적으로 키울 수 있다.

이런 조용한 순간들을 의식적으로 만들면서 우리는 자신을 깊이 들여다보고 자신의 가치와 목표, 가고자 하는 방향을 점검할 수 있다. 바로 이런 자기 성찰의 시간에 우리는 우선순위를 재검토하고, 진정한 욕망을 이해하며, 더 충만한 삶을 꾸려갈 수 있게 된다.

일상의 소음과 방해 요소에서 자유로운, 홀로 있는 시간을 가져라.	조용한 장소를 찾아보라. 자연 속 산책로나 집 안의 고요한 방도 될 수 있다. 그리고 오로지 자신의 생각에만 집중하는 시간을 가져라.	어떤 장소와 어떤 형태의 성찰이 실제 자신에게 가장 잘 맞는지, 스스로에게 솔직해져라.

결과가 판결한다

과정을 지나치게 찬양하는 시대에, 결국 무엇이 진정 중요한지 일깨워주는 단순한 진실 하나가 있다. 바로 결과다. 우리가 선택한 과정, 우리가 다듬은 계획, 우리가 확립한 루틴이 우리의 길을 밝힐지는 몰라도, 그 자체가 목표는 아니다. 완벽한 과정 만들기에 지나치게 몰두하면, 본래의 목표를 놓쳐버릴 위험에 빠진다. 마치 항구를 절대 떠나지 않는 배를 건조하는 것과 같다. 못 하나를 박고, 판자 하나에 광을 낼 때마다 완성되는 작품에 대한 만족감이 커진다. 그러나 한 번도 출항하지 않는다면 해결되지 않은 질문이 남는다. 도대체 배는 왜 만들었나?

이 생각이 길의 가치, 곧 이 책에서도 주제로 다루는 '과정의 즐거움'을 깎아내려서는 안 된다. 그러나 언젠가 이 과정은 결과로 이어져야 한다. 〈반지의 제왕〉을 세 편의 빼어난 영화로 만들었던 피터 잭슨 감독은 '완벽함'은 결코 존재하지 않고, '마감일'만 존재할 뿐이라고 말한 적이 있다. 피터 잭슨의 이 말을 어디서 읽었는지 잘 기억이 나지 않지만, 그가 이 말을 했다고 확신한다. 왜냐하면 비록 자신의 기준에 어긋나더라도 일을 마무리해야 한다는 점을 그의 말이 얼마나 멋지게 정리해주는지 깨달았기 때문이다. 노력에 따른 결과가 노력의 가치를 평가하는 진정한 시험대다.

루틴이 나를 원하는 방향으로 안내하는가? 나의 노력이 맺은 열매가 눈에 보이고 실질적인가?

대답이 '아니오'라면, 지금이 돛을 조정하고 새로운 경로를 정해야 할 때다. 마지막에는 결과가 항상 최종 결론이 될 것이기 때문이다.

마무리 짓지 못한 프로젝트를 기록하고 그것을 다시 추진할 가치가 있는지 결정하라.

웃음으로 떼돈 벌기

미국 코미디언과 배우의 황금 세대에 속했던 댄 애크로이드, 존 벨루시, 에디 머피, 빌 머리, 벤 스틸러, 크리스 록, 로버트 다우니 주니어, 빌리 크리스털, 체비 체이스는 모두 〈새터데이 나이트 라이브Saturday Night Live〉에 출연했다. 이 코미디 쇼는 1975년부터 현재까지 매주 토요일 밤 11시 30분에 뉴욕 NBC의 8H 스튜디오에서 라이브로 송출되고 있다. 이 창의적인 산실에서 〈블루스 브라더스〉, 〈베버리 힐스 캅〉, 〈고스트 버스터즈〉 같은 컬트 영화가 탄생했다.

이제 웃음으로 부를 얻는 이야기해보자. 〈고스트 버스터즈: 오싹한 뉴욕〉 한 편이 전 세계에서 2억 200만 달러를 벌었다. 고스트 버스터즈 로고는 세계에서 코카콜라 다음으로 잘 알려진 로고다. 웃음으로 큰돈을 벌 수 있다. 유명 코미디언들의 순자산도 이를 보여준다. 코미디 쇼 〈심슨 가족〉의 창시자는 6억 달러를 벌었다. 〈사우스 파크〉를 만든 트레이 파커도 마찬가지다. 코미디언 제리 사인펠드는 돈으로 목욕도 할 수 있다. 그의 자산은 약 9억 5천만 달러다.

만하임 대학교의 연구에 따르면, 사람들은 모든 대화의 95퍼센트에서 웃는다.

웃음은 우리에게 먹고 마시고 숨 쉬는 것만큼 중요하다.

매년 2월 8일은 '웃어서 부자 되는 날Laugh and Get Rich day'이다. 매일을 '웃어서 부자 되는 날'로 만들어라.

나는 체비 체이스고, 당신들은 체비 체이스가 아니죠

너무 많이 웃으면 한 번쯤 주의가 필요하니까 체비 체이스 이야기를 해보자. 체비 체이스는 〈새터데이 나이트 라이브〉 초창기에 나온 슈퍼스타였다. 그는 작가로서도 배우로서도 웃기는 재능을 타고났다. "나는 체비 체이스고, 당신들은 체비 체이스가 아니죠"라는 말은 그의 트레이드마크였다. 게스트로 출연했던 미국 대통령 제럴드 포드는 이렇게 대꾸하기도 했다. "나는 제럴드 포드고, 당신은 제럴드 포드가 아니죠."

그러나 체비 체이스의 이 말은 대부분의 사람에게는 무례한 도발로 여겨졌다. 자만은 몰락을 가져온다는 말처럼, 이후 이 슈퍼스타의 삶도 실패, 약물, 알코올로 큰 타격을 받았다.

나는 허세를 부리거나 잘난 척하는 사람인가?

신중하고 삼가는 태도는 나를 훨씬 더 멀리 데려다줄 것이다.

"겸손은 대개 미덕이 아니다"(6월 9일)라고 이야기했지만, 허세를 부리거나 남을 깔보는 것도 미덕이 아니다. 그 차이를 알아야 한다.

보이지 않는 지휘자

기회가 넘쳐나는 세상에서 성공으로 가는 비밀의 길이 있다. 바로 '다른 사람'의 잠재력 발현을 돕는 설계자가 되는 것이다. 당신을 화가가 아니라 걸작이 그려질 캔버스를 팽팽하게 펼쳐 준비하는 사람이라고 상상해 보라. 스포트라이트를 받는 자리에 서는 것이 아니라 다른 사람이 빛날 수 있는 무대를 만든다. 이런 접근은 관점의 전환을 요구한다. 자기 자아에서 벗어나 집단의 성장으로 나아가는 전환이다. 다른 사람들이 놓친 숨겨진 가능성을 감지하는 일이다. 예를 들면 비효율적인 루틴을 개선하거나 누구도 맡으려 하지 않는 과제 같은 일을 찾는 것이다.

　　조언을 주는 직업들이 계속해서 가장 높은 보수를 받고 수요가 많은 이유가 바로 여기에 있다. 정말 좋은 코치가 바로 이런 보이지 않는 지휘자가 될 수 있다. 그는 스포트라이트를 받는 인물에게 조언, 통찰, 가드레일을 제공한다. 창작자들도 전문가를 제2의 시각으로 끌어들인다. 길을 개척하는 사람이 방향을 정한다. 음악이 연주되는 동안 보이지 않는 지휘자처럼, 당신도 맡은 역할에 맞는 행동으로 작품의 흐름을 정한다. 이렇게 배후에서 섬세하게 이끄는 것 자체가 하나의 기술이다. 이 일은 더 큰 존중과 인정을 받을 자격이 있다.

| 나는 다른 사람들에게 어떤 '캔버스'를 제공할 수 있을까? | 나의 기질과 성격이 대체로 '캔버스를 제공하는 일'에 적합한지, 그에 무관한 직업에 더 적합한지 스스로 물어라. | 자신의 재능을 돈과 성공으로 전환하라. |

대립의 힘

빛과 그림자, 기쁨과 슬픔, 승리와 패배. 우리 삶은 이런 대립들로 가득하다. 우리는 긍정적 측면만 경험하고 부정적 측면을 피하려고 노력하지만 대조야말로 우리 존재에게 깊이와 의미를 부여한다. 어둠을 경험하고 나서야 비로소 우리는 빛의 소중함을 알게 된다. 상실을 맞닥뜨릴 때 비로소 우리는 얻은 것의 가치를 깨닫는다. 대립되는 존재들은 서로를 규정짓고 보완한다. 이들은 동전의 양면처럼 분리될 수 없게 서로 연결되어 있다.

이 원리가 얼마나 효과적이고 필수적인지 우리는 음악과 영화에서 확인할 수 있다. 음악은 시끄러운 구간과 조용한 구간, 느린 구간과 빠른 구간의 대조를 통해 생명력을 얻는다. 음악은 어느 순간 우리의 기분을 고조시키고 다음 순간에는 눈물을 흘리게 한다. 영화나 연극의 경우, 이야기 속에서는 '빛'과 '어둠'의 세력이 서로 대립하지만, 이 구조 자체도 막, 장면, 전환점들의 오르내림으로 구성된다. 대립이 없다면 이야기도 없고, 감정도 없으며, 갈등이 사라진 죽음만 있을 것이다.

삶은 양면을 모두 받아들이라고 우리를 초대한다. 경험의 모든 스펙트럼에 우리 자신을 열 때, 우리는 지혜, 회복탄력성, 내면의 힘을 얻게 된다. 모든 그림자에는 빛이 있다. 역경이야말로 개인적 성장의 기회를 제공한다.

삶에서 대립하는 존재는 적이 아니라 소중한 스승이다. | 대립을 받아들이고, 거기에서 배워라. 그 대립들이 삶을 더 깊은 이해와 더 큰 감사로 이끈다. | 모든 삶은 대립들로 구성되어 있음을 인식하라.

불평하지 마라, 설명하지 마라

쓸데없이 에너지를 낭비하는 두 가지 방법이 있다. 첫째, 상황에 대해 불평할 때다. 둘째, 상황에 대해 불평하는 사람의 말을 경청할 때다. 한탄과 불만은 에너지 킬러다. 불평하는 사람은 에너지 뱀파이어다. 이 모든 것을 당신 인생에서 추방하라.

　"불평하지 마라, 설명하지 마라Never complain, never explain", 즉 "불평하지 마라, 정당화하지 마라"는 벤저민 디즈레일리가 한 말이다. 그는 19세기 영국의 작가이자 정치가이며, 제1대 비컨스필드 백작이다. 불평과 변명을 찾아낼 수천 가지 이유가 있었지만, 벤저민 디즈레일리는 그런 변명을 삼갔다. 그래서 크게 성공했다.

변명거리를 찾는가? 끊임없이 자신을 정당화하는가? 불평 속에 빠져 있는가?

주변에 그런 사람이 있는가?

그런 상황에서 벗어나 신선한 에너지를 마음껏 즐겨라.

도로를 건설하라

로마가 왜 인류 역사에서 가장 거대한 제국 중 하나를 세울 수 있었는지 아는가? 40만 킬로미터에 달하는 도로를 건설했기 때문이다. 로마의 도로는 고대의 가장 크고 발전된 도로 체계였고 거대한 제국의 모든 지역을 연결했다. 이 도로 가운데 8만 킬로미터 이상이 작은 석재 블록으로 건설되었다. 이 도로들은 내구성이 매우 뛰어나서, 많은 부분이 오늘날까지도 보존되어 있다. 이 도로 덕분에 로마 제국은 전략적 우위를 얻었다. 도로를 통해 군대, 물자, 정보뿐만 아니라 문화와 언어까지도 빠르고 효율적으로 전달되었다.

물류가 완전히 멈추면 우리 경제에 큰 문제가 생길 것이다. 2021년 3월 400미터 길이의 '에버 기븐'호가 수에즈 운하를 막아서는 바람에 세계 경제에 얼마나 큰 차질이 생겼는지 기억할 것이다. 비유적 의미에서도 도로 건설은 중요하다. 당신 자신의 길을 가고, 그 길을 도로로 확장하라. 그 도로를 당신뿐만 아니라 다른 사람들도 이용할 수 있게 만들어라.

나의 길을 가라. | 나의 길을 도로로 확장하라. | 도로의 내구성과 효율성을 높여라.

인생의 백미러 속에

경력을 쌓는 여정 한가운데서 우리는 가끔 제자리걸음을 하는 듯한 느낌을 받는다. 원하는 결과를 얻지 못하고 정체감을 느낀다. 그러나 성장은 눈에 띄지 않는 작은 걸음으로 이루어진다. 장애물 덕분에 우리는 계속 발전하고 다음 단계를 준비할 수 있다. 자신의 '상대성이론'을 개발하고, 시간은 직선으로 일정하게 흘러가지 않는다는 사실을 깨달아야 한다. 물론 시간을 직선적으로만 사용하여 잔디를 깎거나, 담을 쌓거나, 집을 청소할 수도 있다. 작업이 중단 없이 곧바로 진행되는 날도 있지만, 어떤 날에는 정리하고 먼지를 털다가 오래된 노트나 잊고 있던 옛 사진을 발견하고 거기에 빠져 30분을 보내기도 한다.

경력 쌓기나 기업 운영뿐만 아니라 창의적인 프로젝트들은 훨씬 더 유동적으로 형성된다. 믿을 수 없을 만큼 정체되는 단계도 있다. 행정 절차를 기다려야 하기 때문일 수도 있고, 신청서가 승인되지 못했을 수도 있다. 작가들은 마감이 임박한 소설에 오랫동안 손도 안 대는 것처럼 보이지만 사실은 다른 방식으로 집필을 하고 있다. 플롯 구상, 인물 창조, 조사 연구는 영원히 걸리는 것처럼 보이지만, 이 작업들 덕분에 실제 집필은 마치 저절로 되듯이 일사천리로 진행된다. 그러므로 정체 상태처럼 보이는 것에 집중하기보다는, 모든 것이 나름의 의미를 갖는다고 믿어야 한다. 우리가 나아가지 못하는 것처럼 보이는 바로 그때, 내면의 성장이 이루어진다.

인내와 신뢰를 연습하라. 수확은 아주 나중의 일이라는 것을 기억하라.	모든 경험이 나를 목표에 더 가까이 데려갈 것이다.	준비가 됐다는 것은 이미 절반을 마무리했다는 것과 같다.

금메달은 당신 안에 있다

시상대 가장 높은 곳에 서 있는 황금빛 승리의 순간은 틀림없이 아주 멋진 일이다. 금메달의 순간은 노고와 재능과 헌신을 증명한다. 그러나 그 순간은 화려한 성공 너머에 있는 더 심오한 진리를 품고 있다. 금메달을 목에 걸기 전까지 스스로 충분하다고 느끼지 못한다면, 승리도 당신을 충족시키지는 못할 것이다.

얼마나 많은 것을 성취하든 '결코' 충분하지 않은 느낌은 어린 시절에 생긴 깊은 상처에 뿌리를 둔다. 부모가 아이들을 불공정한 세상에 '단련'시키려고 칭찬을 아꼈을 수도 있다. 애정을 조건과 결합시키면서 잘못된 성과 압박에 노출되었을 수 있다. 부모들도 그것이 자녀를 위한 일이라고 믿었을 것이다. 아이는 끊임없이 폄하받으며 축복이 아니라 짐으로 여겨졌을 수도 있다. 이런 감정은 외부의 조건으로 절대 사라지지 않는다. 성과를 통해서도, 심지어 이런 감정 형성에 책임이 있는 사람의 물리적 죽음을 통해서도 사라지지 않는다.

'충분함'은 내면에서 획득해야 한다. 외부에서 이룬 성취에 의존하지 않는 자기 가치를 가져야 한다. 자기 가치의 틀 안에서 자기 자신을 받아들이게 된다. 이런 깨달음으로 가는 길은 성공으로 가는 길보다 더 어렵다. 그 길은 우리에게 자신을 깊이 들여다보고 거기서 발견한 것을 완전히 받아들이라고 요구하기 때문이다.

내가 추구하는 목표와 성공을 생각해보라.

나는 자신을 증명하기 위해 이 성공을 추구하나? 아니면 깊은 열정과 내면의 동기를 따르고 있는가?

앞으로 따게 될 모든 메달과 상관없이, 나는 이미 지금 그대로 충분하다.

1억 유로부터는 더 이상 가난해질 수가 없다

《매니저 매거진》은 해마다 독일에서 가장 부유한 사람의 목록을 발표한다. 신뢰할 만한 목록이다. 편집팀이 검증 가능한 데이터만을 고려하기 때문이다. 미술 컬렉션, 보석, 개인 주식 계좌 같은 자산은 포함되지 않는다. 이 목록에는 대대로 부를 이어온 가문들이 많다. 어떤 이름은 100년 넘게 비슷한 목록에 올라 있기도 하다. 산업 및 상업 분야에서 성공한 사람들도 발견할 수 있다. 독일에서만 볼 수 있는 생활용품 체인 사장 등 독일 가족 기업의 대표들도 이 목록에 포함되어 있다. 디지털 영역도 점점 성장하고 있다. 2024년에 226명의 10억 이상 자산가가 있었고, 그 수는 점점 늘어난다. 그 말은 그 목록에 당신을 위한 자리가 아직 있다는 뜻이다.

4억 유로 이상이 있으면 목록에 이름을 올릴 수 있고 슈퍼리치 클럽에 속하게 된다.

개인 자산이 1억 유로를 넘기면, 가난해지는 것이 거의 불가능해진다.

연소득 백만 유로로는 목록에 오르지 못한다.

재능을 연결하라

세상에는 성공이 저절로 찾아왔다고 여겨지는 유명인들이 있다. 그러나 자세히 살펴보면 그들은 열심히 일했다. 그들에게는 한 가지 공통점이 있다. 그들은 자기 재능과 성공을 믿는다. 베로나 푸트^{Verona Pooth}도 그중 한 명이다.

베로나는 15세부터 재봉사로 일했다. 그녀는 미스 함부르크가 되었고, 이후 미스 독일로 뽑혀서 미스 유니버스 선발 대회에 참가했다. 행사를 위해 베로나는 이브닝드레스 수십 벌을 만들어 다른 참가자들에게 판매했다. 이것이 바로 비즈니스 감각이다! 베로나는 인플루언서라는 용어가 생기기 전에 독일의 첫 번째 인플루언서가 되었다. 베로나는 골드 디스크를 획득한 가수였고, 그 이후 방송 진행자, 베스트셀러 작가, 광고계의 아이콘이 되었다. 어떤 해에는 10개가 넘는 상업 광고 계약을 맺기도 했다. 베로나는 28세 때 첫 백만 유로를 벌었다. 오늘날 베로니카는 기업가로 활동하며, 스스로를 슈퍼밀프^{Super-MILF}라고 부른다. 밀프는 독일어 약어 '인생 한 가운데 있는 여성^{Mitten-im-Leben-Frau}'을 뜻한다. 그녀의 성공 전략은 '재능 연결'이다. 미스 유니버스 선발 대회에서 참가자들에게 직접 만든 드레스를 팔았던 이야기가 이 전략의 의미를 잘 보여준다.

내가 아주 잘하는 모든 일의 목록을 작성해보라.

그 일 사이의 연결점은 어디에 있는가?

다른 사람들이 그 재능으로는 아무것도 시작할 수 없다고 말해도, 재능은 여전히 가치가 있다.

일찍 일어나기

청소년 시절 나는 종종 삶의 방향을 잃은 것 같은 느낌이 들곤 했다. 막혀 있다는 느낌이 나를 무기력하게 만들었다. 단순하지만 효과가 좋은 조언이 곧 나의 관점을 바꾸었다. "일찍 일어나서 한 시간씩 운동하라." 처음에는 회의적이었지만, 곧 나는 매일 한 시간이 단순한 육체적 훈련을 넘어선다는 것을 깨달았다. 한 시간 아침 운동은 의식적인 자기결정 행위였다. 긍정의 선순환을 작동시켰다.

이 과정에서 가장 힘든 일은 '일찍' 일어나는 일이 아니다. 일어나는 일 그 자체가 가장 힘들다. 대개 깊은 잠에서 '깨어 있음'으로 넘어가는 일이다. 이 과정에서 요구되는 모든 노력 중 의지력이 차지하는 비중은 극히 일부에 불과하다. 나머지 많은 것들은 수면 환경의 조정으로 해결할 수 있다. 예를 들어 수면 단계에 맞게 알람을 설정하고 깊은 수면에서 갑자기 깨지 않도록 신경 쓴다. 수면 공간은 집의 다른 공간보다 시원하면 좋고, 수면과 멜라토닌 생성을 위해 어두운 것이 좋다. 알람 시계를 일어나야만 끌 수 있는 위치에 놓을 수도 있다. 시계 옆에는 수분 보충을 위해 0.5리터 이상의 물을 미리 놓아둔다. 그때부터 이미 하루가 시작된다.

매일 아침 운동은 나 자신에게 보내는 강력한 선언이었다. 내 삶의 설계자는 나다. 이때 발전시킨 규율과 집중력은 내 삶의 다른 영역들로도 퍼져나갔고, 더 나은 선택을 하고 더 맑은 정신을 가다듬는 데 영감을 주었다.

일주일 동안 아침 한 시간 운동으로 하루를 시작하라.

수면 환경을 조정하여 푹 자고 쉽게 일어날 수 있게 하라.

아침 운동이 맞지 않으면, 이른 기상과 다른 방식의 자기돌봄을 결합하라.

처음에는 고되게, 그다음에는 현명하게

'영리하게 일하기'라는 개념이 직장 생활 성공의 만병통치약처럼 찬양받고 있다. 하지만 기초가 되는 고된 작업이 없으면 아무리 현명한 전략이라도 실패할 수밖에 없다. 중요한 성취의 비결은 힘든 일을 피하는 게 아니라, 처음부터 그것에 맞서는 데 있다.

프로젝트 초기 단계나 커리어 초반에 고된 작업을 수행하는 것은 성실함의 문제일 뿐만 아니라, 헌신의 표현이자 자기 일에 대한 자부심이기도 하다. 초기의 힘겨운 시간과 에너지의 투자가 토대를 마련하며, 나중에 그 위에서 효율성과 영리함이 번성할 수 있다. 언젠가 양념 시장의 거물이 되어, 네슬레 같은 세계적 대기업이 당신의 물건을 구매하는 상황까지 꿈꾼다고 가정해보자. 그렇다면 그 여정은 당신의 집 부엌에서 새로운 허브 조합을 실험하고, 직접 발송하며, 밤새도록 일하고, 택배사를 수백 번 왕복하는 것에서 시작된다. 오프라인에서 경기장을 가득 채우는 관중들만큼, 온라인에서 수많은 사람을 모으는 콘텐츠 크리에이터나 인플루언서가 되고 싶다면 그 여정은 엄청난 양의 게시물을 정기적이고 일관되게 업로드하는 일에서 시작된다. 이 작업에는 풀타임 일자리나 다름없는 시간이 든다.

고된 작업의 의미와 가치를 내면화했을 때만, 우리는 '영리하게 일하기'를 구성하는 도구와 방법들을 의미 있게 활용할 수 있다. 레버리지, 즉 우리의 노력을 더 크게 만들어주는 지렛대는 초기에 쏟은 집중적인 노고라는 탄탄한 기초 위에 세워진다.

고된 작업을 하겠다는 각오로 시작하라.

이 집중적인 노고의 단계가, 나중에 '더 힘들게'가 아닌 '더 현명하게' 일하기를 위한 필수 준비라는 점을 이해하라.

(상속을 제외하고) 이 단계를 피해 갈 수 있었던 사람을 찾아보라. 그런 사람을 찾지 못한다는 사실에 안도하라.

미래를 믿는 사람만이 현재를 믿는다!

"미래를 믿는 사람만이 현재를 믿는다 *Só quem acredita no futuro acredita no presente*"라는 브라질 속담에 이 말을 덧붙이고 싶다. "지금 작게 생각하는 사람은 작은 채로 머물 것이다." 크게 생각하는 사람은 크게 될 것이다. 그러려면 세상 밖으로 나가야 한다. 뉴욕, 두바이, 상하이? 좋다. 대부분 사람들의 목록에는 없지만 비즈니스가 활발한 훌륭한 도시들도 많다.

상파울루를 예로 들어보자. 이 도시는 브라질의 경제 및 문화의 중심지이자 독일 밖 최대의 독일 경제 거점이다. 상파울루는 쿠바 면적에 맞먹고, 각 구역은 유럽의 도시 크기와 비슷하다. 그 밖에도, 상파울루는 일본 밖 최대의 일본계 도시이자 포르투갈 밖 최대의 포르투갈계 도시이고, 세계에서 세 번째로 큰 이탈리아계 도시다. 브라질 모든 자동차의 4분의 1이 이 도시에서 운행되고 있다. 1,500개의 국제 및 국내 은행, 매달 3천만 명 이상이 방문하는 쇼핑센터가 70개 있다. 상파울루에는 세계에서 가장 많은 자가용 제트기와 자가용 헬리콥터, 세계 최대의 페라리 딜러가 있다. 크루그 로제 샴페인을 가장 많이 소비하는 곳도 이곳이다. 여기서는 작게 생각해서는 안 된다. 대신 크게 성공할 수 있다.

| 마음에 품고 있는 목표가 있는가? | 목표를 더 크게 생각하라! 목표를 더 국제적으로 생각하라! | 그렇게 할 때, 어떤 느낌이 드는가? |

돈의 순수한 이성

나라면 평화 회담을 유서 깊은 은행 건물에서 개최할 것이다. 분쟁 중인 두 당사자 사이, 목재 패널로 장식된 회담장에는 지난 수 세기에 걸친 은행 임원들의 유화 초상화가 벽에 걸려 있다.

　돈의 순수한 합리성만큼 마음을 편안하게 하는 것은 없다. 자산이 충분해져서 편안하게 등을 기대고 쉴 수 있을 때, 이런 평온을 경험하게 될 것이다. 자산의 크기가 스트레스를 다시 유발할 정도로 크지는 않아야 한다. 그렇다면 재산은 얼마나 되어야 할까? 순자산 160만 유로가 있으면 12년 이상을 편안하고 합리적으로 살 수 있다. 게다가 수입의 15퍼센트를 저축하면, 훨씬 더 오래 그렇게 살 수 있다. 이런 계산이 마음을 편안하게 해주지 않는가?

| 돈과 관련된 일이 불안이 아니라 편안을 줄 수 있게 하라. | 계좌 잔액을 확인하는 일이 진정제와 같은 효과를 내야 한다. | 적게 구매하고, 많이 저축하라. |

유행을 타지 않는 미덕들

겉보기에는 시대에 뒤떨어져 보이는 것들이 때로는 급변하는 현대 생활에서 단단한 기반을 제공한다. 최신 기술과 커뮤니케이션 트렌드는 잠시 잊어라. 대신 눈 맞추기, 신뢰성, 시간 엄수, 확고한 태도, 그리고 힘 있는 악수를 기억하라. 대인 관계의 이런 기초들은 결코 진부하지 않다. 오히려 그것이 본질이다.

누군가와 눈을 마주치는 것은 관심과 존중의 신호를 보내는 일이다. "지금 여기 완전히 당신과 함께 있고, 따라서 나 자신과도 함께 있다. 과거나 미래에 가 있지 않고, 다음에 해야 할 일이나 '실제로' 해야 할 일에 있지도 않으며, 특히 휴대전화는 더더욱 아니다." 약속을 지키는 것은 진실성을 보여주는 행위다. 오직 행동만이 차이를 만드는 곳에 변명도, 허황된 약속도, 빈말도 없다. 시간 엄수는 당신이 다른 사람의 시간을 얼마나 소중하게 여기는지를 보여준다. 누구도 기다리게 해서는 안 된다. 그의 시간이 당신의 시간보다 가치가 떨어진다는 신호를 보내는 꼴이기 때문이다. 당당한 자세는 자신감을 발산하고, 힘 있는 악수는 말 그대로 강한 첫인상을 남긴다. 거의 모든 것이 빠르게 흘러가는 세상에서 이런 가치들은 변함없이 강력한 의미를 지닌다. 이런 가치들은 비용이 전혀 들지 않는다. 단지 실천하겠다는 결심만 필요하다.

이런 시대를 초월한 행동 방식을 활용하라. 이런 행동이 구식처럼 보일 수도 있지만, 그 효과는 변함없이 강력하다.

이런 행동 방식을 존중과 진실성을 드러내는 침묵의 언어로 삼고 생활에서 실천하라. 결코 유행을 타지 않는 미덕들이다.

이런 실천을 통해 다른 사람들의 반응이 어떻게 달라지는지 의식적으로 관찰하라.

이야기의 거장

세상을 바꾸는 가장 능력 있는 리더들이 반드시 조직에서 가장 똑똑한 사람은 아니다. 이 사실은 공공연한 비밀이다. 그들의 진정한 무기는? 데이터를 모으고, 이해하며, 이 정보를 쉽고 매력적인 이야기로 바꾸는 탁월한 능력이다. 그들은 안다. 이 진정한 기술이 단지 지식의 소유에 있는 게 아니라, 공감을 얻고, 영감을 주며, 감동을 불러오도록 지식을 소통하는 능력에 있다는 점을.

이야기에는 목표를 추구하지만 목표에 바로 도달할 수 없는 영웅이 등장한다. 영웅은 장애물을 만나고 의심을 품지만, 멘토를 찾고 자신을 극복한다. 이야기에 생명을 불어넣는 요소는 두 가지다. 첫 번째, 내면과 외면 모두에서 특별한 특성을 지닌 인물들이다. 두 번째, 모든 감각을 동원하여 장면의 배경을 꾸미는 일이다. 이 두 가지가 잘 어우러질 때 사람들은 이야기에 몰입하게 된다. 좋은 이야기꾼은 이 모든 것에 주의를 기울이고, 자신을 등장인물로 이야기 안에 집어넣으며, 자신과 관중 모두를 영웅의 여정으로 데려간다. 이야기를 효과적으로 전달하는 능력은 강사나 작가만을 위한 도구가 아니다. 모든 직업 분야에서 대단히 귀중한 능력이다. 잘 전달된 이야기는 복잡한 데이터를 생생하게 만들고, 비전을 공유하며, 사람들을 하나로 모으고, 구체적인 행동에 동기를 부여할 수 있다.

개인적인 경험 하나를 골라서 짧은 이야기로 엮어보라.	메시지를 명료하고 인상적으로 전달하기 위해 시작, 중간, 끝을 어떻게 구성할 것인지 주의하라.	나 자신을 눈에 띄는 인물, 잊을 수 없는 인물로 만들어라.

아무 자리나 앉을 수 있는가?

나는 훌륭한 식당을 사랑한다. 그곳에도 좋은 자리와 덜 좋은 자리가 있다. 나는 메뉴 선택보다 자리 선택을 더 어려워하는 손님들을 너무 자주 본다. 비유적으로 말하자면 나는 아무 자리나 앉아도 된다. 내가 사랑하는 도시 산세바스티안에 있는 마르틴 베라사테기의 미슐랭 3스타 레스토랑이든, 슈투트가르트 우리 사무실 근처 카페든 상관없다. 나는 들어가서 가장 가까운 자리에 앉고 거기 있는 사람들과 대화를 나눈다. 핵심은 마음을 열고, 대화를 시도하며, 내가 받게 될 것을 기대하는 것이다. 자리를 고르느라 에너지를 낭비하면, 스스로를 제약하게 된다.

| 어떤 자리든 최선을 다하면 좋은 자리다. | 무슨 일을 하든, 부수적인 일에 에너지를 낭비하지 마라. | 무엇이 중요한지 알고, 그것에 집중하라! |

나는 사람을 훈련시킨다

이탈리아 에밀리아로마냐주 출신으로 낙농업자의 아들이었던 카를로 안첼로티는 유럽 5대 리그에서 모두 우승을 차지한 축구 감독이다. 그 밖에도 챔피언스 리그 최다 우승 감독이며, 선수로서도 많은 대회에서 우승했다.

축구에서 우리는 리더십에 대해 많은 것을 배운다. 얼마 전까지 완전히 엉망으로 경기하던 팀이 새 감독이 오고 나서부터 경기장에서 상대를 쓸어버린다. 도대체 새 감독이 벤치에서 무슨 버튼을 눌렀는지 모두가 궁금해한다. 안첼로티는 명장 감독들 중에서도 세심하게 챙기는 스타일이다. "나는 축구 감독이 아니다. 나는 사람을 훈련시킨다"는 그의 말은 빈말이 아니다. 안첼로티는 온화함과 긍정적인 기운을 전파한다. 다수의 코치진이 있음에도 선수들을 직접 보살핀다.

사람을 이끌고 싶다면, 그들을 직접 돌보라. | 무엇보다 먼저 자기 자신을 이끌어야 하는 것을 잊지 마라. 자신의 안녕도 돌보라. | 중요한 것은 언제나 사람이다.

진보의 적

지나치게 편안한 삶은 고요한 물과 같다. 평온해 보이고, 수면 아래에도 아무 움직임이 없다. 이런 평화는 기만이다. 정신은 정체된 상태 속에서 날카로움, 호기심, 그리고 새로움을 탐구하는 욕구를 잃어버리기 때문이다. 안락함은 이성을 마비시키고, 안도감에 빠뜨리며, 잠재력을 펼치지 못하게 한다.

인류의 가장 위대한 성취들, 혁신적인 생각들, 담대한 발견들은 안온한 만족이 아니라, 도전과 불편함이라는 요동치는 물속에서 태어났다. 오늘날의 인터넷은 1960년대 미국 국방부가 주도했던 아르파넷 프로젝트에서 생겨났다. 소련과의 핵 분쟁이 현실의 위험이었던 냉전 시대에 미국 당국은 핵 공격에서도 작동할 수 있는 통신망을 만들고자 했다. 사회 발전을 촉발시킨 용기 있는 실천의 대표적인 사례로 로자 파크스의 저항 행동이 전설처럼 남아 있다. 파크스는 1955년 인종 분리가 지배하던 미국에서 백인 승객에게 버스 좌석 양보를 거부했다. 이 사건으로 촉발되어 1년 넘게 이어진 앨라배마주 몽고메리 버스 보이콧 운동은 민권 운동의 촉매제가 되었다. 안전지대에서 벗어날 때 우리는 성장하고, 적응하고, 배우고, 자신을 뛰어넘게 된다.

안전지대 밖에 있는 활동을 선택하여 자신에게 도전하라. 그 활동이 거창할 필요는 전혀 없다. 말을 걸고 싶지만 지금까지 피해왔던 사람과의 대화일 수도 있다.

이런 경험이 정신을 어떻게 고양시키고 가능성을 바라보는 시야를 얼마나 넓히는지 주의 깊게 보라.

안전지대 벗어나기를 게임, 모험, 실험으로 여겨라.

본모습 드러내기

우리는 흔히 주변 사람들의 변화를 목격했다고 믿는다. 그러나 실제로 일어나는 일은 변화가 아니라 본모습이 드러나는 것이다. 기대에 부응하거나 불안을 감추려고 그들이 쓴 가면이 부서지기 시작한 것이다. 이런 진실의 순간은 그 사람이 진정 누구인지를 드러낼 뿐만 아니라, 우리에게도 인간관계의 본성, 그리고 변화의 환상에 대해 소중한 가르침을 준다.

사람들은 본질적으로 변하지 않는다. 더 이상 가면 쓴 외관을 유지할 수 없는 상황이 되면, 그들은 단지 자신들이 본래 누구였는지를 우리에게 보여줄 뿐이다. 그들이 우리에게서 더 이상 얻어낼 이득이 없다고 판단하는 순간, 이런 일이 벌어질 수 있다. 그들은 우리와의 가짜 우정을 끝낸다. 그들이 경제적 어려움에 빠지거나, 아니면 반대로 돈이 많아져서 거침없는 행동을 할 수도 있는데, 이런 모습에 우리는 놀라고 혼란에 빠진다. 자신을 억눌러온 관계나 결혼 생활이 끝날 때도 오래된, 혹은 진짜 성격이 폭발적으로 드러날 수 있다. 마찬가지로, 정해진 목표에 도달하기 위해 상사나 동료 앞에서 줄곧 자신을 꾸며왔던 사람이 승진이나 실패로 그 자리를 떠나게 될 때도 이런 일이 생길 수 있다. 이런 드러남은 충격일 수 있다. 특히 그것이 누군가에 대해 우리가 가진 이미지를 근본적으로 바꿀 때 더욱 그렇다.

누군가 가면을 벗는 순간에 주의를 기울여라. 그 순간이 이면에 숨어 있는 진짜 그 사람을 볼 기회다.

이 기회를 활용하여 관계를 더 깊고 더 솔직하게 이어가거나, 반대로 필요하면 관계를 끝낼 수도 있다.

어느 쪽이든, 자신의 가면을 성찰하는 용기와 진정성을 소중하게 여겨라.

나는 그것을 원한다!

예전에는 뭔가 갖고 싶을 때 이런 생각을 종종 하곤 했다. "내가 이걸 가질 자격이 있나?" 당신도 아마 알고 있을 그런 의심이다. "그런 바람을 말해도 될 만큼 나는 충분히 괜찮은 사람인가? 타인 그리고 나 자신이 스스로 그어놓았던 이 경계를 넘어가도 될까?" 놀랍게도, 사람들은 자기를 많이 제한한다. 그 원인은 다른 사람들에게도 있고, 자신에게도 있다. 주변 사람들은 당신이 지금보다 더 크게 성장하기를 원하지 않는다. 위협감을 느낀다. 자신들은 그만큼 성장하지 않기 때문이다. 그러나 스스로 자신의 발목을 잡을 수도 있다. 경계를 넘어서려면 의지, 규율, 고된 노력이 필요하기 때문이다. 어느 날 나는 결심했다. 누구도 나를 제한하지 못하고, 스스로도 제한하지 않겠다고. 그 이후 나는 솔직하고 자유롭게 말할 수 있다. "나는 그것을 원한다. 그리고 그것을 얻을 것이다."

나에게 한계를 정하는 사람을 피하라. | 스스로 한계를 정하지 마라. | 무엇을 원하는가? 다섯 가지 바람을 적어보라.

도요타 질문을 던져라

"질문하는 사람이 주도한다"라고 이미 말한 적이 있다(6월 12일 참조). 그렇다면 어떻게 올바르게 질문할 수 있을까? 이와 관련해 유명한 기법이 있다. 1980년대 도요타는 세계 최대의 자동차 회사였다. 빠르게 성장한 모든 기업들처럼 도요타도 내부에 많은 문제가 생겼다. 여기에 더해서, 엄격한 일본식 위계 체제 때문에 실수를 용납하지 않는 문화가 있었다. 이런 문화 때문에 문제가 생겼을 때 누구도 올바른 질문을 던지지 않았다. 그런 일이 너무 많이 생기면서 일주일에 몇 번씩이나 생산 라인이 중단되었다. 자동차 제조 회사에게는 최악의 재앙이었다.

도요타 질문 기법을 도입한 사람이 도요타라는 이름의 사회학자인지, 아니면 회사 창립자 자신인지에 대해서는 의견이 분분하다. 하지만 이 질문법을 통해 도요타는 다시 성공 가도로 복귀했다. 우리도 이 질문 기법을 그대로 사용할 수 있다. 다섯 개 질문으로 우리는 문제의 근본에 도달하게 된다. 도요타에서 생산 라인이 멈췄던 상황을 사례로 들어보겠다. 질문 1. 왜 생산 라인이 멈추었는가? 정전이 되었다. 질문 2. 왜 정전이 되었는가? 퓨즈가 터졌다. 질문 3. 왜 퓨즈가 터졌나? 지금까지는 매일 유지 보수 작업을 수행했는데, 비용 문제로 유지 보수 작업 주기를 일주일로 늘렸다. 질문 4. 어떻게 기존의 유지 보수 주기로 돌아갈 수 있나? 경영진이 결정하면 된다. 질문 5. 그럼 비용은 어떻게 아끼나? 효율성을 점검한다.

도요타 질문 기법을 적용해보라.	추가로 질문하고 더 깊이 파고들어라.	결국에 다른 사람들보다 더 깊이 이해하게 되고 문제의 근본에 도달하게 된다.

지옥으로 가는 길은 선한 의도로 포장되어 있다

나쁜 습관을 갑자기 버리려고 하면, 원래 상태로 돌아가기 일쑤다. 우리 뇌는 급격한 변화에 저항하고, 우리에게 해롭더라도 익숙한 것을 원하기 때문이다. 지속 가능한 변화의 열쇠는 오늘 당장 악습을 버리는 게 아니라, 한 걸음씩 더 나은 대안으로 대체하는 것이다. 그러므로 습관을 완전히 지워버리는 대신, 비슷한 만족감을 주면서도 덜 해로운 것으로 대체하는 방법을 찾아야 한다.

여기서 해당 습관이나 중독이 '실제로' 어떤 '욕구'를 충족시키려 하는가라는 질문이 특별히 도움을 준다. 예를 들어 흡연이 하루의 분주함 속에서 잠시 휴식을 허용하는 유일한 방법이었다면, 바쁘게 쫓기는 내면의 자아에게 담배 없이 쉬어도 된다는 허락을 하면서 흡연 습관을 서서히 대체하라. 알코올이 내면의 아이를 자유롭게 하고, 의무와 허용 사이의 경계를 느슨하게 하는 데 도움을 준다면, 내면의 아이에게 마음껏 뛰어놀고 무분별하게 행동할 시간을 의식적으로 허용하라.

이런 접근법은 인내, 자기 관찰, 창의성을 요구한다. 여기서 핵심은 우리 습관 뒤에 있는 깊은 욕구를 이해하고, 그 욕구를 채워줄 새롭고 건강한 방법을 찾는 것이다. 시간이 지나면서 더 나은 대안이 새로운 기본 행동이 되고, 오래된 습관은 사라질 것이다.

바꾸고 싶은 나쁜 습관을 확인하라.

이 습관이 나에게 어떤 만족을 주는지 숙고해보고, 이 욕구를 긍정적인 방식으로 채워줄 대안을 찾아라.

이 대안을 서서히 일상에 포함시켜라.

지식은 흐를 때 성장한다

지식을 능력으로 효과적으로 전환하는 비결은 조용한 연구나 고독한 성찰이 아니라, 인류만큼 오래된 원칙에 있다. 바로 지식의 공유다. 배운 것을 익히는 가장 역동적인 방법은 다른 사람을 가르치는 것이다. 특히 무료로 말이다. 가르치는 일은 나눔의 과정이며, 이 과정은 우리를 여러 면에서 풍요롭게 해준다.

지식을 다른 사람과 나눌 때, 우리는 어쩔 수 없이 개념을 명료하게 이해하고, 생각을 구조화하며, 우리의 이해를 다른 사람들도 접근할 수 있는 방식으로 명확하게 표현해야 한다. 이런 과정을 통해 우리는 어느 부분에서 막히고, 아직 연관성을 이해하지 못한 부분이 어디인지 깨닫게 된다. 게다가 그 주제를 더 깊이 파고들 수밖에 없다. 오늘날에는 단순히 자료를 읽는 것 이외에도 훨씬 더 많은 방법이 존재한다. 온라인 강연, 강좌, 인터넷 커뮤니티, 디스코드, 팟캐스트와 전문 방송 등이 있다. 내용을 다른 사람에게 설명하는 과정에서 우리는 우선 이해의 모든 빈틈을 스스로 메우게 된다.

지식의 전달 활동은 우리의 이해를 심화시킬 뿐만 아니라, 배우는 사람들과 상호작용을 통해 우리의 지평도 넓어진다. 그들의 질문과 관점은 당연하게 여겼던 것 너머를 생각하게 하고, 우리의 전제를 재검토하게 만든다. 이런 교류를 할 기회가 없다면, 상상의 청중 앞에서 발표하는 것만으로도 큰 발전을 가져온다.

최근에 배운 지식이나 기술을 가까운 사람과 나누어라. 그 내용을 쉽게 설명하라.	그 주제를 정말로 이해했는지 늘 확인하고, 내면의 느슨한 태도를 극복할 기회로 활용하라.	이런 설명을 '모의'로 연습하고, 청중과 가상 질문들을 함께 상상해보라.

나쁜 고객은 없다. 나쁜 판매자만 있을 뿐이다

대중의 주목을 받지 않는 독일 최고의 기업들도 있다. 함부르크의 뷘셰 그룹이 그렇다. 한자 동맹의 무역 가문 전통을 이어받은 이 가족 기업은 테니스 라켓, 러닝머신, LED 램프에서부터 아스파라거스, 양송이버섯, 귤, 에어프라이어, 브래지어, 토마토 페이스트까지 거의 모든 물건을 판매한다. 이 기업은 전 세계 35개 지역에서 활동하며, 그 지역 시장을 아주 넓고 깊게 알고 있다. 이런 무역 분야에서 중요한 것은 하나다. 바로 판매 능력이다. 현 CEO 토마스 뷘셰^{Thomas Wünsche}의 아버지 볼프위르겐 뷘셰^{Wolf-Jürgen Wünsche}는 이런 말을 남겼다. "나쁜 고객은 없다. 나쁜 판매자만 있을 뿐이다."

| 나는 아무것도 팔지 않는가? | 고객은 죄가 없다. | 고객에게 다가가는 길을 아직 찾지 못했는가? 다시 시도해보고, 더 잘해라. |

오늘 우리가 있는 곳은...

"오늘 우리가 있는 곳은 어제의 생각에서 나온다. 지금의 생각이 내일의 삶을 준비한다." 고타마 싯다르타가 한 말이다. 그는 지혜를 가르치는 인도의 스승이자 불교의 창시자로, 많은 문헌에서 '역사적 부처'로 불린다. 현대의 성공학은 그의 가르침을 이어받았다. 당신의 생각은 말이 되고, 말은 행동이 되며, 행동은 습관을 만들고, 습관에서 당신의 성격이 나오고, 성격이 운명을 형성한다. 더 쉽게 말하자면, 당신의 생각이 당신이다. 안타깝게도 우리는 주로 부정적 사고에 빠지고, 거기서 나오는 여러 결과를 겪는다. 긍정적 생각이 좋은 결과를 낳는다는 사실을 알면서도 실천이 어렵다. 그런 때는 긍정적 생각을 억지로 강요해야 한다. 강요라도 하자.

부정적인 생각을 하고 있는가? | 리셋 버튼을 눌러라. | 긍정적 생각을 강요하라. 그럴 가치가 충분히 있다.

가치의 크기는 고정된 것이 아니다

가치는 고요한 자아가 아니라 활기찬 교류에서 생겨난다. 우리가 가치를 두는 기준은 개인의 판단을 초월하여, 타인의 시선과 상호 평가가 얽힌 관계망 속에서 정립된다. 다시 말해, 모든 사물이나 아이디어의 진정한 가치는 공동체 속에서 생명력을 얻는다.

이런 현상은 특히 미술 시장에서 잘 나타난다. 작품의 가격은 작품의 질이나 재료의 비용으로 정해지지 않는다. 평가, 트렌드, 네트워크가 만드는 복잡한 상호작용 안에서 결정된다. 갤러리 운영자, 수집가, 비평가, 큐레이터는 예술 작품을 특정한 사회문화적 맥락 안에 배치하고, 이를 통해 예술품의 가치 형성에 기여한다. 유행은 생겨났다가 사라지고, 가격도 가치 평가처럼 치솟거나 가끔은 다른 트렌드에게 자리를 내주기도 한다. 미술 시장만큼 극단적이지는 않지만, 주식시장도 비슷하게 움직인다. 한 기업의 재무제표가 앞뒤가 맞지 않으면, 아무리 좋은 이야기도 큰 효과를 내지 못하지만, 그럼에도 분위기, 시대적 현상, 대중의 움직임이 주가에 영향을 미친다.

가치를 고정된 것으로 보지 말고, 타인과의 만남 속에서 발전하고 변화하는 역동적인 것으로 이해하라. 사물의 진정한 가치는 단순히 관찰자의 눈에 달려 있지 않고, 오히려 공동의 관찰, 의견 교환, 그리고 그 가치에 대한 토론 속에 존재한다.

잠시 시간을 내어, 개인적으로 소중하게 여기는 것들에 대해 생각해보라.

그런 가치 평가가 타인의 의견이나 평가에서 얼마나 영향을 받았는지 스스로에게 물어보라.

발전을 인식하고 때로는 의도적으로 시류에 올라타는 연습을 전략적으로 하라.

도구로서의 자아

교만과 과대평가의 근원으로 자주 악마화되는 자아^{Ego}는 사실 중립적인 도구이다. 그 효과는 우리가 그것을 어떻게 다루느냐에 달려 있다. 자아는 날카로운 칼과 같다. 칼은 숙련된 요리사에게는 반드시 필요한 장비지만, 부주의한 사람에게는 위험한 물건이다. 핵심은 자아를 전략적으로 잘 활용하는 기술에 있다.

　　건강한 자아는 도전을 받아들이고 자기 신념을 지키는 데 필요한 자신감을 준다. 건강한 자아 덕분에 우리는 자신을 주장할 수 있고 자기 경계를 지킬 수 있다.

　　과도하게 커진 자아가 주인이 되면, 우리는 자기 성찰 능력과 공감 능력, 그리고 지속적으로 성장할 수 있는 능력을 잃게 된다. 통제되지 않는 자아는 우리에게 자기 약점을 눈감게 하고, 타인의 조언에 귀를 닫게 하며, 경직된 사고에 머물게 한다.

　　건강한 자아의 열쇠는 자아를 의식적으로 통제하는 데 있다. 자아를 켜고 끄는 법을 배우면, 자아에 휘둘리지 않고 그 힘을 활용할 수 있을 것이다. 이 균형을 찾으려면 지속적인 자기 관찰, 겸손, 그리고 끊임없이 스스로를 돌아보려는 마음가짐이 필요하다.

의식적으로 시간을 내어, 세 가지 상황에서 내가 자아를 다루는 방식을 관찰해보라.

자아를 의도적으로 사용하는 상황 하나를 선택하여 자신감을 가지고 행동하라. 두 번째 상황에서는 자아를 억누르고 타인의 관점에 개방적인 태도를 보이는 연습을 하라. 세 번째 상황에서는 자아를 완전히 끄고 겸손과 이타심의 자세로 행동하려고 노력하라.

그다음에 이런 다양한 접근 방식이 어떻게 느껴졌고, 어떤 영향을 미쳤는지 성찰하라.

삶에서 무엇이 중요한가?

패배 또는 상실 후 찾아오는 어둠의 시간에 당신은 스스로에게 묻는다. 이게 다 무슨 의미가 있나? 그다음 당신은 인생의 거대한 질문에 도달하게 된다. 나는 왜 여기 있는가? 나는 어디서 왔나? 나는 어디로 가는가? 종교에서 위로와 격려를 찾을지도 모른다. 그러나 이런 절박한 모든 질문에 과연 완전히 만족스러운 답을 얻을 수 있을지 우려스럽다. 세상에 있는 수많은 구루 중 한 명을 만날 수도 있는데, 그들은 당신이 자신들에게 의존하고 돈을 주기만 하면 모든 대답을 줄 수 있다고 주장한다.

나는 인생에서 처음 던진 질문의 대답을 스스로 찾아가는 것이 중요하다고 믿는다. 한 걸음씩, 완전히 나만의 방식으로. 나는 그렇게 해왔다. 나는 삶을 여행으로 본다. 이 여행은 종종 나에게 어려운 시련을 내놓는다. 이 시련을 통과하면 나는 성장하고 더 좋아질 수 있다. 내가 더 좋아질수록, 나는 더 많이 사회에 돌려줄 수 있다. 내 삶의 마지막에는 내가 얻은 재능과 선물을 온전히 다른 사람의 행복을 위해 사용할 수 있기를 원한다.

삶에서 무엇이 중요한가라는 질문에 어떻게 답하겠는가?

삶의 모든 중요한 사건과 시련들을 살펴보라.

그리고 스스로에게 물어라. 그것들은 나를 어떤 방식으로 성장시켰는가? 나는 거기서 무엇을 배웠는가? 그 과정에서 나는 어떤 재능과 선물을 받았는가?

왜 그 일을 해?

"도대체 왜 그 일을 하는 거야?" 질문자에게 이미 답은 정해져 있다. "네가 하는 일은 완전히 말도 안 되는 짓이야. 그건 아무 소용이 없어!" 익숙한 이야기인가? 당신 자신보다 당신을 더 잘 안다고 믿는 사람이 이렇게 많다는 게 정말 놀랍다.

    고대 철학자들의 글을 공부하다 보면, 이 '왜'라는 질문에 어떻게 대처해야 할지 조언을 얻는다. 결코 정당화를 시도해서는 안 된다. 그렇게 하면 이미 절반은 지고 들어간 셈이다. 공격적 반응도 아니다. 쓸데없이 에너지만 낭비하게 된다. 공을 다시 돌려주어라. "왜 그 일을 해?"에 대응하는 올바른 대답은 "왜 안 돼?"다. 이 조언을 알았더라면, 청소년 시절과 HKCM 초기 시절에 많은 불쾌함과 번거로움을 피할 수 있었을 것이다.

"왜 안 돼?"라는 질문은 질문자에게 거울을 비추는 것이다.

이제 질문자가 논증해야 한다. 그리고 의도치 않게 좋은 의견을 전해줄 수도 있다.

혹은 나를 그냥 내버려둘 수도 있다. 그것도 나쁘지 않다.

복잡한 문제는 솔직한 원인 분석을 요구한다

누군가 완전히 다른 문제들에 대해 항상 똑같은 원인을 제시한다고 상상해보라. 그의 이해력이 어때 보이겠는가? 이런 모습은 그 사람이 각 상황을 개별적으로 판단할 만큼 충분히 알지 못한다는 것을 보여준다. 복잡한 사안을 단일한 원인으로 축소하려는 이런 경향은 지적 편법일 뿐만 아니라, 세상에 대한 제한된 이해를 보여주는 증거다. 이런 단일 원인의 오류는 종종 확고한 신념 체계에서 비롯된다. 여기서 신념 체계는 종교만이 아니라, 사람들에게 정체성을 제공하면서 어떤 질문도 허락하지 않는 이념이나 세계관도 포함한다. 마르크스주의자는 모든 문제를 착취 관계 및 자본과 노동의 대립으로 환원한다. 기후 행동가는 모든 문제를 생태계를 파괴하는 인간의 새로운 원죄 탓으로 돌린다. 실제로 모든 사건을 늘 동일한 이야기로 귀결시키는 일부 '음모론'을 향한 비판의 핵심도 바로 여기에 있다.

　복잡한 문제를 깊이 이해하고 다층적인 해답들을 찾아내는 능력은 대단히 중요하다. 만약 다양한 문제를 한 가지 원인으로 돌리는 경향이 나타난다면, 지식의 지평을 넓힐 때가 왔다는 신호일 수 있다. 그러므로 더 깊고 더 세분화된 분석을 추구하고, 한 가지 해답이 모든 것을 해명할 수 있다는 생각에서 벗어나야 한다.

자신에게 도전해보라. 어떤 문제에 직면했을 때, 잠시 멈춰 내가 정말 가능한 모든 원인을 살펴보았는지 물어라.

더 깊고 다층적인 관점을 얻기 위해, 지금 당장 명확하지 않더라도 대안적인 설명을 찾아보라.

내가 어떤 신념 체계나 서사의 '편향'에 빠져 있는지 스스로에게 질문해보라.

속임수의 여지를 주지 마라

성공을 추구하는 과정에서 동맹은 필수다. 그러나 모든 동맹이 진정으로 우리의 여정을 지원하는 것은 아니다. 제안된 파트너십이 주는 것보다 더 많은 것을 빼앗아 가는 함정에 불과한 경우가 자주 있다. 이런 거짓 연합은 우리를 협박하고, 우리에게 맞지 않는 형태를 강요하며, 우리가 가진 결정의 자유를 훼손한다. 그들은 지원이라는 환상으로 유혹하면서 우리의 자기 결정권을 빼앗는다.

동맹이 진짜인지, 당신의 자원을 착취하려는 것인지 어떻게 알 수 있을까? 예컨대, 당신이 관계 안에서 진정으로 자유로운지, 아니면 그 집단에 속하기 위해 자신을 꾸며야 하는지를 살펴봐야 한다. 만약 집단 압박이 작용하여 동료나 파트너에게 당신의 본모습을 보여주기 망설여진다면, 뭔가 크게 잘못된 것이다. 이런 상황에서는 어떠한 신뢰도 생겨나지 않는다. 또한 파트너가 당신의 지적 자산을 얼마나 인정하는지, 혹은 미묘한 방식으로 당신을 속이면서 아이디어를 자기 것으로 사칭하지 않는지 주의 깊게 살펴보라.

해결책은 분명하다. 상호 존중하는 관계 속에서 당신의 자율성을 존중해주는 파트너를 선택하라. 진정한 동맹자는 당신에게 자신을 부정하라는 요구를 하지 않는다. 그들은 당신의 강점을 강화하며, 당신을 도구화하지 않고 당신의 목표 실현을 지원한다. 이런 관계는 감정적 의존으로부터 자유로우며 명확하게 정의된 공동의 이익에 기반한다.

동맹을 되돌아보라. 진정한 상호 이익에 기반하는가? 아니면 얻는 것보다 더 많은 대가를 치르는 일방적 관계로 느껴지는가?

나에게 풍요로움이 아니라 부담을 주는 관계를 끝낼 준비를 하라.

진정한 동맹자들은 나에게 나 자신이 될 공간을 제공하고, 나의 독립성을 강점으로 여기는 사람들이다.

비밀이 있는가?

당신의 삶에서 오직 당신만 아는 것이 있는가? 집착, 기대, 뭔가 저속한 것? 사회가 "부끄러운 줄 알아!"라고 비난할 수 있는 것? 흔한 대중 심리학이라면 그 비밀을 공유하라고 조언할 것이다. 마음속에 무언가를 짊어지고 다니는 것은 좋지 않다고들 한다. 독일에는 이런 표현도 있다. "지하실에 시체를 숨기지 마라."

왜 꼭 그래야만 할까? 왜 비밀을 품고 살면 안 되는 걸까? 나는 당신의 모든 것을 굳이 세상에 드러낼 필요는 없다고 생각한다. 그냥 당신 자신으로 살아라. 당신의 모든 비밀과 함께.

왜 그냥 내 모습 그대로 있지 못하는가? | 나를 완전히 다른 존재로 바꾸려는 힘이 너무 많지 않은가? | 그 힘들을 무시하라.

유연하게 머물러라

대나무에 관심을 가져본 적이 있는가? 쉽게 구할 수 있고 품질도 뛰어난 대나무의 장점에 대해 책 한 권도 쓸 수 있을 것이다. 집 짓기부터 매일 부엌에서 활용하기까지, 대나무는 지구에 사는 사람 수십억 명에게 경제적으로 대단히 중요한 원재료다. 대나무로 할 수 없는 일이 없다. 그 이유는 얼핏 보면 상반되어 보이는 두 가지 특성 때문이다. 대나무는 단단하면서도 동시에 유연하다. 나에게 대나무는 성공의 비결을 보여주는 상징이다. 단호하지만, 결코 완고하지 않다. 유연하지만, 결코 우물쭈물 망설이지 않는다.

유연한 정신을 원하면 몸도 유연해야 한다.

"이건 협상할 수 없어!"라는 문장을 삶에서 지워버려라.

유연함은 우아한 삶의 방식이다.

갈등 대신 대면하기

왜 우리는 어려운 대화를 자꾸 미룰까? 대면에 대한 두려움이 문제 해결에 대한 두려움보다 더 크기 때문이다. 그러나 바로 이것이 문제다. 불편한 주제를 피하면서 우리는 작은 문제가 큰 위기로 커지도록 내버려둔다.

최근에 나는 회피했던 대화가 초래한 결과를 마주해야 했다. 사업 프로젝트에서 생겼던 작은 오해가 초기에 해결될 수 있었는데도 거대한 문제로 커져버렸고, 결국 해답을 찾기 위해 며칠 동안 집중적인 대화를 해야 했다. 문제들은 공간을 내주면 커진다. 당사자들이 문제 앞에서 숨고 도망가거나, 문제를 끝없이 미루어도 커진다. 정치에서는 이런 현상을 흔히 관찰할 수 있다. 긴급한 문제들이 멈출 수 없는 위기로 커지는 모습을 나라 전체가 보지만, 정파적 이미지와 이념적 경계를 넘어 그저 함께 모여 해답을 모색하려는 태도는 거의 찾기가 힘들다. 정치인들은 문제를 분명하게 지적하고 인정할 줄 알아야 한다. 그런 태도가 오랫동안 공들여 가꾸어온 자신의 서사를 손상시킬 수 있더라도 말이다. 정치인들은 대면하는 태도가 대중들의 주목을 끌고 신뢰를 회복시킬 수도 있다는 사실을 알지 못한다. 그렇게 정치인들은 날마다 더 많은 신뢰를 잃어가며, 위기를 더 심화시키고 있다.

나는 어떤 상황에서 필요한 대화를 피하고 있나? 단 한 번의 직접 대화가 미래의 문제를 줄이고 예방할 수도 있다.

시간이 모든 상처를 치유한다는 신화를 깨야 할 때다. 모토는 이렇게 바뀌어야 한다. "망설이지 말고 행동하라!"

나는 어떤 영역에서 어려운 대화를 피하고 있나? 지금 바로 어려운 대화를 시작할 것.

내일의 나를 위해 결정하라

내일의 당신이 오늘의 결정을 돌아본다면 고마워할까 후회할까? 이 질문은 당신에게 지금 여기를 넘어 생각하라고 강요하는 도전적인 관점을 제기한다. 이 질문은, 지금 당장 기분이 좋거나 편한 것이 무엇이냐가 아니라, 장기적으로 현명한 선택이 무엇인가라는 주제를 다룬다. 우리는 너무 자주 우리 몸의 변덕스러운 화학적 신호에 휘둘린다. 이 신호는 우리를 잘못된 길로 이끌 수 있다. 내일의 나에게는 빠른 해답보다 지속 가능한 결정이 필요하다.

평범하지는 않지만 효과적인 방법은, 내일의 나와 규칙적으로 산책하며 솔직한 대화를 나누는 것이다. 미래의 내가 옆에서 함께 걸으면서 지금의 일 처리 방식에 대해 피드백을 주게 한다. 프로젝트와 과제들 사이를 탁구공처럼 정신없이 오가면서, 정말 중요한 마음속 프로젝트와 비전은 내일 하겠다고 미루는 당신에게, 내일의 당신은 뭐라고 할까? 내일의 당신은 지금의 자기돌봄 상태와 방법을 보고 뭐라고 말할까? 당신이 지금 당장 내리는 결정, 혹은 결정하지 않고 그냥 흘려보내는 것에 대해서는 뭐라고 할까?

모든 선택을 미래를 위한 투자로 보는 것은 과격하지만 효과적인 접근법이다. 현재에 머물며 갇혀 있기는 쉽다. 그러나 미래는 오늘 당신이 정한 방향에 달려 있다. 어려운 결정을 내릴 때마다, 미래의 당신을 위한 기반에 투자하는 셈이다.

결정을 내릴 때마다 스스로에게 질문하라. 내일의 내가 이 결정에서 이익을 얻을 수 있는가?

불필요한 지출 절감이든, 운동 계획이든, 어려운 대화든, 당신은 미래의 당신에게 책임이 있게 행동해야 한다.

내일의 나와 정기적으로 대화하라.

칼을 들고 총싸움에 뛰어들지 마라!

미국 마피아와 금주법 시대를 다룬 영화 〈언터처블〉에서 숀 코너리는 시카고 마피아 조직원에게 산탄총을 겨누며 이렇게 말한다. "스파게티나 처먹는 놈답군. 총싸움에 칼을 들고 오다니!" 이 말은 갈등에 충분한 준비 없이 뛰어들어서 결과를 감당하지 못하는 상황을 의미한다.

심각한 갈등이 일어났을 때는 자신이 처한 상황을 올바르게 판단하는 능력이 가장 중요하다. 자신이 이 싸움을 감당할 수 있느냐를 제대로 파악해야 한다. 자신을 과대평가하는 것은 이런 상황에서 치명적인 결과를 초래할 수 있다.

그러므로 당신에게 더 강력한 논거, 법적 근거, 혹은 명확한 이점이 없다는 것을 깨달았다면, 갈등을 피하라. 칼을 들고 총싸움에 뛰어들지 마라!

나는 갈등 상황에 자주 준비 없이 뛰어드는 사람인가?	그런 사람이라면, 준비 없이 뛰어든 갈등에서 패하면 기분이 어떨까?	싸움을 신중하게 선택하라!

시간의 주인이 되고 싶다면

하루 계획을 상세하게 작성하기 시작하면서 나의 개인 생활과 직장 생활에서 진정한 변화가 일어났다. 기상부터 취침까지 각각의 시간 정보와 함께 완수해야 할 모든 목표와 과제를 담아 하루를 명확한 구조로 만든다. 늦어도 하루 전에는 계획표를 작성한다.

　하루 계획표 작성은 내면의 긴장을 가라앉히고 내가 진정 무엇을 성취했는지 이해하는 데 엄청난 도움을 주었다. 마음을 안정시키고 동시에 자존감도 높여주었는데, 내가 얼마나 많은 일을 성취했는지 알 수 있기 때문이다. 하루 계획의 핵심은 자기 목표를 정확하게 정의하고 하루를 명확한 목표로 채우는 데 있다. 이런 체계화 속에 최대 생산성의 문이 열리고 효율성을 발휘하는 힘이 생겨난다.

　13년 넘게 매일 되뇌는 나의 신조가 하나 있다. "나는 목표 달성을 사랑한다!" 이 문장을 의식적으로 당신의 긍정 확언에 포함시켜라. 그러면 매일 시간 계획을 세울 때 이 문장이 당신을 격려하여, 효율성이 높아지고 만족감을 느끼게 될 것이다. 이런 평온하고 안정된 상태에서 스트레스 없는 삶을 창조할 힘이 생긴다.

신념 노트에 지금 바로 이렇게 적어라. "나는 목표 달성을 사랑한다!"

정확한 하루 계획을 세우는 사람은 체계 없이 사는 많은 사람들보다 훨씬 앞서간다.

계획이 더 체계적일수록, 삶은 더 평온해진다.

단호하게 행동하라

주저함과 망설임은 현대 사회에서 흔히 용인된다. 단호한 행동은 오히려 급진적인 행위로 여겨진다. 많은 사람이 어려운 대화와 결정을 피한다. 갈등을 꺼리고, 부정적 평가를 두려워하기 때문이다. 그러나 이런 소극적 행동은 사실 자기파괴의 한 형태다. 우리는 두려움을 배려로 포장하지만, 사실은 타인이 우리를 어떻게 보는지에 집착하고 있다.

실제로는 용기가 가장 효과적인 전략이다. 용감하게 행동하는 사람들은 존경과 찬사를 받고, 자신에게 더 자유롭고 진정성 있는 삶을 살게 된다.

소셜 미디어에서 아주 유명한 릴스인데, 어떤 축제에 설치된 이동식 놀이기구가 작동 중에 전복될 위험에 처했다. 곤돌라가 회전할 때마다 기구 전체가 들썩이고 앞에 있는 난간까지 함께 들렸다. 사람들이 서서히 이를 알아차렸고, 한 사람이 용기를 내어 놀이기구로 달려가 앞쪽 난간에 체중을 실어 매달렸다. 이 용기에 다른 방문객들도 영감을 받아 합류했고, 마침내 사람들이 앞쪽 난간에 함께 매달려 놀이기구가 넘어지지 않도록 균형을 잡았다. 용기가 가져오는 결과는 비겁함의 결과보다 대부분 덜 심각하다. 우리는 위험을 과대평가하면서도, 무대응의 장기적 단점을 과소평가한다. 망설임과 주저함은 우리의 신뢰와 자신감을 훼손하고, 우리를 무기력 상태에 빠뜨리고, 우리가 잠재력을 발휘하는 것을 방해한다.

지금까지 망설였던 상황 하나를 선택하라.

단호하게 행동하라. 직업적 활동이든, 개인적 관계든, 어려운 결정이든 상관없이, 용감해져라.

내가 보여주는 모범이 다른 사람도 끌어들인다는 것을 생각하라. 용기 안에서 나만 홀로 남지 않을 것임을 기억하라.

안전지대에서 나와 모험으로 뛰어들어라!

당신은 어떤 문 앞에 서 있다. 그 문 뒤에는 당신을 끌어당기고 주눅 들게 만드는 세상이 숨어 있다. 당신이 속하지 않은 것 같은 세상. 그 세상은 배타적인 행사, 까다로운 강좌, 어떤 면에서 당신을 앞서 있는 듯한 사람들의 모임이다. 당신은 그 문 앞에 서 있는 느낌을 잘 안다. 내면의 모든 본능이 소리친다. "물러나! 너는 거기 어울리지 않아!" 허풍이 들통날까 봐 두려움에 몸이 굳는다. 그러나 바로 거기에 핵심이 있다. 성장과 성공을 위한 가장 큰 기회는 바로 당신이 가장 어울리지 않는다고 느끼는 곳에 주로 있다. 왜냐하면 당신을 주눅 들게 하는 이런 공간들이 사실은 발전을 위한 인큐베이터이기 때문이다. 거기서 당신은 영감을 주는 사람과 도전정신을 일으키는 사람을 만난다. 거기서 당신은 지평을 넓혀줄 아이디어를 만난다. 자신의 안전지대를 벗어났기 때문에 당신은 자신을 넘어 성장하게 된다.

어울리지 않는 곳, 당장이라도 도망치고 싶은 곳에 들어가는 것은 결코 쉬운 일이 아니다. 용기, 자신감, 그리고 때로는 넘어질 각오도 필요하다. 바로 이런 도전들이 당신을 성장시키고 새로운 단계로 올라서게 한다.

그러므로 두려움에 발목 잡히지 말아라. 속해 있지 않다고 느끼더라도, 미지의 세계로 뛰어들어라. 이렇게 겉보기에 '잘못된' 공간들에서 뜻밖의 문이 열린다.

지금까지 들어갈 용기가 없었던 '공간'을 선정하라. 행사든, 교육 과정이든, 사람들의 모임이든 상관없다. 들어가고 싶지만, 동시에 속해 있지 않다는 느낌을 주어서 나를 주눅 들게 하는 것이면 된다.

이제 바로 그곳에 등록하거나 그냥 가보라! 당연히 낯선 느낌이 들 것이다. 당연히 어울리지 않는 곳에 왔다는 느낌이 들 것이다. 그러나 견뎌라. 열린 마음으로 경험을 받아들여라.

그 경험이 나에게 어떤 영향을 미쳤는지, 거기서 어떤 통찰을 얻었는지 성찰해보라.

인생에 정해진 목표가 없으면 인간은 표류한다

인생에 정해진 목표가 없으면, 돛 없는 배가 망망대해에서 변덕스러운 바람에 휩쓸려 다니듯이, 인간은 표류한다. 더 성공하고, 더 만족하며, 더 집중하는 삶을 경험하고 싶다면, 지금 바로 목표 설정을 시작하라. 명확하고 달성 가능한 목표의 설정은 개인적 성공과 충만으로 가는 중요한 첫걸음이다.

계획을 잘 세우는 현명한 방법 중에 이름도 스마트^{SMART}인 방법이 있다.

구체적^{Spezifisch}: 달성하고 싶은 목표를 구체적으로 정의하라. 목표를 더 구체적으로 서술할수록 더 효과적이다. 목표를 느끼고, 보고, 냄새까지 맡을 수 있어야 한다. 마음속에서 목표를 현실로 구현하라. 모든 세부 사항을 깊이 생각하라. 구체적으로 생각할수록, 잠재의식이 그 생각을 현실로 실현하기 위해 더 강력하게 작동할 것이다.

측정 가능^{Messbar}: 목표를 측정 가능하게 만들어라. 그렇게 해야 발전 정도를 점검할 수 있다. 모호한 기준이나 변명 대신, 목표 달성 정도를 명확히 파악할 수 있도록 기준을 설정해다.

도전적^{Anspruchsvoll}: 도전적이지만 달성 가능한 목표를 세워라. 크게 생각하라! 당신은 자신이 생각하는 것보다 훨씬 더 많이 이룰 수 있다.

관련성^{Relevant}: 목표가 당신의 가치 및 장기 계획에 부합하는지 확인하라. 목표는 당신을 위한 것이어야 한다. 다른 사람을 위한 것도 아니며, 남에게 감동을 주기 위한 것도 아니다.

기한 설정^{Terminiert}: 목표 달성의 기한을 정하라. 기한을 더 정확하고 더 상세하게 정할수록, 무의식이 더 강력하고 효과적으로 목표 달성을 도울 것이다!

목표를 달성하는 것이 나에게 얼마나 중요한가?	목표 달성을 위해 무엇을 기꺼이 희생할 수 있는가?	목표를 단지 적고 읽는 것만으로도 꽤 큰 진전을 이룰 수 있다.

당신의 생각이 항상 옳다

"당신이 할 수 있다고 생각하든, 할 수 없다고 생각하든, 당신의 생각이 항상 옳다." 세계 최고의 부자였던 헨리 포드의 말이다. 그의 말은 나를 비롯한 많은 사람이 '생각의 힘'이라고 부르는 것을 정확하게 반영한다. 포드는 경제적 풍요를 얻는 비결을 알았고, 그것을 인상적으로 보여주었다. 당신이 믿는 것이 곧 당신 자신이다. 어떤 일을 해낼 수 없다고 생각하면, 그대로 이루어질 것이다. 당신 자신이 이 생각을 현실 세계로 만들어냈고, 그것이 당신의 진실이 된다.

삶은 어떤 일을 할 수 있다고 생각하는 사람에게 목표로 이어지는 문을 열어준다. 목표로 가는 길은 항상 있다! 그러나 삶은, 그 일이 제대로 안 될 거라고 생각하는 사람의 발 앞에는 장애물을 놓고, 입에는 변명을, 포기해야 하는 이유를 넣어준다. 헨리 포드의 말을 마음에 새기고 매일 소리 내서 반복하라! 오로지 당신만이 당신의 목표 달성 여부를 결정할 수 있다!

나는 방금 읽은 내용을 믿는가?

어떤 형태의 믿음이 조건 없이 목표를 추구하려는 자신을 막고 있는가?

나는 내 삶에서 일어나는 모든 일에 100퍼센트 책임을 진다!

해방의 기회

용서는 나약함이 아니라 강력한 무기다. 용서는 상대뿐만 아니라, 무엇보다도 당신 자신을 해방시킨다. 복수와 보복의 욕구는 당연한 이유로 여러 세대에 걸쳐 분쟁과 전쟁을 일으킨다. 복수와 보복은 당신을 묶고 가둔다. 설령 이 보복이 이루어져 '정의'가 회복되더라도, 당신은 해방되지 못할 것이다.

이 주제에 대해 붓다가 대단히 진실된 이야기를 전해준다. "분노에 사로잡혀 있는 것은 독을 마시고 상대방이 죽기를 기다리는 것과 같다." 분노가 정신과 영혼에 미치는 파괴적 영향은 논외로 하더라도, 분노는 신의 적이 당신에게 얼마나 큰 영향력이 있는지를 보여준다. 당신이 매일 얼마나 적을 생각하고 적에게 집착하는지도 드러낸다. 적에게 화내기를 그만두면, 당신은 그저 당신의 삶을 살게 될 것이다. 아마도 평온한 삶이지 않을까?

다른 사람이 초래한 트라우마는 당신이 그에게 힘을 부여할 때만 존재한다. 용서함으로써 당신은 그 힘을 박탈한다. 당신은 이렇게 생각할 수도 있다. "절대 안 돼! 그들이 나에게 한 짓을 생각하면 절대 용서할 수 없어!" 용서는 용인이 아니다. 이 차이를 명확히 구별하라. 용서는 통제권을 되찾는 것이다. 용서하지 않는 한, 당신은 과거에 갇힌 포로로 머문다. 용서는 결코 가해자의 사면이 아니라, '당신'의 자유를 열어주는 열쇠다. "누군가를 완전히 용서했다면, 그 사람과의 관계가 끝난다"라고 프로이트가 말했다. 마하트마 간디는 이를 인간 유형으로 정의했다. "약자는 용서할 수 없다. 용서는 강자의 특성이다." 용서란 타인의 죄를 면해주기 위해서가 아니라, 당신 자신을 해방하기 위한 것임을 이해하라. 이런 관점의 전환이 용서로 가는 길이다.

내가 놓아주지 못하는 상황이나 사람을 떠올려보라.

그런 기억이 당신에게 어떤 힘을 주고 있는지 적어보라. 그들을 위해서가 아니라, 나 자신을 위해 용서하라.

용서 이후 찾아오는 완전히 새로운 자유를 의식적으로 즐겨라.

진정한 승리로 가는 길

자칭 전문가들과 끝없는 논쟁으로 가득 찬 세상에서 우리는 종종 중요한 핵심을 놓친다. 즉, 논쟁에서 이기는 것이 아니라, 해답을 찾는 것이 중요하다. 객관적인 주장? 몇몇 수학 공리만이 논쟁의 여지가 없고, 보편적으로 적용할 수 있다. 예를 들면, 논리학의 3대 법칙, 모순율, 배중률, 동일률이 그렇다. 근본적인 자연법칙 몇 가지도 논쟁의 여지가 없다. 그 밖에는? 적어도 의견의 영역에서는 실제로 모든 것이 관찰자의 눈에 달려 있다. 그 눈이 무엇을 보고 무엇을 보지 않는지는 철저하게 관찰자의 이념, 정보, 경험이 결정한다.

　사실이 아니라 의견을 다루는 상황이라면, 객관성은 환상에 불과하다. 모든 사람은 각자의 왜곡된 렌즈로 세상을 보기 때문이다. 시간과 에너지를 헛된 말싸움에 투자하기보다는 공동의 기반을 찾는 데 집중하라. 진정한 힘은 타인을 제압할 때가 아니라 다리를 놓을 때 드러난다. 거대 정치가 더 이상 다리를 놓지 못하고, 깊은 골만 파고 있는 이유가 바로 여기에 있다. 개별 정치인과 정당은 경쟁에서 자신들의 고유한 특성을 부각시켜야 한다. 반면 작은 지역과 마을 단위에서는 정당의 경계를 넘어서는 건설적이고 실질적인 협력이 가능하다. 그곳에서는 실제로 구체적인 문제 해결이 중요하기 때문이다. 진정한 승리는 상대의 항복이 아니라 언제나 합의 속에 존재한다.

의견 충돌이 생기면 잠시 멈춰라. 나의 입장을 방어하기보다는 공통점을 적극적으로 찾아라. "우리 둘 다 받아들일 수 있는 것은 무엇인가?"

올바름이 아니라 발전을 추구하라.

한 사람의 전체를 신념이나 정치적 태도 같은 부분과 분리하라. 좋은 성격과 나쁜 성격은 어디에나 존재한다.

2개월 동안 다른 사람들에게 관심을 가져라

"당신이 2개월 동안 다른 사람들에게 관심을 가지면, 다른 사람들이 당신에게 관심을 가지도록 2년 동안 노력하는 것보다 더 많은 친구를 얻을 수 있다." 데일 카네기의 말이다. 나르시시즘이 미덕으로 여겨지는 요즘 세상에서, 많은 사람이 셀카를 올리는 계정을 만들어 자신의 아름다움과 외모에 도취되고 즐거움을 느낀다. 이런 사람들은 무의식중에 "나, 나, 나, 나를 제발 주목해줘!"라는 메시지를 전송하는 것 같다. 그러나 이런 자기 집중 성향은 타인과의 관계에서 고독과 큰 불안으로 이어진다. 자기 집중 성향은 끊임없이 이런 질문을 던지기 때문이다. "나는 지금 충분한 주목을 받고 있나, 다른 사람들은 나를 어떻게 생각하지?"

　친구를 얻고 싶고, 새로운 관계를 맺고 싶다면 다른 사람들에게 진정한 관심을 보여주어야 한다. 자기 이야기를 늘어놓는 대신, 상대에게 관심을 집중하라. 질문을 통해 상대의 이야기를 듣고, 다른 사람들에게, 그리고 그들의 기쁨, 두려움, 목표에 진정한 관심 가지기를 습관으로 만들어라. 그러면 더 이상 친구가 부족하다고 느끼는 일은 없을 것이다.

나르시시스트는 많은 친구들 속에서도 혼자다.	나에게 우정이란 무슨 의미인가? 이익, 네트워크, 혹은 진정한 친구?	나는 주변 사람들에게 얼마나 관심을 갖고 있는가?

핑계 대신 해결책을 찾아라

나에게 성숙함, 성공, 강인함이란, 행동과 결정에 스스로 책임을 지는 것이다. "선생님, 강아지가 제 숙제를 먹었어요"라는 말은 핑계를 찾는 아이의 모습을 재미있게 표현한 상징일 뿐이다. 그런데 많은 어른도 이 문제에서 정신적으로 아이와 다를 바 없이, 일이 잘못되면 본능적으로 핑곗거리를 찾곤 한다.

외부 환경을 탓하고 실패의 책임이 거기에 있다고 탓하지 마라. 핑계 대신 해결책을 찾아라. 주변 모든 일에 책임을 지는 사람이 되려고 노력하라. 이 말은 곧 당신이 리더이며, 리더는 자연스럽게 책임을 지는 사람이라는 뜻이다.

일이 잘못되었을 때, 변명을 찾지 마라. 그것이 바로 매일 실천해야할 과제다. 다른 사람을 탓하지 말고, 굳이 그래야 한다면, 오직 자신만 탓하라! 성공한 사람은 책임을 진다.

삶의 성공과 실패를 누가 책임지는가?

여전히 핑계를 찾고 있는가, 해답을 찾고 있는가?

계속해서 이렇게 말하라. "내 삶의 모든 결정은 내가 책임진다."

강요하지 말고 흘러가게 두어라

강요는 약자의 무기다. 진정 강한 사람은 강요할 필요가 없다. 좋은 것은 억지로 빼앗는 사람이 아니라, 그것을 위한 공간을 마련하는 사람에게 온다.

　　비즈니스 세계뿐만 아니라 개인 생활에서도 이런 '인질극' 비슷한 사례가 수없이 생긴다. 해고된 직원이 다시 회사로 돌아가기 위해 소송을 하고, 음악가도 다시 밴드로 돌아가기 위해 소송을 한다. 승소하여 복직에 성공하는 사례들도 있다. 그런데 나를 원해서가 아니라 법 때문에 강제로 함께 일한다면, 그 '성공'은 무엇을 의미할까? 새로운 회사에서 다시 시작하거나, 이전 밴드를 능가할 자기 밴드를 만드는 것이 삶의 행복과 궁극적으로는 자기 존엄을 위해서도 더 이성적인 대안이 아닐까? 협박이나 마키아벨리적 권력 게임으로 '목표'를 달성한다고 해도, 거기서 얻는 것은 무엇일까? 정치에서도 자신의 입장과 주장을 신뢰하지 못해서 공개 토론 대신 검열과 위협에 의존하는 것은 파산 선고나 다름없다. 진정한 권력은 타인에 대한 통제가 아니라, 타인들이 자발적으로 따르고 싶어 하는 상황을 만드는 능력에 있다.

내가 무언가를 강요하는 상황을 파악하라. 놓아주어라.

강요를 일삼고 나를 구속하려는 사람과 조직을 피하라.

한 번쯤 자유를 위해 나서볼 것.

당신의 가장 큰 적은 당신 자신이다

당신의 가장 큰 적은 당신 자신이다. 더 정확히 말하면, 가능성을 제한하는 당신의 사고방식이다. 당신은 자신이 성취할 수 있다고 믿는 것만 성취할 수 있다. 그 밖에 모든 것은 당신이 직접 설정한 경계 밖에 머문다. 어떤 사람들은 적절한 시기와 장소에서 성실함과 전문성과 혁신으로 풍요를 이루어냈다. 당신은 이런 풍요를 이룰 수 없다고 생각하는가? 당신은 인맥 관리가 자신에게는 전혀 맞지 않다고 생각하는가? 당신은 연기하고 있다는 사실을 '적발'당할까 봐 두려워하고 있는가? (가면 증후군을 한번 검색해보라.) 사소한 상황에서도 작은 두려움조차 극복하지 못한 채 살아가고 있지 않은가?

한번 시도해보라! 단지 '놀이'라고 생각하더라도, 당신을 대단히 부유하고 성공한 사람으로 상상하고, 그 방향으로 한 걸음씩 나아가보라. 그것이 하나의 '역할'일 뿐이라도, 그 역할을 연기해보라.

당신의 지금 관점은 일시적인 환상에 불과하다. 그 시각은 얼마든지 유연하게 수정될 수 있음에도, 종종 당신의 발목을 잡는 유일한 원인이 된다. 확률은 잊어라. 그것은 과거의 통계일 뿐, 미래의 법칙이 아니다. 생각의 경계를 과감하게 뛰어넘는 사람에게는 모든 것이 가능하다.

지금까지 '불가능'해 보였던 목표를 설정하라. 스스로에게 물어보라. "만약 그것이 가능하다면, 무슨 일이 생길까?"

경계가 없는 것처럼 과감한 계획을 세워라. 그다음에는 성공이 보장된 것처럼 행동하라. 현실이 비전에 맞춰질 것이다.

삶의 한계를 깨뜨리는 데 도움을 주는 실천적인 심리학이 제공하는 모든 도구를 활용하라.

말이 아닌 행동에 주의하라

말은 메아리와 연기처럼 허무하게 사라진다. 우리는 선거 전에 정치인들의 거창한 약속을 듣지만, 정치인은 선거 바로 다음 날에 그 약속을 전혀 기억하지 못한다. 콘라트 아데나워 전 총리의 말을 응용하면 이렇다. "어제 내가 떠벌렸던 말이 나와 무슨 상관이냐." 그러므로 주변 환경을 평가할 때, 파트너나 비즈니스 관계를 선택할 때, 상대의 말을 기준으로 삼지 말고 상대의 행동에 주의해야 한다.

자기 자신과 주변 사람들을, 말이 아니라 행동으로, 그들이 만들어내는 것으로 평가하라. 이것을 당신의 과제로 삼아라.

말에 현혹되지 말고, 오직 행동에 반응하라.

달성하기 전에는 프로젝트나 목표를 이야기하지 마라.

진실성이란 자기 말을 늘 지키는 사람으로 알려진다는 의미다.

주의 산만은 자기 집중의 독이다

집중은 내 삶에서 기본이 되는 요소다. 집중할 때 나는 효율적으로 많은 일을 처리할 수 있다. 나의 인지도가 올라가면서 나에 관한 관심도 동시에 높아진다. 사람들이 나에게 메일을 보내고 사업 아이디어를 물으며, 여러 방식으로 나에게 연락하려고 시도한다. 꽤 흥미로운 연락들도 일부 있지만, 대부분은 나의 발전에 도움이 되지 않는 불필요한 연락이고, 순전히 시간 낭비일 뿐이다. 그러므로 내가 나의 소중한 시간을 보호하지 않으면, 나의 주의는 분산되고 결국 목표 접근에 도움이 되지 않는 일에 시간을 허비하게 된다.

주의를 산만하게 하고 목표 달성에 직접 관련이 없는 모든 일을 차단하고 무시하라.

방해 요소에 철저하게 대처하고, 산만하게 하는 모든 요소를 제거하라!

'아니오'는 자기 자신과 자기 시간에 대한 존중을 의미한다.

목표를 위한 시간이 얼마나 중요한지 끊임없이 자각하라.

좋은 친구는 내가 목표 달성을 위해 거리를 두는 것을 존중해준다.

행운은 우연이 아니라 전략이다

행운은 하늘에서 뚝 떨어지지 않는다. 행운은 창조된다. 바로 당신에 의해. 운명이 당신의 문을 두드리기까지 기다리지 마라. 그런 일은 일어나지 않을 것이다. 지하실에 앉아 이상형을 기다리면, 당신은 홀로 늙어 죽을 것이다. 세계를 여행하며 최소한 모든 대륙에 한 번씩 발을 디디겠다는 계획이 있으면서도, '충분한' 돈이 모이거나 '기회가 생길 때'까지 기다린다면, 출발조차 못 할 것이다. 유튜브 채널을 시작하지도, 소설을 쓰지도, 밴드를 결성하지도 않으면, 당신은 실패할 기회, 교훈을 얻을 기회조차 얻지 못할 것이다.

실제 상황이나 맥락 속으로 들어가라. 믿을 만한 데이팅 앱에 프로필을 등록하라. 텐트와 보온 침낭을 들고 배낭여행을 떠나라. 세계 일주를 하면서 풍부한 경험을 하게 될 것이다. 유튜브 채널, 책 집필, 밴드 활동을 시작하라. 초보가 할 수 있는 모든 실수를 마음껏 저질러라. 기초 강좌 몇 개만으로는 피할 수 없는 실수들만 골라서 저질러라.

행운은 움직이는 사람을, 기회에 스스로 들어가는 사람을 편애한다. 더 많이 감행할수록 확률이 높아진다. 행운은 기다림이 아니라 행동의 결과다.

내가 원하는 '행운의 상황'을 하나 정하라. 이제 그 상황이 일어날 확률을 높일 계획을 세워라. 어떤 환경, 어떤 사람, 어떤 활동이 나를 행운으로 이끌 수 있을까?

행운의 가능성에 자신을 노출시켜라. 기회를 더 많이 만들수록, 행운이 일어날 확률도 올라간다.

충동에서 비롯된 프로젝트를 시작하라.

신뢰는 노력의 트로피가 아니다

신뢰는 노력해서 따내는 트로피가 아니다. 그것은 상대가 주는 선물이다. 대부분의 사람은 자신의 신뢰를 다른 사람들이 노력해서 얻어가기를 기다린다. 그러나 이렇게 생각하는 사람은 고립과 고독 속에 머문다. 첫걸음을 과감하게 내디딜 때 진정한 힘이 드러난다. 모든 사람에게 작은 신뢰의 선물을 먼저 베풀어라. 조건 없이 주는 것이 아니라, 적절한 양을 전략적으로 베풀어라. 근육 훈련과 비슷하다. 자주 사용할수록 신뢰는 점점 커진다.

물론 이런 신뢰를 악용당할 위험도 존재한다. 흔하지는 않지만 나쁜 의도를 가진 사람에게 걸릴 수도 있다. 나르시시스트, 소시오패스, 사이코패스 성향의 사람에게 신뢰를 잘못 보낼 수도 있다. 그러나 현실에서 이런 일은 미디어에서 묘사하는 것보다 훨씬 적게 일어난다. 영화, 드라마, 인터넷은 극단적 상황을 다루면서 두려움을 조장하는 경향이 있다. 그 때문에 우리는 신뢰를 매우 신중하게 보내고 항상 주의해야 한다고 믿게 된다. 그러나 대부분 오래된 속담이 맞다. "숲을 향해 소리치면, 다시 메아리가 울려 나온다." 마찬가지로 먼저 준 신뢰가 상대의 신뢰를 낳는다. 불신은 단기적으로는 당신을 보호할 수 있지만, 장기적으로는 깊은 관계를 만들 기회를 빼앗는다. 신뢰하지 않으면 진정한 삶을 꾸려갈 수 없다.

내가 지금까지 불신했던 주변 사람 세 명을 정하라. 그들에게 각각 작은 신뢰를 먼저 보내라. 개인적인 정보를 공유하거나, 작은 부탁을 하거나, 그들의 관점에 마음을 열어보라.

관계의 역동성이 어떻게 바뀌는지 관찰하라. 신뢰 근육을 훈련하고 관계가 얼마나 깊어지는지 경험하라.

미디어에서 보여주는 것과는 달리 정말 '악한' 사람들을 만날 가능성은 매우 낮다.

변화를 선택하지 않으면, 결국 정체를 선택한 것이다

많은 사람이 다른 무언가를 갈망하면서도 단지 두렵다는 이유로 자신들에게 해를 끼치는 익숙한 환경에 머문다. 예전에 어떤 할아버지가 나에게 이런 말을 했다. "필립, 위대함을 향한 용기를 가져야 해!" 나에게 위대함을 향한 용기란 사람들이 두려워하는 곳으로 가라는 의미다. 미루고 있던 불편한 과제를 바로 '지금' 시작하는 것이다. 모두가 침묵할 때 목소리를 높이는 것이다. 거부가 두려울 수밖에 없음에도, 용감하게 나서는 것이다. 자기를 극복하여 자신을 이기는 것이다!

두려운 일을 하는 것, 미지의 방향으로 나아가는 것은 변화를 선택한다는 의미다. 변화는 언제나 개인적 성장이기도 하다. 겁쟁이들은 구덩이 속에 앉아 감히 밖을 내다보지 못한다. 변화를 향한 용기를 한 번이라도 낸다면, 무슨 일이 생길지 알 수 있을 테지만, 그조차 시도하지 않는다. 당당하게 가라. 용감해져라. 변화를 받아들여 계속 성장해라.

오랫동안 미루었던 일을 오늘 해라. 당신의 일상에서 작은 부분을 변화시켜라.

우리 모두 익숙한 것에서 안전함을 느끼지만, 삶의 진정한 보물은 대개 낯선 것에 있다.

자신을 극복하고, 불편한 일과 주제를 언급하고 처리하는 훈련을 작은 단계별로 하라.

"우리가 새로운 길을 가더라도, 아무도 그 결과에 관심을 갖지 않는다면, 우리는 과연 어디에 도달할 수 있을까?"

경고했다면, 반드시 경고대로 실행해라!

한번은 어떤 할머니와 대화를 나누었다. 할머니께서 말씀하시길, 장성한 아들이 셋 있는데 어릴 때 모두 매우 거칠었고, 양육하기가 매우 힘들었다고 한다. 그러나 지금은 모두 다 잘 되었다고 한다. 첫째는 의사가 되었고, 둘째는 박사학위를 땄고, 셋째는 성공한 사업가가 되었으며, 셋 모두 행복한 결혼 생활을 하고 있다. 나는 그 할머니에게 양육의 비법이 있었는지 물었다.

"경고한 것을 반드시 실행해야 해!" 할머니는 총알처럼 빠르게 대답했다. "아이에게 잘못하면 뭘 주지 않겠다고 말했다면, 반드시 그렇게 해야 해." 만약 빈말로 경고만 날리면 상대는 당신을 진지하게 여기지 않게 되고, 당신은 그 사람의 놀잇감이 될 것이다. 아이들에게 적용한다면, 당신은 아이들을 책임지지 않고 잘못을 저지르는 데 익숙한 사람으로 키울 것이다. 당신의 아이들은 이 잘못된 기준을 자기 아이들에게도 물려줄 것이다.

이 원리는 모든 관계에 적용된다. 당신이 약속한 것을 실천하지 않으면, 사람들은 당신을 진지하게 대하지 않고, 더는 존중하지 않게 된다. 연인 관계에서도, 친구 관계에서도 마찬가지다.

약속을 지키듯이, 경고를 실행하는 것도 습관화하라.

개에게 "앉아!"를 다섯 번 말해야 겨우 앉는다면, 이 견주는 이 글을 다시 주의 깊게 읽어봐야 한다.

결정을 정당화하지 마라. 선언한 것은 실행하라.

삶, 중력에 맞서는 무기

많은 힘들이 당신을 아래로 끌어내리려고 하는 사회에서, 낙관주의는 당신의 제트팩이다. 비관주의를 현실적이라고 느낄 수 있으나, 그것은 실패에 대한 자기실현적 예언에 불과하다. 비관주의는 순수한 분석인 척하고, 현실을 비판적으로 보는 관찰자인 척하지만, 그렇지 않다. 오히려 비관주의는 적극적으로 현실을 만들어낸다. 비판적 태도를 통해 당신은 나쁜 것을 끌어당긴다. 만약 집단의식 같은 것을 믿는다면, 영적인 의미에서도 그럴 수 있다. 가끔 전 세계 수천 명이 동시에 명상하거나 기도하며 집단의식 속에 평화를 불어넣으려는 행사들이 열리곤 한다. 그러나 이런 영적 차원을 제외하고서도, 비관주의는 실제로도 분명히 나쁜 것을 끌어당긴다. 비관주의는 태도와 그에 따른 행동에 영향을 미치기 때문이다.

오해하지 마라. 낙관주의는 장밋빛 안경이 아니다. 낙관주의는 어둠 속에서도 빛을 찾겠다는 결단이다. 다른 모든 사람이 포기할 때, 당신을 앞으로 가게 하는 힘이다. 비관주의가 나쁜 것을 끌어당기듯이, 낙관주의는 좋은 것을 끌어당기기 때문이다. 낙관주의를 통해 당신의 행동과 다른 사람들에게 다가가는 방식이 달라지기 때문이다. 그 밖에도 낙관주의자는 실패 이후 새로운 해결책을 위한 더 나은 생각을 더 빠르게 할 수 있다. 모든 비관주의자는 한때 실망한 낙관주의자였다. 그러나 실망 속에서도 낙관주의를 견지한 사람만이 결국 승리하게 될 것이다. 당신의 마음가짐이 현실을 규정한다.

삶에서 나를 낙담시키는 상황을 파악하라. 지금 그 상황을 뒤집어라. 아무리 희박해 보일지라도, 잠재적으로 긍정적 결과 세 가지를 찾아보라.

하루 동안 이 긍정적 결과들이 보장된 것처럼 행동하라.

나의 에너지와 접근 방식이 어떻게 변하는지 관찰하라. 이것을 매일 실천하며 나의 현실이 낙관적 비전에 어떻게 한 걸음씩 맞추어지는지 경험하라.

내면의 에어백

삶은 당신을 끊임없이 바닥에 내던질 것이다. 승자와 패자 사이의 차이는 넘어지는 횟수가 아니라 다시 일어서는 속도에 있다.

회복탄력성은 타고난 성격이 아니라 훈련으로 얻는 능력이다. 모든 좌절은 기회다.

다른 대안이 존재할까? 말 그대로, 혹은 비유적 의미로 그냥 누워 있는 것? 쓰러진 후 다시 일어나지 않는다고 가정해보자. 그다음 어떤 일이 생길까? 당신은 더 이상 새로운 위험을 감수하지 않고, 야망과 꿈에 작별을 고할 것이다. 당신은 '안전한' 직장에서 그저 하루하루를 흘려보낸다. 그래도 뭔가를 하고 있고, 완전히 침대에 파묻힌 게 아니라면 말이다. 당신은 스스로 자신만의 하강 나선을 창조하고, 그 나선은 필연적으로 더 많은 자기실현적 추락으로 이어진다. 그 길에서 빠져나오지 못하면, 정말로 위험해질 수 있다. 그래도 다시 돌아올 길을 찾는다면, 당신은 그 시기를 단지 당신의 귀중한 시간을 낭비했던 때로 회상하게 될 것이다.

'누워 있는' 모든 순간마다, 당신은 자신의 힘을 증명할 기회를 놓치는 것이다. 다시 일어서겠다는 결심을 빨리할수록, 좌절이 끝이 아니라 미래의 성공을 위한 주춧돌임을 더 잘 깨닫게 된다. 넘어지지 않은 사람은 일어서는 법을 배우지 못한다. 넘어짐을 받아들여라. 그것은 어떤 성공보다도 더 많은 것을 가르쳐준다.

최근에 경험했던 큰 좌절을 돌아보라. 그 좌절에서 어떤 교훈을 얻었는가? 그 좌절이 나를 어떻게 더 강하게 만들었는가?

내가 실패할 수도 있는 도전을 의식적으로 찾아라. 넘어질 가능성 때문에 그 도전에 뛰어들어라. 목표는 성공이 아니라, 빠르게 일어나기다.

실패한 후에 상처를 보듬기 위해 제한된 시간만 쓰고, 계속 다시 나아가라.

무례한 말을 개인적으로 받아들이지 마라

누군가 당신에게 이렇게 말한다고 상상해 보자. "그건 당신이 상관할 바 아닙니다!" 당혹감, 심지어 모욕감을 느낄 수도 있다. 그래서 우리는 발 끈하여, 정당화 공세에 들어가서 이렇게 반격한다. "아니죠. 그 일은 나와 상관이 있습니다. 오히려 당신과 상관없는 문제인 것 같은데요. 이제 그만 빠져주시죠."

우리는 이런 말을 거의 언제나 개인적으로 받아들인다. 감정은 격해지고, 목덜미의 털은 곤두선다. 우리가 보기에 이런 일은 너무 분명하다. 어투와 표현이 완전히 부적절하다. 이런 말을 하는 사람은 도대체 누구와 상대한다고 생각하는 걸까? 공격에는 자동으로 방어가 따른다. 우리는 상대가 싸움에서 이기는 것을 원하지 않으므로, 공방은 끝없는 논쟁으로 이어진다. 이런 상황은 전문적이지도, 쿨하지도 않다.

나의 조언은 이렇다. 이런 자동적인 방어 모드에서 벗어나라. 자신을 멈추어라. 숨을 내쉬어라! 그러면 내면의 압력과 감정이 가라앉는다. 그다음에 중립적인 어조로 "아하"라고 말하고, 잠시 멈춘 뒤 눈 맞춤을 유지한다. 당신은 상대가 말하는 것을 인지하면서 더 이상 반격하지 않는다. 그 말을 받아들인 후, 마음속에 담지 말고 저절로 그냥 흘러가게 두는 것이 바로 공격받지 않는 비법이다.

이 방법은 많은 언어 공격에서 효과적이다. "아, 그렇군요" 또는 "흥미롭네요" 같은 다른 선택지도 있다.

심호흡과 기다리기는 감정으로 완전히 탈선하는 것을 막아주는 효과적인 도구다.

모든 공격에 막힘없는 답변을 해야 할 필요는 없다. 침묵도 대단히 강력할 수 있다.

다른 사람이 아니라 자신을 바꾸어라

"모두 승진하고, 더 많은 돈을 받고, 큰 프로젝트를 맡아요. 나만 빼고요." 슈테펜은 첫 번째 코칭 상담에서 이렇게 불평했다. 슈테펜은 이 문제로 코치가 실력이 있는지, 돈을 쓸 만한 가치가 있는지 시험하려고 했다. 코치는 미소를 지으면서 이렇게 제안했다. "매일 흰 셔츠에 넥타이를 매세요. 앞으로 몇 주 동안 그렇게 입고 출근하는 겁니다." 슈테펜은 즉시 반발했다. "절대 안 돼요. 그건 너무 촌스럽고, 시대에 뒤떨어졌고, 내 스타일에도 안 맞습니다. 그보다는 어떻게 하면 다른 사람을 설득해서 나에게 더 많은 돈을 주게 할 수 있는지를 알려주세요. 틀림없이 비법이 있을 겁니다." 슈테펜은 기대에 찬 눈빛으로 코치를 바라보았지만, 코치는 고개를 저으며 첫 번째 제안을 고수했다. 슈테펜은 결국 마지못해 자신의 옷 스타일을 제안에 맞게 바꾸기로 결정했다.

6주 후, 다시 만났을 때 코치가 물었다. "자, 무슨 일이 있었나요?" 슈테펜이 웃었다. "내가 요청하지도 않았는데도, 부서장 자리를 제안받았어요. 이게 정말 단지 셔츠 때문에 일어난 일인가요?" 슈테펜은 믿을 수 없다는 듯이 코치에게 물었다. 코치는 이렇게 대답했다. "그럴 수도 있어요. 그러나 개인적으로는 다르게 생각합니다. 그보다는 자기 발전에 도움이 안 되는 것에 선생님이 더는 집착하지 않는다는 걸, 주변 사람들이 알아차렸다고 생각합니다. 선생님은 옛 신념을 버렸습니다. 선생님의 옛날 고정관념에서 옳다고 생각하는 것을 주장하지 않고, 기능성을 중시했습니다. 맞습니다. 변할 준비가 된 직원들은 기꺼이 제안을 받고 책임을 맡게 됩니다."

당신도 살면서 더 큰 성공을 이루고 싶다면, 지금까지와는 다른 무언가를 하라. 그것도 꾸준히.

슈테펜처럼 외형을 최적화하라.

신뢰도를 최적화하라. 이메일 답장은 12시간 안에 하고, 모든 미팅과 약속에 정시에 도착하라.

실제로 지킬 수 있는 약속만 하라.

산만한 세상에서 발휘할 수 있는 초능력

모든 것과 모든 사람이 당신의 주의를 끌려고 애쓸 때, 집중력은 당신의 가장 소중한 자원이다. 집중력을 통제하지 못하는 사람은 다른 사람의 통제를 받게 된다.

멀티태스킹은 거짓이다. 그것은 당신을 더 생산적으로 만드는 것이 아니라, 더 피상적으로 만들 뿐이다. 진정한 능숙함은 깊고 흩어지지 않은 주의력에서 나온다. 이런 흩어지지 않은 주의력의 가장 효율적이면서 동시에 가장 아름다운 상태가 '몰입'인데, 이는 원래 헝가리계 미국 심리학자 미하이 칙센트미하이가 연구하고 정의한 개념이다. 몰입은 스포츠뿐만 아니라 모든 예술 활동, 집중적인 연구 활동이나 프로그래밍에서도 일어날 수 있는 상태다. 이런 상태를 두고 흔히 '터널 속에 있다'라고 말하기도 한다. 이는 어떤 사람이 하나의 과제에 완전히 빠져들어 시간과 공간, 심지어 자신의 욕구까지도 느끼지 못하게 되는 상태를 의미한다. 이런 최고의 집중 상태에서 생산성은 최고에 도달하고, 동시에 완전한 충만감을 느끼게 된다.

상대를 힘들이지 않고 가볍게 따돌리는 리오넬 메시 같은 천재적인 운동선수나 무대 위에서 완전히 연주에 빠진 음악가들의 모습은 보는 것만으로도 즐겁다. 멀티태스킹으로는 이 상태에 절대 도달할 수 없을 것이다. 다음에 또 멀티태스킹을 하고 싶은 마음이 생기면, 축구 선수가 경기장에서 문자에 답장을 하며 뛰고 있는 것을 상상해보라. 얼마나 터무니없는 일인가? 집중력은 근육과 같다. 훈련할수록 강해진다. 집중력이 더 강해질수록, 산만한 대중을 훨씬 앞지르게 된다.

중요한 과제 하나를 선택하라.

30분 동안 주의를 분산시키는 모든 요소를 제거하라. 핸드폰을 끄고, 알림을 무음으로 설정하고, 문을 닫아라. 하나의 과제에 온전히 빠져라. 이 작업을 매일 반복하면서 시간을 늘려라.

생산성과 창의성이 어떻게 성장하는지 관찰하라.

복제 세계에서의 고유한 특성

당신을 틀에 끼워 맞추려는 사회에서 당신의 최대 강점은 독특함이다. 진정성을 지키는 일은 불편하지만 진정한 충만으로 가는 유일한 길이다. 당신의 모남은 흠결이 아니라, 당신을 대표하는 상징이다.

음악가 밥 딜런과 톰 웨이츠는 진정성이 얼마나 강력한 힘을 가질 수 있는지를 잘 보여주는 사례다. 특유의 비음과 비관습적 무대매너로 데뷔 초부터 많은 이들을 당황하게 했던 딜런은 자기 세대에서 영향력 있는 인물이 되었다. 2017년, 딜런은 가사로 무려 노벨문학상을 받았다. 만약 딜런이 음악 시장의 기대에 순응했더라면, 음악 및 문화사에서 차지하는 그의 전설적인 지위는 거의 불가능했을 것이다. 딜런은 팬들의 기대에 전혀 순응하지 않은 채 포크 음악가에서 일렉트릭 기타를 연주하는 록 음악가로 변신하면서 순수주의자들을 분노케 했다. 웨이츠의 거칠고, 위스키에 젖은 듯한 비틀거리는 목소리는 사고처럼 예측할 수 없으면서도 깊은 매력을 발산하는 음악적 구상 위를 뛰어다닌다. 이런 비정통적인 독창성은 거의 모든 분야에서 발견된다. 경제 및 연구사에는 니콜라 테슬라와 일론 머스크가 있다. 머스크가 자신의 자동차 이름을 테슬라로 지은 데는 다 이유가 있었던 것이다. 정치에서는 트럼프와 하비에르 밀레이에서부터 장뤼크 멜랑숑과 그레고르 기지에 이르기까지, 모든 진영에 성공한 괴짜나 개성 강한 인물이 존재한다. 한 가지 더 언급하자면, 우리의 팟캐스트 〈호스 앤 호프〉는 흐름에 편승하지 않았기 때문에 성공했다. 모든 사람을 만족시키려는 사람은 결국 누구도 만족시키지 못한다. 특히 자기 자신은 더욱 그렇다.

지금까지 숨겨두었던 나의 성격 특성 하나를 찾아보라. 오늘이 바로 그것을 드러내는 날이다.

반응을 살펴보라. 하지만 더 중요한 일이 있다. 온전히 자신이 되는 것이 얼마나 큰 해방감을 주는지 느껴보라.

기본적으로 역사를 만드는 사람들은 따라가는 사람이 아니라 독창적인 사람이라는 사실을 명심하라.

일본 군인 오노다 히로오

2014년 1월 14일, 도쿄 한 병원에서 오노다 히로오가 심장마비로 사망하자 일본 전역이 그를 애도했다. 91세에 세상을 떠난 그의 생애는 국가에 대한 헌신과 절대적 의지력을 보여주는 빛나는 사례이자, 현대의 영웅 서사시이기 때문이다. 게릴라전 훈련을 받은 일본 군인이었던 오노다는 1944년 2차 세계대전 말기에 자리를 사수하라는 상관의 지시를 1974년까지 수행했다. 오노다는 30년 동안 필리핀 루방섬 정글에 숨어 살았다. 그는 절대 항복하지 말라는 명령을 받았고, 절대적인 의지력과 광신적인 믿음으로 이를 지켰다.

1974년, 루방섬 정글에 있는 오노다를 찾아가 전쟁이 끝났다고 알리자, 그는 무기를 내려놓으며 사무라이 칼과 총기와 남은 탄환을 넘겼다. 오노다는 일본으로 돌아올 때도 1944년부터 입어온 낡고 기운 군복을 착용했고, 세상을 떠날 때까지 그의 의지력, 절대 포기하지 않는 정신은 일본 전역에서 깊은 존경을 받았다.

나는 오노다 히로오의 태도에 깊은 인상을 받았다. 나는 그의 자서전을 여러 번 읽었고, 요즘도 명확한 비전을 가지고 포기하지 않을 때 인간은 어떤 능력을 발휘할 수 있는지를 끊임없이 생각하곤 한다.

오노다는 내면의 정신력이 우리를 얼마나 멀리 이끌 수 있는지 보여준다.

의지력은 인간이 가질 수 있는 가장 강력한 힘이다. 의지력을 훈련하라. 그러면 어떤 목표든 달성할 수 있을 것이다.

절대 포기하지 마라. 절대 항복하지 마라. 패배를 거부하면, 결국 남는 것은 승리뿐이다.

지금 하라, 지금 하라, 지금 당장 하라!

'미루기 병'만큼 목표 달성을 가로막는 것은 거의 없다. 중요한 과제를 계속해서 미루면서 부담은 점점 더 커져 산더미처럼 쌓이고, 커진 부담은 정신적 어깨를 짓누르고 더욱 큰 무기력으로 이어진다. 이 때문에 불만족은 날마다 커지고 목표 달성에 대한 믿음은 점점 약해진다.

매일 아침 일어난 후, 그리고 낮 동안 정신 훈련으로 "나는 지금 바로 한다!"를 암송하라. 이 암송을 습관으로 만들어라. 이 문장이 무의식에 각인되어 삶의 기본 요소가 될 때까지 여러 번 반복하는 것이 가장 좋다.

과제를 만났을 때 즉시 해결하는 것은 인생을 발전시키는 초능력이다. 모든 일이 생기는 즉시 처리된다는 확신 덕분에 현재를 좀 더 편안하게 대하게 되어 영혼의 평화까지 얻게 된다.

이렇게 "나는 지금 바로 한다"는 당신 삶에 깊은 영향을 미치는 만트라가 된다.

| 일을 바로 처리하는가, 미루는가? | 미루기는 전염병이다. 치료법은 "지금 당장 하라!"다. | 이 문장이 매일 여러 번 기억 속에서 떠오를 수 있도록 깊이 마음에 새겨라. |

전략적 망각의 기술

정보 과잉이 특징인 세계에서 의식적으로 망각하는 능력은 일종의 초능력이다. 우리가 아는 모든 지식이 유용하거나 중요한 것은 아니다. 오래된 신념, 낡은 지식, 부정적 경험이 종종 우리가 새로운 길로 가는 것을 방해한다. 예를 들어, 아무리 용기를 내고 이런저런 실험을 해보아도, 결국 삶의 안정은 전통적이고 고정된 직업을 통해서만 얻을 수 있다는 신념이 여기에 속한다. 반대로 과도기의 실용적 해법 차원의 선택일지라도, 상사의 통제 아래 들어가기를 완강히 거부하는 태도도 또 다른 사례다. 피트니스와 건강 분야에서 지방을 기본적으로 나쁜 영양소로 보거나 유산소운동이 최고의 다이어트 운동이라고 생각하는 것이 낡은 지식의 대표적인 예다. 창업이나 거친 자유 시장에서 온갖 일이 잘못될 수 있고, 이런저런 것에 '환상을 품지 말아야' 한다는 생각은 부정적 경험의 사례다.

시간이 지나면서 이런 확신, 이야기, 지식 조건 수천 개가 우리 안에 쌓이고, 성장을 방해하는 덩어리로 굳어버린다. 이것은 위험한 반쪽 지식과 잘못된 해석에서 생긴 정신적 방해물이다. 이는 모든 것을 막아버리고 우리에게 아무런 도움이 되지 않는다. 전략적 망각이란 더는 유용하지 않은 정보와 기억을 능동적으로 버리는 것을 의미한다. 새로운 것을 받아들일 공간을 마련하고, 우리를 불필요한 부담에서 해방해주는 정신적 정리 작업이다.

나를 방해하는 확신이나 지식을 식별하라. 그것이 여전히 나에게 중요하고 유용한지 비판적으로 검토하라. 그렇지 않다면, 의식적으로 그것을 버리는 연습을 하라.

이런 생각들을 풍선에 담아 하늘로 날려 보내는 상상을 하라. 마음이 얼마나 가볍고 자유롭게 느껴지는지 관찰하라.

내면의 저장소도 집이나 컴퓨터만큼 자주 정리하라.

작은 실천의 힘

거대 목표는 압도적으로 보일 수 있다. 우리는 종종 능력이 부족해서가 아니라, 과제의 규모 때문에 실패한다. 해법은 작은 실천이다. 거대한 전체에 집중하기보다 작은 단계들에 꾸준히 전념하는 것이다. 물론 큰 과제를 작게 나누고 더 빨리 완수할 수 있는 단계별 목표를 정하는 방법은 시간 관리의 고전이다. 너무 오랫동안 알려졌다고 해서 그 방법이 틀렸거나 시대에 뒤처진 것은 아니다. 더 작은 단위는 관리하기가 쉽고 느껴지는 부담이 훨씬 작다. 미루는 습관은 줄어들고 할 일 목록에서 항목들을 더 자주 지울 수 있다. 심지어 어떤 사람들은 건설적으로 스스로를 속이기도 한다. 목록에 없던 과제를 간단히 추가한 뒤, 바로 그것을 지우면서 행복감을 경험하는 것이다.

이 방법은 모멘텀 심리학의 원리를 활용한다. 아무리 작더라도 모든 성공은 도파민 분비를 촉진하고, 계속 나아가도록 동기를 부여한다. 시간이 지나면서 이런 작은 단계들이 모여 주목할 만한 결과가 되고, 한때 압도적으로 느껴지던 목표가 어느새 달성 가능한 것처럼 보인다. 중요한 것은 끊임없이 움직임을 유지하는 것이다. 누적된 작은 실천들은 발전을 만들 뿐 아니라, 거대한 도전을 극복할 수 있다는 자기 신뢰도 만들어준다.

지금까지 너무 커 보였던 목표를 선택하라. 그 목표를 가능한 한 작게, 일일 행동으로 쪼개라. 책을 쓰고 싶은가? 매일 한 문장 혹은 한 문단을 써라. 자동으로 더 많이 쓰게 될 것이다. 운동이 목표인가? 매일 1분 운동을 시작하라. 곧 운동 시간은 몇 분 더 늘어날 것이다.

목표를 보는 인식이 어떻게 바뀌고, 느리지만 꾸준히 발전하는지 관찰하라.

할 일 목록에서 완료된 항목 지우기를 즐겨라.

부유하고 성공한 당신은 누구인가?

현실화라는 기술은 성취하고 싶은 상태를 이미 성취한 것처럼 모든 측면에서 가능한 한 생생하게 상상하는 것이다. 자리에 앉아 긴장을 풀고 편안하게 있어라. 이제 당신이 부유해지고 성공했다면, 되고 싶은 모습을 상상하라. 이 상상이 세부적이고 구체적일수록, 이때 느끼는 감정들과 성취했다는 자부심을 더 선명하게 떠올릴수록, 그 상태를 마음속에 더 구체적으로 시각화할수록, 되고 싶은 모습이 당신의 잠재의식 속에 더 명확하게 현실화된다. 이 상상을 글로 적어보고 그 사람의 모든 특성을 묘사하라.

이 글을 끊임없이 반복해서 자신에게 읽어주어라. 그 내용이 당신의 일부가 될 때까지. 처음에는 멍청한 짓, 또는 거짓말이라는 생각이 들겠지만, 역사의 모든 위대한 스승은 한 가지 점에서 의견이 일치한다. "당신은 당신이 가장 많이 생각한 것이 된다."

그러니까 당신은 되고 싶은 사람이 이미 오늘 된 것처럼 생각하라. 그러면 당신의 잠재의식이 그 길로 가도록 도와줄 것이다.

부자가 되었을 때의 모습을 아주 세세하게 그려보라.

그 사람 안으로 들어가서 느껴보라. 목표에 도달했을 때, 나는 어떤 모습이고, 누구이며, 어디에 있는가?

그 모습을 아주 구체적으로 상상할 수 있는가? 그렇지 않다면, 잠재의식도 당신을 그곳으로 인도하지 못할 것이다.

세상에서 가장 강력한 도구

세상에서 가장 강력한 도구는 세 가지로 구성된다. 당신, 펜, 그리고 종이 한 장.

2009년경, 목표를 이미 달성한 것처럼 현재형으로 적는 것이 내 삶에 미치는 영향을 깨달았을 때, 내 삶이 바뀌었다. 이 변화는 지금까지도 계속된다. 나는 목표가 얼마나 빨리 이루어져야 하는지 스스로 결정할 수 있다. 나는 완전히 진심으로 그렇게 생각한다! 내가 더 강렬하고 더 상세하게 성취된 목표를 상상할수록, 그 목표를 더 자주 소리 내어 읽을 수록, 더 자주 달성된 목표의 상태를 마음속에 재현할수록, 나는 목표에 더 가까이 다가가고, 나의 잠재의식은 이 목표를 더 빨리 이룰 수 있다. 작은 목표부터 시작해보라. 그 목표를 적고 매일 아침과 저녁 거울 앞에서 읽어보라. 당신의 잠재의식이 목표에 한 걸음씩 다가갈 수 있는 문을 열어줄 것이다.

당신은 그냥 받아들이기만 하면 된다.

무엇, 혹은 누가 목표와 꿈을 이루려는 나를 방해하는가?

상상하는 모든 것을 반드시 성취할 수 있다. 그리고 그 이상도 성취할 수 있다.

나, 종이, 펜, 그리고 결단. '지금' 당장 시작하라!

완벽함이라는 환상 깨기

완벽주의는 종종 찬양받지만, 실제로는 진보와 창의성을 방해하는 장애물이다.

음악사에서 「스마일Smile」은 완벽주의의 폐해를 보여주는 전설적인 사례로 꼽힌다. 이 앨범은 록 역사에서 '가장 위대한 미발표 앨범'으로 평가받는다. 비치 보이스는 1967년에 이 앨범을 발매하지 못했는데, 밴드 리더 브라이언 윌슨이 너무 과도한 완벽주의에 빠졌기 때문이다. 당시 윌슨은 비틀스의 앨범 「페퍼 상사Sgt.-Pepper's」에 충격을 받았고, 뒤이어 자신들의 앨범 「펫 사운즈Pet Sounds」의 실패로 크게 낙담했다. 결국 「스마일」은 2004년에 브라이언 윌슨의 솔로 앨범으로 발표되었고, 오늘날 윌슨은 당시의 '실패작'이 역대 최고의 앨범 목록에서 꾸준히 상위권에 오르는 경험을 하고 있다.

영화계에서는 스탠리 큐브릭의 〈나폴레옹〉이 '가장 위대한 미완성 영화'로 여겨진다. 이전에 〈2001: 스페이스 오디세이〉로 기준을 세운 큐브릭 감독은 엑스트라 수천 명이 필요한 역사 드라마를 위해 2년 동안 오직 자료 조사에만 매달렸고, 촬영 장소 후보지 사진 1만 5,000장과 나폴레옹 시대 관련 슬라이드 자료 1만 7,000장을 수집했다. 영화사들은 이런 광기를, 인기가 하락하는 역사 영화에 위험을 감수하지 않아도 되는 좋은 핑계로 이용했다.

완벽은 환상이다. 완벽은 현실에서 존재하지 않는다. 우리가 완벽하다고 생각하는 것은 주관적인 인식일 뿐이다. 진정한 탁월함은 닿을 수 없는 이상을 향한 추구가 아니라, 지속적인 개선을 통해 생겨난다.

불완전함을 두려워해서 미뤄왔던 프로젝트를 선택하라. 30분의 시간제한을 정하라. 이 시간 안에 불완전한 것을 생산하겠다는 분명한 목표를 두고 프로젝트 작업을 하라.

완벽이 아니라, 완성에 집중하라.

그다음에 이런 접근 방식이 생산성과 창의성에 어떤 영향을 미치는지 성찰하라.

의식적인 대조의 힘

의식적인 대조 경험의 효과는 종종 과소평가된다. 극단적인 경험은 우리의 인지를 예리하게 하고, 삶의 모든 측면을 더 강렬하게 느끼게 해준다. 의식적인 대조는 개인적인 성장과 자기 인식을 돕는 강력한 도구가 될 수 있다. 이는 우리의 안전지대를 확장하고, 새로운 관점을 얻는 데 도움을 주고, 우리 삶의 다양한 측면에 더 많은 감사를 느끼게 한다.

분주하고 격렬한 시기를 거친 후에야 비로소 고요의 단계를 진정으로 즐길 수 있다. 이런 원리는 모든 시간의 흐름에도 적용된다. 몇 달 동안 전력을 다해 일한 후 맞이하는 휴가도, 수십 차례 상담이 이어진 박람회 일정이 끝나고 도시 외곽 숲에서 홀로 걷는 30분도 마찬가지다.

중간에 장르를 완전히 바꾸는 몇몇 영화에서도 특별히 강렬한 대조의 충격을 경험할 수 있다. 예를 들어, 〈황혼에서 새벽까지〉가 한순간에 갱스터 로드 무비에서 괴상한 뱀파이어 공포 영화로 바뀌는 그 장면은 누구도 결코 잊을 수 없을 것이다. 궁극적으로 대조를 의식적으로 경험하는 것은 우리의 안전지대를 넓히는 동시에, 감사함을 기르는 방법이기도 하다. 극단적인 경험들을 허용하고 성찰하면서 우리는 삶의 다채로움을 소중하게 여기는 법을 배우고, 성장과 충만의 진정한 잠재력이 바로 이런 대조에 있다는 것을 깨닫게 된다.

이번 주에 두 가지 대조되는 경험을 계획해보라. 예를 들어, 하루는 완전한 고요와 고립 속에서 보내고, 다음 날에는 사회적 활동과 소음이 가득 찬 하루를 보내라.

이 대조가 인지와 의식을 얼마나 예리하게 만드는지 성찰하라. 이 경험에서 나 자신에 대해서는 무엇을 배웠는가?

반대로 대조가 부족하여 하루가 밋밋해지고 의욕이 떨어지는 지점은 어디인지 주의 깊게 살펴보라.

생각을 바꾸면 삶이 바뀐다

우리 인간은 자기 생각의 총합일 뿐이다. 지금 당신이 살고 있는 현재, 당신의 삶을 둘러싼 현실은 당신이 과거에 내렸던 결정의 총합일 뿐이다. 당신의 생각이 이 결정에 결정적인 영향을 미쳤다.

그러므로 당신의 생각을 한 걸음씩 긍정적인 관점으로 바꾸겠다고 마음먹으면, 이는 당신의 결정 방식도 직접 변화시킬 것이다. 내일 비가 온다면, "날씨가 정말 끔찍하군!"이라고 말하는가? 아니면, "꽃과 자연에는 도움이 되겠군"이라고 말하는가? 이처럼 상황을 어떻게 대하느냐가 우리의 생각을 바꾼다. 명심하라. 기본 관점이 긍정적이면 더 건강하고 걱정 없이 살 수 있을 뿐만 아니라, 모든 비관주의자를 능가하며, 목표를 이루어가는 과정도 끈기 있게 견딜 수 있다.

지금 내가 감사하는 다섯 가지는 무엇인가?

감사함을 표현하고 느낄 때, 어떤 기분이 드는가?

이제 오늘의 제목을 다시 한번 읽어보라. 변화는 이미 시작되었다.

변화를 수용할 것인가, 거부할 것인가

이 책이 출판되고 첫 번째 독자가 책장을 넘길 때쯤이면, 나는 고향 슈투트가르트와 이 나라를 떠났을 것이다.

나는 늘 고향을 사랑하는 사람이었고, 사회 환경은 예나 지금이나 중요하다. 나는 청소년 시절부터 고향의 구석구석을 잘 안다. 그러나 나는 더 발전하기 위해 떠나야 한다는 것을 지난 몇 년 동안 깨달았다. 나는 숨 쉴 수 있는 곳으로 가야 한다. 나는 자유와 민주주의에 대한 나의 느낌이 존중받고 실현되는 곳으로 가야 한다.

생활 환경은 인간의 발전에 결정적인 영향을 미친다. 한편으로 가까운 친구들이 있고, 한편으로는 우리가 사는 환경이 있다. 그 환경이 더 이상 자신과 맞지 않는다면, 변화에 마음을 열고, 변화를 받아들이며, 변화를 두려워하지 마라. 외로움을 두려워하지 마라. 낯선 환경과 언어 장벽도 두려워하지 마라. 다른 나라나 다른 환경에서 앞으로 어떤 일이 펼쳐질지 모르는 것도 두려워하지 마라. 모든 변화는 새로운 문을 연다. 당신이 용감하게 그 문을 통과한다면, 삶을 풍요롭게 해줄 새로운 마법의 공간이 열릴 것이다. 세상은 언제나 용기 있는 자의 것이다!

마음과 이성을 따라라. 내면의 소리에 귀를 기울여라.

장소나 환경이 더 이상 맞지 않으면, 그곳을 떠나 기쁨과 따뜻함을 느끼는 곳으로 가라.

항상 기억하라. 문이 닫히면, 또 다른 문이 열린다!

생산적인 지연 행동의 기술

지연 행동은 흔히 생산성의 적으로 여겨진다. 그런데 이 둘을 동맹으로 활용할 수 있다면 어떻게 될까? 보통 중요한 과제를 미루면 많은 시간과 신경을 쓰게 되고, 자존감에도 상처가 난다. 원래 프로젝트 작업을 해야 하고, 당장 급한 업무들을 처리하거나 세금 자료를 정리해야 하는 시간에 정원 일에 몰두하고, 받은 편지함 맨 아래 있는 오래된 이메일을 삭제하거나, 세금 자료 대신 수집한 음반들을 다시 정리한다.

생산적 지연 행동이란 할 일 목록에 있는 중요한 과제를 완전히 부차적인 활동으로 대체하는 것이 아니라, 미루는 경향을 전략적으로 활용하여 '다른' 중요한 과제를 처리하는 것을 뜻한다. 특정 과제를 미루었다고 자신을 비난하기보다는, 이 에너지를 활용하여 비슷하게 중요하면서 좀 더 즐거움을 주는 일에 몰두하라. 이런 생산적 지연 행동은 종종 뜻밖의 창의적 돌파구로 이어지고, 더 많은 일을 처리하게 되면서 전체적으로 더 높은 생산성을 이끌어내기도 한다. 우리는 원래 계획된 프로젝트를 진행할 수도 있었지만, 대신 지금 다른 작업을 하고 있다. 급한 업무 대신 새로운 기회를 가져올 과거의 계획을 다시 살핀다. 세금 서류를 정리하지 않고, 그 시간에 과부하 상태의 하드디스크를 정리하고 백업한다. 이 작업이 없었다면 하드디스크는 곧 망가졌을 것이다. 여기서 중요한 것은 미루어둔 원래 과제를 늘 염두에 두는 것이다. 다른 일을 처리하는 동안, 당신의 잠재의식은 계속해서 그 일을 해결하려 하기 때문이다.

미룰 과제를 하나 의식적으로 선택하라. 그 작업 대신 다른 생산적인 활동에 집중하라.

하루 동안 미루어둔 과제를 보는 나의 태도가 어떻게 바뀌었는지 관찰하라.

마지막에 원래 과제로 돌아와서, 새로운 관점이나 해결책이 떠올랐는지 기록하라.

자기를 되찾기 위한 짧은 휴식

매일 수천의 정보와 자극이 쏟아진다. 우리의 뇌뿐만 아니라 영혼조차 이를 거의 정리하지 못한다. 동시에 우리는 매일 너무 많은 일을 처리하고, 그 과정에서 정돈이 필요한 부산물이 나온다. 이 부산물은 우리의 메일함과 메신저, 컴퓨터 폴더와 책상을 채우고, 우리의 감정 자원을 서서히 고갈시킨다. 이런 정신없이 바쁜 생활에서 잠시 멈춰 휴식을 취하고 주변을 살피고 숨을 골라야 한다. 우리는 과연 올바른 방향으로 가고 있는지 스스로에게 물어볼 여유를 거의 갖지 못한다.

여기서 '일'과 '휴가' 사이의 중간 형태인 짧은 휴식을 권한다. 휴식 시간에는 멀리 떠나지 않는다. 그렇다고 회복의 시간을 가진 뒤, '일시 정지'로 설정되었던 일상으로 자연스럽게 복귀하는 것도 아니다. 대신 집에 머물면서 진정으로 자기를 되찾는 시간을 갖는다. 우리는 디지털과 현실의 책상에 쌓인 모든 혼란을 완전히 정리한다. 끝난 일들은 삭제하거나 보관한다. 그동안 쌓인 새로운 연락처를 저장한다. 신선한 커피를 내리고 그 옆에 쿠키를 놓은 다음, 편한 방식(일기, 저널, 혹은 개인 브이로그)으로 지난 몇 달을 돌아본다. 이 과정에서 우리의 영혼도 이 몇 달을 정리할 수 있게 한다.

의식적으로 짧은 휴식 시간을 가져서, 분류되지 않은 채 쌓여 있는 것을 카테고리별로 정리하라.	실제든 디지털이든 손에 잡히는 모든 것을 정해진 장소에 두어라.	어떤 방식으로든 최근의 시간을 기록하여 정리하라. 그렇게 해서 그 시간을 내려놓을 수 있게 된다.

평범함에 안주하지 마라

나는 나 자신과 주변 환경에 낮은 기대를 멈추었다. 당신도 그렇게 해야한다. 우리는 단 한 번 살며, 그 삶을 최고로 만드는 것은 인간의 의무다.

내가 먹는 음식은 그저 배를 채우기 위해서가 아니라, 질이 뛰어나고 맛있어야 한다. 외식할 때는 서비스가 훌륭한 좋은 식당으로 간다. 호텔도 마찬가지이고, 업무 환경과 개인 환경도 마찬가지다. 내가 입는 옷, 내가 머무는 장소, 내 시간을 함께 보내는 사람에게도 이 원칙은 적용된다. 나는 직원들에게 평균이 아니라 최고의 능력을 기대하고, 스스로도 그렇게 한다. 무슨 일을 할 때, 나는 그 일을 탁월하게 하고 훌륭한 성과를 내려고 한다. 내가 속한 환경이 나에게 좋지 않고, 나를 끌어내리거나 부정적인 기운만 내뿜으며 목표 달성을 방해한다면, 환경을 바꾼다. 목표가 커지면 무의미한 말과 피상적인 잡념에 집중할 틈이 사라지고, 더 고차원적인 가치를 추구하게 되면 자존감도 커진다. 당신은 자기 자신을 더 잘 의식하게 되고, 시간이 얼마나 빨리 가는지도 알게 된다. 삶에서 모든 것이 가능하고, 무엇이든 이룰 수 있다. 만약 이것을 이해했다면, 당신 자신과 시간을 깊이 존중하면서 더는 평범함을 받아들이지 않을 것이다.

누가 나에게 좋은 영향을 주고, 어디서 편안함을 느끼는가?	부정적인 사람과 나쁜 음식에 시간을 보내기에는 인생이 너무 짧다.	자기 행복을 더 소중하게 여길수록, 주변 환경에 더 민감하게 반응한다.

한 가지 발차기를 1만 번 연습한 사람은 두렵다

"나는 1만 가지 발차기를 한 번씩 연습한 사람은 두렵지 않다. 한 가지 발차기를 1만 번 연습한 사람이 두렵다." 이소룡은 반복의 힘을 강조한다. 어떤 일을 반복할수록 그 일에 능숙해진다. 한 번은 충분하지 않고, 열 번도 충분하지 않으며, 백 번도 부족하다. 천 번이면 더 낫고, 만 번부터 그것은 피와 살이 되어 완전한 자기 것이 된다. 이 성공 비결이 쭉정이와 알곡을 가르고, 게으른 사람과 부지런한 사람을 나누며, 실패한 사람과 성공한 사람을 구분한다. 변명도 없고, 지름길도 없다.

내가 가장 좋아하는 일은 무엇이며, 무엇을 완벽하게 하고 싶은가? 이소룡의 표현을 빌리면, 무엇이 나의 발차기인가?

그 일을 위해 매일 많은 시간을 투자할 준비가 되었는가?

시작하라. 성공은 반복에서 나온다는 것을 곧 깨닫게 될 것이다.

언제나 학생

"인생은 끝없는 학교다. 영원한 학생임을 받아들여라."

    우리 가운데 누구도 모든 대답을 갖고 있지 않다. 삶은 끝없는 학습 과정이며, 정해진 목적지가 없는 여행이다. 모든 것을 알아내야 한다는 믿음은 우리를 마비시킬 수 있다. 대략적인 추산에 따르면, 현대 사회에서는 인류사 초기 몇 세기 동안 나온 만큼의 지식이 매일 생성되고 있다고 한다. 당연히 개인의 관심사와 전문 분야를 제외하고 모든 것을 안다고 감히 주장하는 사람은 거의 없다. 하지만 동시에 수십 년 동안 한 분야를 깊이 탐구한 사람에게 보여주는 겸손도 부족하다. 솔직히 말해 우리 모두는 특정 주제에 대해 어느 순간부터 마치 모든 것을 파악했다는 듯 확고한 의견을 형성하게 된다. 혹은 반대로, 끝없는 학습과 탐구에 절망하여 잠정적인 결론조차 내릴 용기를 잃기도 한다. 결론은 늘 확고하고 최종적이어야 한다고 생각하기 때문이다.

    모든 것을 통제하고 이해하려는 노력은 우리를 정체 상태에 빠뜨릴 수 있다. 행동하기 전에 모든 답을 찾아야 한다고 기다리기 때문이다. 혹은 답을 찾았다고 믿자마자, 고집스럽게 생각하기를 멈춘다. 이런 모습들과 다르게 우리는 용기 있게 방향을 선택하고, 호기심을 키우며, 영감을 주는 사람들로 주변을 채워야 한다. 단 한 번의 거대한 최종 계시가 아니라, 우리가 매일 내리는 작은 결정들로 삶은 전개된다.

삶에서 어떤 방향을 택할 것인지 고민해보라. 나는 개방적이고 호기심이 많은가? 영감을 주는 사람들이 주변에 많은가?

내가 성장할 수 있는 방향을 신중하게 선택하는 시간을 가져라.

내가 진정 열광하고, 다른 분야보다 훨씬 더 깊이 파고들고 싶은 관심 분야를 정하라.

이 책에 '365 + 1' 개의 진실과 메시지가 담긴 이유는?

두 가지 이유가 있다. 첫째, 366일이 있는 윤년이 있기 때문이다. 둘째, 세상을 바꿀 수 있는 보너스 진실을 선물하고 싶기 때문이다.

윤년 이야기를 해보자. 주식시장 이외에도 숫자 다루기를 좋아하는 우리 같은 사람들에게 윤년은 대단히 흥미로운 주제다. 기본적으로 4로 나누어지는 해에는 2월 29일이 추가된다. 이 규칙은 100으로 나누어지는 해에는 적용되지 않는다. 그래서 1800년, 1900년, 2100년에는 2월 29일이 없다. 예외 규칙이 하나 더 있다. 100으로 나누어지는 해 가운데 400으로도 나누어지는 해에는 2월 29일이 있다. 가장 최근 사례가 2000년이었다. 어떻게 이런 생각을 하게 되었을까? 고대 로마에서 1년은 2월에 끝나고 3월에 새로 시작했다. 지금 우리가 사용하는 12월은 당시에 10월이었다. 12월을 뜻하는 독일어 데쳄버^{Dezember}, 영어 디셈버December에 10을 뜻하는 라틴어 어근 데켐^{decem}이 들어 있는 이유다. 이 고대 로마력에서 1년은 355일밖에 되지 않았고, 그래서 2년에 한 번씩 윤달이 있었다. 윤달이 있는 해에는 2월 23일 다음에 27일이나 28일이 있는 소위 '끼워진 달$^{Mensis\ Intercalaris}$'이 추가되었다. 2월 23일 이후의 2월 날짜들은 그냥 무시되었다.

기원전 46년, 율리우스 카이사르가 이 계산법을 폐지했다. 카이사르는 홀수 달을 31일로 늘리고, 4년에 한 번씩 하루를 추가하였다. 여기에 더해 율리우스력은 한 해의 시작을 1월 1일로 옮겼다.

이제 우리는 진실에 도달했다. 이 진실은 당신이 당신의 세계를 바꾸고, 이를 바탕으로 전체 세계도 기본적으로 바꿀 수 있는 방법에 관한 것이다. 어떻게 그럴 수 있을까? 페이지를 넘겨보라!

보너스 진실: 철저한 용서를 연습하라

당신은 지금 "어라, 이건 이미 다룬 내용인데?"라고 생각할 것이다. 맞다. 11월 29일에서 이미 다루었다. 그러나 '철저한' 용서는 아니었다. 이 진실은 아무리 강조해도 지나치지 않다. 철저한 용서야말로 전쟁과 수 세기에 걸친 오랜 갈등을 비롯한 수많은 문제의 해결책이기 때문이다.

용서는 다름 아닌 자기 해방이다. 당신이 다른 사람을 용서할 때, 당신은 복수심과 보복하겠다는 생각, 그리고 내면에서 당신을 갉아먹는 어마어마한 부정적 에너지에서 풀려날 수 있다. 지나간 일은 바뀔 수 없지만 미래는 창조될 수 있다. 당신이 진심으로 철저히 용서할 때, 미래는 더 나아진다. 철저히 용서할 수 있다면, 당신은 당신 삶의 주인이 된다. 더욱이, 가장 가혹한 비판자인 자신을 용서할 수 있다면, 당신은 더 이상 깨달음을 찾을 필요가 없다. 당신은 이미 깨달음에 도달했다.

맺음말

1월 1일부터 뜨거운 열정으로 이 책을 시작했든, 혹은 한 해 중간에 처음 이 책을 손에 들었든, 당신은 삶을 좀 더 나은 방향으로 바꿀 결정을 내렸다. 중요한 것은 시작한 시점이 아니라, 성장을 추구하겠다는 당신의 결심이다.

연초부터 함께 했던 사람들에게: 당신은 이미 긴 여정을 통과했다. 365일 동안 자신에게 집중했고, 365일 동안 깨달음, 도전, 성장이 가득한 경험을 했다. 당신은 목표를 추구하는 데 필요한 규율과 끈기를 증명했다. 그동안 얻은 통찰과 루틴을 굳건하게 지켜라. 1년 동안 쌓아온 추진력을 활용하여 계속해서 당신을 발전시키고, 이루어낸 발전을 더욱 단단히 다져라.

한 해의 중간에 합류한 모든 이에게: 놓쳐버린 시간 때문에 고민하지 마라. 자기 개선을 시작하기에 가장 좋은 때는 언제나 바로 지금이다. 꾸준함과 끈기가 모든 문을 여는 열쇠다. 출발점과 상관없이 당신은 지속 가능한 변화가 산발적인 노력이 아니라, 목표를 향한 꾸준한 행동의 반복에서 생긴다는 사실을 깨달았다. 이런 깨달음만으로도 당신은 이미 많은 사람들보다 앞선다.

이제 이런 우위를 유지하고 확대해야 한다. 당신의 열정을 계속 유지하라. 당신의 성장을 기록하라. 이 책의 여백이든 별도의 메모장이든 상관없다. 이렇게 글로 남긴 기록들이 성장을 보여주는 증거가 될 것이다. 또한 처음 읽든 다시 읽든, 이 책을 다시 손에 들 때, 매번 읽을 때마다 새로운 통찰이 생길 거라는 사실을 명심하라. 이미 얼마나 많이 읽었든 상관없이, 이 책을 내년 1월 1일에 다시 처음부터 읽을 계획을 세워라. 그사이에 당신이 얼마나 성장했는지 깨닫게 되고, 동시에 이전에는 보지 못했던 새로운 깨달음의 깊이도 발견할 것이다.

당신이 어디서 시작했든 상관없이, 우리 함께 앞으로 나아가자. 이룬 것에 자부심을 가지되, 거기에 안주하지 마라. 진정한 보상은 꾸준히 성장하고 자기 한계를 극복하는 과정에 있기 때문이다.

새로운 날마다, 새로운 쪽마다, 당신은 내일의 당신을 만들어간다.

발견과 성장, 그리고 지속적인 발전이 있는 새해를 기원한다. 이 여정은 계속될 것이다. 당신이 언제 시작했든 최고의 것이 아직 당신 앞에 놓여 있다.

KI신서 14024
하루 1% 부의 축적

1판 1쇄 인쇄 2026년 1월 22일
1판 1쇄 발행 2026년 2월 4일

지은이 필립 호프, 키아라쉬 호사인푸르
옮긴이 이승희
펴낸이 김영곤
펴낸곳 ㈜북이십일 21세기북스

출판부문 출판2본부장 윤서진
인생명강팀장 박강민 **인생명강팀** 황보주향 이현지
디자인 강경신 디자인
마케팅팀 유진선 이수진 김설아
마케팅영업부문 정지은 한충희 장철용 강경남 황성진 김도연
제작팀 이영민 권경민

출판등록 2000년 5월 6일 제1406-2003-061호
주소 (10881) 경기도 파주시 회동길 201(문발동)
대표전화 031-955-2100 **팩스** 031-955-2151 **이메일** book21@book21.co.kr

(주)북이십일 경계를 허무는 콘텐츠 리더

21세기북스 채널에서 도서 정보와 다양한 영상자료, 이벤트를 만나세요!
페이스북 facebook.com/jiinpill21 **포스트** post.naver.com/21c_editors
인스타그램 instagram.com/jiinpill21 **홈페이지** www.book21.com
유튜브 youtube.com/book21pub

서울대 가지 않아도 들을 수 있는 명강의! <서가명강>
'서가명강'에서는 <서가명강>과 <인생명강>을 함께 만날 수 있습니다.
유튜브, 네이버, 팟캐스트에서 '서가명강'을 검색해보세요!

ISBN 979-11-7357-724-6 03320